KB061106

아름다운재단 | 나눔북스

나눔은 주는 사람과 받는 사람
모두를 행복하게 합니다
이 기쁨을 더 많은 사람들이
누릴 수 있기를 기원합니다

이 책의 한국어판은
심원 님께서 아름다운재단에 기부한
'기부문화도서관' 기금을 통해 출판되었습니다.

참 고맙습니다.

아름다운재단 ｜ 나눔북스

비영리단체의 윤리

투명성을 넘어 신뢰로 향하는
비영리 실무 가이드

나남
nanam

아름다운재단 나눔북스 14

비영리단체의 윤리

투명성을 넘어 신뢰로 향하는 비영리 실무 가이드

2019년 4월 5일 발행
2019년 4월 5일 1쇄

지은이 게리 M. 그로브먼
옮긴이 구미화
발행인 趙相浩
발행처 (주) 나남
주소 10881 경기도 파주시 회동길 193
전화 (031) 955- 4601 (代)
FAX (031) 955-4555
등록 제 1-71호 (1979. 5. 12)
홈페이지 http://www.nanam.net
전자우편 post@nanam.net

ISBN 978-89-300-8991-3
ISBN 978-89-300-8655-4 (세트)

아름다운재단 나눔북스 14

비영리단체의 윤리

투명성을 넘어 신뢰로 향하는
비영리 실무 가이드

게리 M. 그로브먼 지음
구미화 옮김

나남
nanam

Ethics in Nonprofit Organizations
Theory and Practice

Third Edition

by. Gary Marc Grobman

서문

데이비드 호튼 스미스

David Horton Smith

윤리적 쟁점과 비윤리적인 결과, 예컨대 비리와 범죄도 비영리단체를 이해하고, 이끌어 나가고, 경영하는 데 매우 중요한 부분이다. 스미스 등(Smith et al. 2016, 273)이 요약한 바와 같이,

> 다른 모든 인간의 활동이 그러하듯, 자선활동에도 개인적인 형태든 집단적인 형태든 '어두운 면'이나 '더 어두운 면'이 있다. 재단과 자선단체를 포함하는 '천사 같은' 비영리 분야가 일탈과 범죄, 부도덕한 행위의 온상이 될 수 있는 것이다. 근본적인 이유는 단순하다. 인간은 어느 환경에서나, 체계를 갖춘 환경이든 아니든 간에, 이타심과 박애주의 정신으로 행동할 수 있는 것과 같이 종종 이기심이 발동하여 행동하기도 한다. 더욱이 인간의 행동은 무지와 역량 부족으로 인해 의도치 않게 문제를 일으키거나 부정적인 결과로 이어질 수도 있다.

라이트(Light 2008)에 따르면, 미국 성인을 대상으로 한 설문조사 결과 응답자의 15%만이 자선단체를 "아주 많이 신뢰한다"고 답했다. 같은 조사에서 자선단체가 "아주 많이" 혹은 "상당한 금액"의 돈을 낭비한다고 응답한 사람이 무려 70%나 됐다. 자선단체가 기금을 현명하게 쓰고 있는지에 대해 "아주 잘하고 있다"고 생각하는 응답자는 약 10%에 불과했다. 자선단체의 기금 사용에 관한 인식은 자선단체에 대한 전반적인 신뢰도와 강력한 상관관계를 보였다. 대중을 상대로 한 또 다른 설문조사 결과 비영리단체에 대한 미국인의 신뢰도가 2001년 90%에서 2008년 64%로 크게 낮아진 것으로 나타났다(Mead 2008). 미국에서 이처럼 비영리단체를 향한 신뢰도가 급격히 떨어지고 부정적 인식이 높아진 주요 원인으로는 그 기간에 벌어진 여러 자선단체 관련 비리 사건들이 주로 언급된다(예를 들면, Rhode & Packel 2009, 8).

태도는 행동에 중요한 영향을 미치게 마련이라 비영리단체를 향한 미국인의 부정적 인식에 비춰 보면 현재 미국 내 자선단체에 전달되는 기부가 최상의 수준은 아닐 것이다. 아직까지 금액 자체는 꾸준히 증가하고 있지만, 부정적 인식의 확대로 인해 앞으로는 기부금이 상대적으로 감소할 가능성이 높다(Light 2008; Mead 2008). 연구 결과, 비영리단체의 효율성에 대한 인식, 특히 모금활동에 투입되는 비용 대비 총수입의 비율은 기부자와 기부금에 별 영향을 미치지 않는 것으로 나타났다. 오히려 모금활동에 비용을 많이 쓰는 단체일수록 더 많은 기부금을 모았다(Frumkin & Kim 2000, 16). 그렇다면 미국 내 비영리단체를 향한 부정적인 인식이 급격히 높아진 이유는 유력 매체의 보도를 통해 여러 비영리단체의 비리가 폭로되고, 여기에 그동안 높이 평가받았던 비영리단체들까지 자주 포함되면서 부정적인 인식이 널리 확산되어 그렇다는 것 말고는 달리 설명할 방법이 없는 것 같다(Vail 2008).

미국 내 비영리단체의 비리는 반박이 불가능할 정도로 경험에 근거한 증거들이 많다(Eng et al. 2016; Smith 2011; 2017; 2018a; 2018b; Smith et al. 2016 참조). 기업을 비롯한 미국 내 모든 조직의 비리를 다룬 자료도 상당하다(예, Plinio et al. 2010). 비영리단체의 유급 직원들에 관한 연구 결과를 보면, 심각한 윤리의식의 부재가 비리의 근본 요인임을 알 수 있다. 2007년 미국 비영리단체 윤리 실태 조사(Light 2008; Mead 2008 참조) 당시, 유급 직원 2인 이상의 비영리단체 중 임의로 표본 추출한 비영리단체의 유급 직원들을 상대로 전화 인터뷰를 실시했다. 그 결과 비영리단체가 기업이나 정부기관보다 약간 더 윤리적인 것으로 나타났으나 거의 차이가 없었다. 대부분의 비영리단체들은 윤리의식이 강하지 않았다. 겨우 11%만이 탄탄한 윤리 문화를 가진 것으로 나타났다. 이는 기업의 9%, 정부기관의 8%와 별 차이가 없는 수치다. 더욱이 비영리단체 내 윤리 문화가 계속해서 약화되는 추세라 비영리단체의 비리가 앞으로 줄어들 수 있을지에 대해서는 전망이 불투명하다.

비영리단체 직원이 목격한 비리는 관련 조사가 처음 시작된 2000년 이후 2007년에 최고치를 기록했다. 비영리단체 직원의 55%가 전년도에 비리행위를 한 번 이상 목격했다고 응답했다(Light 2008 참조). 이 같은 결과는 기본적으로 기업이나 정부기관과 차이가 없다. 하지만 비영리단체 직원들이 기업이나 정부기관 직원들에 비해 비리를 목격한 경험이 확실히 적었던 과거의 설문조사 결과와는 사뭇 대조를 이룬다. 2007년에 재무 비리를 목격한 비영리단체 직원은 8%였다. 일반 기업과 정부기관에 비해 상당히 높은 수치다. 비영리단체 직원의 14%는 이용자나 물품 판매상, 혹은 대중을 상대로 거짓말하는 것을 목격한

적이 있었다(기업이나 정부기관과 같은 수준). 직원들에게 거짓말하는 것을 본 적이 있다고 응답한 비영리단체 직원도 21%나 됐다(기업이나 정부기관과 비슷한 수준). 이 조사는 비영리단체에서 일반적으로 나타나는 다섯 가지 유형의 비리가 지닌 심각한 위험성을 지적한다. △이해관계의 충돌 △직원들에게 거짓말하기 △근무시간 허위보고 △폭력적인 행동 △인터넷 남용 등이다. 비영리단체가 갖고 있는 이러한 위험요소는 기업과 정부기관에도 비슷하게 위험요소로 작용하며 비영리단체는 이러한 요인들을 바탕으로 직원들의 윤리적 행동을 평가하기도 한다.

대체로 유감스러운 이런 상황을 고려해 많은 전문가들이 여러 재단을 비롯한 비영리단체에 개선책이 필요하다고 주장해 왔다(Frumkin & Andre-Clark 1999; Light 2008; Mead 2008; Pynes 2013; Vail 2008). 전미 윤리 실태 조사(Light 2008; Mead 2008 참조)에서 발견한 한 가지 긍정적인 면은 강력한 윤리 문화의 핵심을 이루는 네 가지 요소를 도입할 경우 비영리단체의 내부 비리가 눈에 띄게 줄어들고, 일부 비리는 아예 사라졌다는 사실이다. 그렇게 더 강력한 윤리 프로그램을 시행하여, 비리의 증가율 또한 10년 사이 감소했다. 강력한 윤리 문화의 네 가지 핵심요소는 △윤리적 경영 △관리자의 윤리 강화 △동료 간 윤리 실천 독려 △체화된 윤리적 가치다.

요컨대 비영리단체든 다른 형태의 조직이든 그곳에 속한 직원(자원봉사자도) 개개인이 이 문제를 뿌리부터 해결하지 않는 한, 외부에 아무리 새로운 법이나 규정, 기준이 만들어지고 감시기구가 생겨도 그 관행이 윤리적으로 개선되고 비리가 줄어들기는 힘들어 보인다. 이것은 미국만이 아니라 다른 나라도 마찬가지일 것이다. 어디나 공익보다 사익을 우선하는 풍조가 만연하다. 인간도 동물이기에 어쩔 수 없다고 볼 수 있겠지만 이타적이고 박애적인 충동이나 정신도 분명 존재한다. 다만 그러한 감정은 애써 키우려고 많이 노력해야만 사회에 널리 긍정적인 영향을 미칠 수 있다.

이 책은 비영리단체 경영자와 임직원은 물론 자원봉사자들을 위한 교육자료로 활용하기에 손색이 없으며, 개인적으로 읽어 봐도 깊이 있는 공부가 될 것이다. 따라서 비영리단체 직원이나 자원봉사자가 윤리 문제를 개개인의 차원에서 해결하는 데 도움이 될 것이다. 이런 아주 기본적인 이유만으로도, 비영리단체의 윤리를 자세히 공부하고 싶은 사람들에게 훌륭한 가치를 지니는 책이다.

참고문헌

Eng, S., et al. (2016). Crime, misconduct, and dysfunctions in and by associations. In Smith, D. H., Stebbins, R. A., & Grotz, J. (eds.), *Palgrave Handbook of Volunteering, Civic Participation, and Nonprofit Associations*. Basingstoke, UK: Palgrave Macmillan.

Frumkin, P., & Kim, M. (2000). Strategic positioning and the financing of nonprofit organizations: Is efficiency rewarded in the contributions marketplace? (*Hauser Center for Nonprofit Organizations Working Paper*, 2). Cambridge, MA: Harvard University.

Light, P. (2008). How Americans view charities: A report on charitable confidence, 2008: Executive Summary (*Issues in Governance Studies*, 18). Washington, D. C.: The Brookings Institution.

Mead, J. (2008). Confidence in the nonprofit sector through Sarbanes-Oxley-style reforms. *Michigan Law Review*, 106, p. 881~900.

Plinio A., Young, J., & Lavery, L. (2010). The state of ethics in our society: A clear call for action. *International Journal of Disclosure and Governance*, 7(3), p. 172~197.

Pynes, J. (2013). *Human Resources Management for Public and Nonprofit Organizations*. New York, NY: Wiley.

Rhode, D., & Packel, K. (2009). Ethics and nonprofits. *Stanford Social Innovation Review* 7(3), p. 8~16.

Smith, D. H. (1995). Deviant voluntary groups: Ideology, accountability, and subcultures of deviance in nonprofits. Presented (in absentia) by Prof. Marsha Rose at Annual Conference of ARNOVA in Cleveland, OH, 1995. 11.

_____(2008a). Comparative study of fundamentally deviant nonprofit groups and their role in global civil society and democratic cultures as a new frontier for third sector research: Evidence for prevalence of the false 'angelic nonprofit groups flat-earth paradigm'. Presented at the Biennial Conference of The International Society for Third Sector Research, Barcelona, Spain, 2008. 7. 9~12.

_____(2008b). Accepting and understanding the 'dark side' of the nonprofit sector: One key part of building a healthier civil society. Presented at the Annual Conference of ARNOVA in Philadelphia, PA, 2008. 11. 20~22.

_____(2011). Foreword: On deviance and misconduct in the nonprofit sector. In C. Corbett, *Advancing Nonprofit Stewardship Through Self- Regulation: Translating Principles into Practice*, p. vii~xviii. Sterling, VA: Kumarian Press.

_____(2017). Misconduct and deviance in nonprofit organizations. In A. Farazmand (ed.), *Global Encyclopedia of Public Administration, Public Policy, and Governance*. New York, NY: Springer.

_____(근간). (2018a). *Deviant Voluntary Associations as Leadership and Management Challenges: Understanding and Dealing with Potential Nonprofit Misconduct*. Bradenton, FL: David Horton Smith International.

_____(근간). (2018b). *Method in Their Madness: Developing an Empirically Supported Theory of Deviant Voluntary Associations*. Bradenton, FL: David Horton Smith International.

Smith D. H. , & Stebbins, R. (2009). Developing a grounded theory of deviant nonprofit group structural aspects. Presented at the Annual Conference of The Association for Research on Nonprofit Organizations and Voluntary Action in Cleveland, OH, 2009. 11. 19~21.

Smith, D. H. , Eng, S. , & Albertson, K. (2016). The darker side of philan-thropy: How self-interest and incompetence can overcome a love of mankind and serving the public interest. In T. Jung, S. Phillips, & J. Harrow (eds.), *The Routledge Companion to Philanthropy*, p. 273~286. London: Routledge.

머리말

미국의 대표적인 흑인인권단체 전미흑인지위향상협회National Association for the Advancement of Colored People, NAACP 뉴욕 지부와 히스패닉연맹Hispanic Federation은 2013년 1월 대용량 가당 탄산음료 판매를 금지하는 뉴욕시 법안에 대해 공개적으로 반대 입장을 표명했다. 애초에 뉴욕시가 법안을 만든 목적은 비만과 당뇨 발생률을 줄이기 위함이었다. 보건당국에 따르면 비만과 당뇨는 이들과 같은 소수 인종에서 특히 많이 발생한다. 사람들은 당연히 두 단체가 탄산음료처럼 건강을 해치는 제품을 몰아내고자 앞장서는 마이클 블룸버그Michael Bloomberg 당시 뉴욕시장을 지지할 것으로 예상했다. 그런데 이렇게 반대하고 나서자 놀라워했다.

2013년 3월에 입법될 예정이었던 뉴욕시 법안에 대해 두 단체가 소송을 제기하자 도대체 어떤 생각을 하고 있는 것인지 궁금해 취재를 시작한 영국 〈가디언〉 기자들에게 NAACP와 히스패닉연맹, 미국음료협회American Beverage Association의 공동성명서가 도착했다. 미국음료협회는 대용량 가당 탄산음료 판매 금지 법안의 표적이었던 탄산음료 업계를 대변하는 단체다. 이미 짐작한 이들도 있겠지만, 이 협회 회원사들이 NAACP와 히스패닉연맹에 가장 많은 후원금을 내고 있던 것으로 드러났다. *

NAACP와 히스패닉연맹은 그동안 받은 기부금에 대한 보상으로 미국음료협회를 지지한 것일까? 만약에 그렇더라도 그들의 그러한 행동이 뉴욕에서 불법은 아니다. 이는 다른 주에서도 마찬가지일 것이다. 그러나 대부분의 '합리적인' 사람들은 그들의 행동이 비윤리적이라고 생각할 것이다. 물론 다르게 생각하는 '합리적인' 사람들도 있겠지만.

비영리단체에서는 윤리 문제가 늘 발생한다. 이사회와 직원들은 '올바른' 접근법을 택하기 위해 많은 시간을 고민하고, 반대 입장을 설득하기 위해 열띤 논쟁을 벌인다.

이 책의 목적은 과연 '올바른' 접근법, 혹은 윤리적인 접근법을 택한다는 것이 어떤 의미인지를 자세히 살펴보는 데 있다. 그래서 이 책에는 윤리적인 면에서 비영리단체와 관련한 여러 가지 상황을 다룬다. 그중엔 흔히 벌어지는 상황들도 있고, 그렇게까지 일반적이지 않은 상황들도 있다. 답이 확실한 경우도 있고 아닌 경우도 있을 것이다. 선택할 수 있는 방법은 명확한데 그것을 선택했을 때 또 다른 중요한 원칙을 위반하게 되는 문제가 있어서 윤리적 딜레마에 빠지는 상황도 있을 것이다. 가장 윤리적인 사람들조차 구체적인 사안을 놓고 어떻게 대처

---

* *The Guardian*, 2013. 1. 23. NAACP joins fight against Bloomberg's New York soda ban (https://www.theguardian.com/lifeandstyle/2013/jan/23/naacp-fights-bloomberg-new-york-soda-ban).

해야 옳은지 이야기해 보면 의견이 분분해진다. 이렇게 의견이 갈리는 이유 중에는 제각기 다른 윤리적 접근법을 택해서 그런 면도 있다.

우리가 맨 처음 여러 윤리 개념과 원칙들을 접하는 것은 아주 어렸을 때다. 그 출처는 매우 다양하지만, 주로 부모님을 비롯해 우리를 돌봐 주는 어른들이다. "형제끼리 때리는 거 아냐." "아빠가 주무실 때는 조용히 해야지." "고모에게 뽀뽀해 드리렴." "장난감은 같이 갖고 놀아야지." "음식을 낭비하면 안 된단다(지구상엔 아직도 굶주리는 사람들이 많거든)." 다들 어렸을 때 이런 이야기들을 들어 봤을 것이다.

그 다음에는 학교 선생님과 친구들, 대중 매체를 통해 행동에 관한 개념을 배운다. 예를 들면 이런 것이다. "네 차례를 기다려야지." "거짓말하면 안 돼." "게임은 공정하게 해야 한단다." "남의 것을 훔치면 안 돼." "미안하다고 얘기하렴."

많은 사람들이 영적 조언자를 통해 아주 오래전부터 전해 내려오는 윤리 개념을 접하기도 한다. "부모를 공경하라", "남의 것을 탐내지 마라", "간음하지 마라", "살인하지 마라" 등이 그런 예다. 이러한 윤리 개념은 보편적이어서 여러 다른 종교는 물론 종교가 없다고 얘기하는 사람들도 받아들인다.

더 나이 들어 대학이나 직장에서 교수나 상사로부터 윤리 개념을 추가로 배우기도 한다. 예를 들면 "조직에 충성하라", "비리를 숨기지 마라", "좋은 리더이자 좋은 부하가 돼라", "맡은 일을 충실히 하고 다른 사람의 공을 가로채지 마라", "누군가를 비판할 때는 다른 사람들 앞에서 하지 말고, 칭찬할 때는 다른 사람들이 있는 자리에서 해라" 등이다.

우리의 윤리적 관점이 미디어의 영향을 받는다는 사실에는 이의를 제기할 사람이 거의 없을 것이다. 특히 텔레비전은 수많은 사람들이 시청하기 때문에 어떤 행동을 해석하는 방식에 강력한 영향을 미친다. 요새 가장 인기 있는 텔레비전 프로그램을 보면 주요 등장인물의 나쁜 행동에 초점이 맞춰진다. 범죄 사건을 다룬 미국 드라마 〈CSI〉, 〈NCIS〉, 〈브레이킹 배드Breaking Bad〉가 그렇고, 거의 대부분의 리얼리티 쇼도 마찬가지다. 신문과 라디오 또한 어떤 행동이 옳고 그른지에 대한 자신들의 해석을 제시한다. 최근엔 블로그와 페이스북을 비롯한 소셜 미디어의 영향력 또한 그냥 넘길 수 없다. 소셜 미디어 이용자들은 그들이 전혀 모르는 사람들에게도 아무렇지 않게 속마음을 털어놓고, 자기 부모에게 말하기엔 곤란한 행동들까지도 꼬박꼬박 기록을 남긴다. 그들은 그렇게 하는 것이 로제타석Rosetta Stone〔기원전 196년 고대 이집트에서 쓰인 비석으로, 1799년 나폴레옹의 이집트 원정군이 발견했다 — 옮긴이〕에 기록된 것만큼 혹은 그 이상의 영속성을 가질 수 있다는 사실을 전혀 인식하지 못한다.

그렇게 우리는 하나의 생물 종이자 문화로서, 규칙을 존중하는 느슨한 구조의 체계를 발달시켜 왔다. 규칙은 글로 정리되어 법으로까지 제정된 것도 있고, 글로 정리되지 않은 것들도 있다. 이러한 규칙의 기원에 대해서는 논쟁의 여지가 있다. 신의 뜻이라고 생각하는 사람도 있고, 인간의 상상력으로 만든 것이라고 주장하는 사람도 있다. 신의 힘을 통해서든 진화의 산물이든, 일부 규칙은 인간이 하나의 종으로서 생존 능력을 향상시키는 방향으로 우리 두뇌에 자리를 잡았을지 모른다(4장 참조).

이 책을 쓴 이유

이 책의 목적은 이런 난해한 질문을 파고드는 것이 아니라 비영리단체와 관련 있는 윤리 개념과 기본적인 윤리 원칙들에 관한 정보를 전달하는 것이다. 비영리단체마다 고유의 사명을 단체의 목적으로 정하고 있다. 각 사명은 그 단체와 직접적으로 관계가 있을 수도 있고 없을 수도 있는 사람들의 삶의 질을 어떤 식으로든 높이는 것을 목표로 한다. 모든 사람이 타인을 희생시키면서 자신의 욕구를 충족하려고만 한다면 아무도 욕구를 충족할 수 없다는 것을, 인류는 오래전부터 여러 시행착오를 통해 깨달았다. 사람들이 이기적인 태도를 비윤리적이라고 여기는 것은 비영리단체로서는 참 다행스러운 일이다. 비영리 분야는 자신의 욕구보다 타인의 욕구를 우선하고, 봉사를 자원하며, 자신의 부와 지혜, 시간을 나누는 사람들을 필요로 한다. 이런 사람들에게는 윤리적인 리더가 필요하다.

비영리단체 윤리에 관심을 갖게 된 개인적인 이유

나는 행정학으로 학부와 석사, 박사과정까지 마쳤다. 그 사이 한 번도 윤리학 수업이 필수 과목이었던 적이 없다. 내가 선택해서 윤리학 수업이나 윤리학과 관련된 수업을 들어 본 적도 없다.

대학 졸업 후 내 첫 번째 직업은 '목사' 출신의 의회의원을 돕는 일이었다. 감리교 목사였던 그는 베트남전쟁을 중단시키겠다는 사명 하나로 워싱턴 정가에 진출해 12년이나 하원의원을 지냈다. 그가 첫 선거에서 믿기지 않을 정도의 승리를 거둘 수 있었던 직접적인 요인은 워터

게이트 사건이었다. 그가 출마한 지역구의 유권자들은 기존 정당 조직이 부패했다고 판단했다. 그때는 윤리가 중요한 화두일 수밖에 없었다. 당시 의원들은 특별한 목적이 있는 로비스트들로부터 수십만 달러의 선거자금을 모금할 수 있었다. 그렇게 모금한 자금은 계좌에 넣어 둔 다음 은퇴한 뒤에 합법적으로 자기 개인 계좌로 옮겼다.

불과 몇 년 전까지만 해도 의원실에서 일하는 여직원은 의원의 여러 정부情婦 중 한 명이라고 오해받을 가능성이 높았다. 그때는 의원이 직원을 사적으로 이용하는 일이 흔했는데, 이런 관행은 지금도 계속되고 있는지도 모른다. 의원들은 자신의 의결권을 선거자금이나 '지정 예산'과 교환해 자신의 지역구에서 진행되는 프로젝트에 자금을 지원하고 재선에도 도움이 되게 하는 것이 아무 문제가 없다고 생각했다.

나는 나를 채용한 의원이 무슨 일이든 윤리적으로 행동하는 습관을 가졌기에 '정치적 문제'에서도 윤리적으로 행동한다는 것을 알게 되었다. 그는 사무실 전화요금 청구서를 모든 직원에게 회람시키곤 했다. 그것엔 노란색 형광펜으로 칠한 표시와 함께 의원의 개인 수표가 붙어 있었다. 그가 사적인 통화를 한 부분에 대해 비용을 지불한 것이다. 그는 불의를 보면 절대 가만히 있지 않았다. 권력이 모인 곳에서는 언제나 발언권이 없는 노약자와 가난한 사람들, 소외계층을 대신해 목소리를 높였다. 그의 윤리적인 본보기는 그 후로도 오랫동안 나와 동료들에게 좋은 영향을 주었다.

석사학위를 받은 뒤 나는 유대인 권리옹호 단체의 대표로 취직했다. 세법 501 (c) (4) 조항을 적용받는 면세 단체였는데, 나로서는 정부와 영리 분야에서 7년을 활동하고 들어간 첫 번째 비영리단체였다(미국의 비영리단체는 세법 501 (c) 조항에 따라 국세청에 면세 지위를 신청할 수 있으며 정치활동 여부와 기부자 정보공개 의무에 따라 다시 세분화된다. 대부분의 비영리단체가 501 (c) (3) 을 적용받는데, 정치적 발언이나 지지를 할 수 없고 기부자 정보를 공개해야 한다. 대신에 기부자에게 세금공제 혜택이 제공된다. 501 (c) (4) 와 501 (c) (6) 은 정치 (로비) 활동을 펼칠 수 있는 대신에 기부자에게 세금공제 혜택이 주어지지 않는다는 것이 핵심이다. 시민단체나 사회복지단체는 주로 501 (c) (4) 를 적용받고, 상공회의소를 비롯한 기업 관련 특수 단체들이 501 (c) (6) 을 적용받는다 — 옮긴이]. 나는 13년간 그 단체의 대표로 일했다. 당시 내가 맡았던 프로젝트 중 하나가 교사를 위한 홀로코스트 교육 안내자료 개발이었다. 펜실베이니아주 교육국의 보조금으로 진행된 사업이다. 그 프로젝트를 하는 동안 비로소 한 사회 전체(소수의 영웅들을 제외하면) 가 어떻게 인류 역사상 가장 악랄하고 비윤리적인 행위에 열의를 갖고 참여했는지를 면밀히 알게 되었다. 수백만 명이 집단학살에 동참하거나 지지했고, 아니면 무심히 외면했다. 당시 독일은 지구상에서 기술적으로 가장 발달한 나라였다. 그런데 어떻게 이런 일이 벌어질 수 있었을까?

나는 이스라엘 역사가 예후다 바우어Yehuda Bauer가 짧게 요약한 홀로코스트의 교훈에 깊이 공감했다. "가해자가 되지 마라. 희생자가 되지 마라. 방관자가 되지 마라." 반反나치주의자이자 루터교 목사였던 마르틴 니묄러Martin Niemöller의 말도 되새겨 볼 만하다. 다하우Dachau 강제수용소에 갇혀 있었던 그는 불의를 보고도 방관하는 사람의 결말을 압축적으로 표현했다(다음 인용문은 마르틴 니묄러의 금언으로 알려진 여러 가지 버전 중 하나다).

그들이 처음 사회주의자들을 잡으러 왔을 때 나는 침묵했다.

나는 사회주의자가 아니었기에.

그들이 노동조합원들을 잡으러 왔을 때 나는 침묵했다.

나는 노동조합원이 아니었기에.

그들이 유대인을 잡으러 왔을 때 나는 침묵했다.

나는 유대인이 아니었기에.

그들이 나를 잡으러 왔을 때, 나를 위해 말해 줄 이는 아무도 없었다. *

나는 이 글을 《홀로코스트: 교사를 위한 안내서*The Holocaust: A Guide for Teachers*》 책자 뒷면에 잘 보이게 실었다. 이 책은 1994년에 전문이 인터넷에 무료로 공개됐으며, 지금도 접속해서 볼 수 있다(http://www.remember.org/guide 참조).

몇 년 뒤 박사 논문을 쓰고 있을 때였다. 어찌된 영문인지 나의 원래 논문 지도교수님이 안식년에 들어가시면서 나를 동료 교수님에게 넘기셨는데 하필이면 윤리학을 가르치는 분이었다. 첫 번째 지도교수님을 만족시키려고 노력한 9개월이 헛수고가 되어 버린 나는 논문을 처음부터 다시 쓰기로 결심했다. 주제도 협회 형태의 비영리단체 윤리강령으로 새롭게 정했다. 내가 비영리 분야와 관련된 윤리 이론과 실무를 접하기 시작한 것이 바로 이때부터다. 그 여정에 좌절과 시행착오가 없었던 것은 아니다. 지금도 생생히 기억나는 것은, 논문 심사를 받기 위해 심사위원 앞에 섰을 때 마치 '무아지경'에 이른 것 같은 느낌을 받았다는 것이다. 나는 모든 질문에 완벽하게 답했다. 그러자 내 지도

---

* http://www.history.ucsb.edu/faculty/marcuse/niem.htm

교수님이 질문하셨다. "누군가 윤리학 수업을 위한 강의계획안을 만들라고 한다면, 그것에 무엇을 담아야 할까요?"

갑자기 머릿속이 하얘졌다. 뭔가 중얼거렸지만 두서가 없었던 것 같다. 하지만 논문은 통과됐고 나는 살아남았다.

재미있는 것은, 몇 년 뒤에 한 대학으로부터 똑같은 요청을 받았다는 사실이다. '비영리단체의 윤리학'이라는 주제로 강의계획안을 만들어 수업해 달라는 요청이었다.

버락 오바마 전 미국 대통령은 두 번째 취임 연설에서 이렇게 말했다.

우리 국민은 오늘, 모든 사람은 평등하게 태어난다는 가장 자명한 진리가 마치 저 하늘의 별처럼 여전히 우리를 이끌어 주고 있다는 것을 선언합니다. 우리 선조들이 세니커폴스Seneca Falls〔미국에서 여성의 권리 획득을 위한 회의가 최초로 열린 곳 — 옮긴이〕를 지나고, 셀마Selma〔마틴 루터 킹 목사가 흑인의 참정권을 요구하며 행진을 벌인 곳 — 옮긴이〕를 지나고, 스톤월Stonewall〔동성애자 인권운동의 발상지 — 옮긴이〕을 지날 때 이끌어 주었던 것처럼 ….

이 연설문을 다시 읽어 봐도 그날 그가 한 이야기의 많은 부분이 윤리와 연결된다는 생각이 계속해서 든다.

그는 특정 계층에 대한 우리의 태도를 이야기했다. 수 세기 동안 여성과 소수 인종, 동성애자들이 당했던 것처럼 소외되는 사람 없이 우리 모두가 아메리칸 드림을 이루는 데 참여하게 된다면 얻게 될 이익을 강조했다. 우리가 늙고 병든 사람들을 어떻게 대하는지 이야기했다. 뿐만 아니라 자유시장에서의 '공정한' 규칙과 미래 세대에 대한 책임, 환경 보호에 대해서도 이야기했다. 예전에 마틴 루터 킹 목사는 이렇게 말한 적이 있다. 사람이 "피부색이 아니라 인격으로 평가받는 날이 올 것이다". 버락 오바마 전 대통령이야말로 누구에게나 위대해질 수 있는 기회가 보장되는 공정한 경쟁의 장이 만들어졌을 때 실현될 수 있는 성공 스토리 그 자체다.

나는 '최고'의 교육기관을 우수한 성적으로 졸업했다. 하지만 앞서 밝혔듯이 윤리학 수업을 들은 적이 한 번도 없다. 이건 도대체 말이 안 된다!

뉴스로 본 비영리단체의 윤리

비영리단체의 윤리 관련 사례는 신문 헤드라인에서 자주 본다. 나는 2012년 강의에서 토론 주제와 과제물로 펜실베이니아 주립대학교와 세컨드마일Second Mile이라는 위기아동 지원단체의 충격적인 사건을 집중적으로 다뤘다. 세컨드마일은 펜실베이니아 주립대 미식축구팀 코치였던 제리 샌더스키Jerry Sandusky가 설립한 단체다. 하지만 현재 제리 샌더스키는 아동 성범죄 혐의에 대해 유죄 선고를 받아 장기 복역 중이다. 이 사건은 2012년 당시 최악의 뉴스로 선정될 정도로 많은 이들을 충격에 빠뜨렸다. * 이후 세컨드마일은 폐쇄되었고, 펜실베이니아 주립대 총장과 존경받던 미식축구팀 감독도 자리에서 물러나야 했다. 높이 평가됐던 펜실베이니아 주립대의 명성도 심각한 타격을 입었다. 이밖에 유나이티드웨이United Way의 윌리엄 애러모니William Aramony, 새 시대 재단New Era Foundation의 존 베네트John Bennett Jr., 버나드 매도프 투자

---

* *USA Today*, 2012. 12. 20. Poll ranks top 10 news stories of 2012(http://www. usatoday. com/story/news/2012/12/20/year-top-news/1783303).

증권Bernard L. Madoff Investment Securities의 버니 매도프Bernie Madoff 등은 아마도 '비영리 분야 수치의 전당' 창립회원 자격이 충분할 것이다. 실제로 그런 것이 존재하지는 않지만, 매년 비영리 분야 수치의 전당에 입성할 새로운 회원을 찾기가 쉽지 않을 것이라고 예상한다면 순진한 생각이다.

새 학기를 시작할 때마다 나는 학생들에게 지역신문에서 비영리 분야의 윤리와 관련된 기사를 찾아 분석하는 간단한 보고서를 과제로 내준다. 학생들의 보고서를 보면 신뢰받던 직원이 단체의 기금을 횡령하거나 법인카드를 사적인 용도로 사용하다 적발된 사례가 많다. 뿐만 아니라 친인척 채용, 이해관계의 충돌, 단체의 사명과 무관한 목적을 위한 기금 모금 사례도 있다.

최근의 뉴스를 보면 이보다 훨씬 복잡한 형태의 윤리적 일탈이 많이 보도된다. 2012년 11월에 랜스 암스트롱 재단Lance Armstrong Foundation은 재단 설립자이자 홍보대사인 랜스 암스트롱과의 관계를 끊고 재단 이름을 리브스트롱 재단Livestrong Foundation으로 바꿨다. 암스트롱은 그보다 한 달 전에 재단 이사장 자리에서 물러났다. 2013년 1월 중순에 암스트롱은 그간 숱한 의혹이 제기됐던 사이클계의 도핑(금지 약물 복용) 스캔들에 자신도 연루됐으며 그동안 거짓으로 부인해 왔음을 공개적으로 시인했다. 설립자인 암스트롱과의 모든 관계를 끊는 단호한 조치에도 불구하고, 재단 경영진은 도핑 스캔들로 인해 모금이 크게 줄 것으로 우려해 지출 예산을 10% 이상 삭감했다. *

---

* Corrie MacLaggan, 2013. 1. 16. 'We expect Lance to be completely truthful': Livestrong. *News Daily*(Retrieved 2013. 1. 23.).

2013년 6월에 CNN은 주요 자선단체들이 모금한 기금이 목적과 다르게 유용되는 실태를 집중 보도했다. *

같은 달, 가장 유명한 자선단체 중 하나인 수잔 G. 코멘 치유 재단 Susan G. Komen for the Cure (전 수잔 G. 코멘 유방암 재단Susan G. Komen Breast Cancer Foundation)은 최대 모금행사 중 하나인 걷기대회 규모를 축소하기로 결정했다. 미국 내 주요 일곱 개 도시에서 사흘간 60마일을 걷는 행사의 참여율이 37％나 감소했기 때문이다. 참여율 감소의 주요 원인은 1982년에 설립된 이 재단이 낙태 반대주의자들의 정치적 압박에 의해 2012년 1월 계획 임신 지원금 지급을 중단했기 때문이다. 거센 반발에 부딪친 재단은 무려 나흘간의 열띤 논쟁 끝에 계획 임신 지원을 재개하기로 결정했다. 이 일로 최고경영자를 포함한 여러 명의 경영진이 자리에서 물러났다.

2012~2013년에 비영리단체가 연루된 심각한 비리 사건이 또 하나 있었다. 누군가는 비영리단체가 아니라 정부와 비영리단체가 뒤섞인 형태라고 할지도 모르겠다. 바로 펜실베이니아 주립대학교 사건이다.

제리 샌더스키의 아동 성범죄 사건이 폭로됐을 당시 펜실베이니아 주립대 총장이었던 그레이엄 스패니어Graham Spanier는 2012년에 이사회의 결정으로 해임됐다. 해임될 당시 그의 연봉은 각종 수당을 제외하고도 70만 달러였던 것으로 알려졌다. 그는 아동 학대와 위증, 사법방해〔거짓 진술이나 허위자료 제출 등으로 수사나 재판 절차를 방해하는 행위. 이는 미국 형법에 의해 처벌받을 수 있다 ― 옮긴이〕 등 여러 건의 범죄

* *CNN*, 2013. 6. 13. Above the law: America's worst charities (https://edition. cnn. com/2013/06/13/us/worst-charities/index. html).

혐의로 고발당했다. 2013년 7월에 열린 예비 심문에서 재판관은 스패니어 전 총장에게 제기된 혐의에 대해 재판의 필요성을 인정했다. 결국 2017년 6월 2일 스패니어 박사는 징역 2개월에 가택연금 2개월 형을 선고받았다. 법원은 추가로 보호관찰 2년에 벌금 7,500달러, 사회봉사 200시간을 명령했다.

대학 내 성범죄 가해자에 대한 스패니어 전 총장의 무대응 조치는 많은 희생자들에게 고통을 안겼을 뿐만 아니라 펜실베이니아 주립대의 명성에 심각한 먹칠을 했다. 대학 측은 수천만 달러의 벌금과 함께 피해자에 대한 보상금으로 수백만 달러를 지불해야 했다. 그럼에도 불구하고 스패니어 전 총장은 3백만 달러가 넘는 거액의 퇴직금을 받아 간 것으로 신문은 보도했다.[*]

2015년 5월 19일, 미국 연방거래위원회Federal Trade Commission는 미국 50개 주 및 컬럼비아 특별구와 공동으로 흔히 암 '자선단체'라고 하는 네 개 단체를 고발했다. 부정한 방법으로 1억 8,700만 달러를 모금한 혐의다. 연방거래위원회가 보도자료에 밝힌 이 단체들의 혐의 중에는 다음과 같은 내용이 있었다(http://www.ftc.gov/news-events/press-releases/2015/05/ftc-all-50-states-dc-charge-four-cancer-charities-bilking-over 참조).

고발된 단체들은 가족과 친인척을 고용해 이익을 챙기고 소비자들이 기부한 돈을 자동차와 여행, 초호화 크루즈 여행, 대학 등록금, 스포츠센터 회

---

[*] *Penn Live*, 2012. 12. 9. Graham Spanier's golden parachute illustrates out-of-control college executive pay(http://www.pennlive.com/opinion/index.ssf/2012/12/graham_spanier_golden_parachute.html).

원권, 제트스키, 스포츠행사, 콘서트 티켓, 유료 데이팅 사이트 회원권 등에 사용했다. 이들 단체는 모금액의 85% 이상을 수수료로 받는 전문 모금 활동가를 고용해 모금을 해 왔다.

이들은 또한 지나치게 많은 행정 및 모금 비용을 기부자와 규제당국이 알지 못하도록 숨기기 위해 수입을 허위로 부풀린 혐의를 받고 있다. 고발된 단체들은 관련 기관에 공식적으로 제출한 회계서류에서 2억 2,300만 달러 상당의 '현물'을 기증받아 해외 각지에 보냈다고 주장했다. 하지만 실제로 이들 단체는 그저 거쳐 가는 곳에 불과했다. 이렇게 '현물' 기부를 부풀리는 방식으로 실제보다 규모가 크고 기부금을 효율적으로 사용하는 단체라는 거짓 이미지를 만들어 왔다. 35개 주는 이들 단체가 주정부에 사실과 다른 허위 재무제표를 제출한 것으로 보고 있다.

2016년 8월에 미국 베트남전 참전용사 재단National Vietnam Veterans Foundation은 영구 폐쇄 조치를 밟고 있다고 발표했다. 이 단체가 4년 넘게 2,900만 달러를 모금했으나 실제로 참전용사들을 지원하는 데 쓰인 금액은 2%에 불과하고 나머지는 모두 모금활동가와 텔레마케터에게 지급됐다는 CNN 보도가 있은 지 몇 개월 만에 벌어진 일이다. *

2016년 9월에 오하이오대학교는 2007년에 로저 에일스Roger Ailes가 기부한 50만 달러를 돌려주고, 학교 뉴스보도국에 붙였던 그의 이름을 떼기로 했다고 발표했다. 폭스뉴스 사장을 지낸 로저 에일스가 성추행

---

* Drew Griffin & David Fitzpatrick, 2016. 9. 1. Veterans charity gave less than 2% of revenue to veterans closes its doors for good. *CNN* (http://www.cnn.com/2016/08/31/politics/national-vietnam-veterans-foundation-charity-out-of-business/ Retrieved 2016. 9. 12.).

혐의로 고발된 데 따른 조치였다. *

2016년 미국 대통령선거 당시 도널드 트럼프 공화당 후보와 힐러리 클린턴 민주당 후보가 각각 운영하는 가족 재단의 비리 혐의가 신문 주요 지면을 장식했다. 뉴욕주 검찰은 그해 9월 30일에 도널드 J. 트럼프 재단Donald J. Trump Foundation이 외부에서 2만 5천 달러가 넘는 기부금을 모금할 경우 사전에 주 당국에 신고해야 하는 법률을 위반했다며, 뉴욕에서의 모금활동을 중단하라고 명령했다. ** 또한 트럼프 재단이 2015년에 미국 국세청에 제출한 세무신고서에는 '자기거래self-dealing' 금지법을 위반했음을 시인하는 내용이 담겨 있었다. 자기거래란 비영리단체 경영진이 면세 기금을 자기 자신이나 가족, 자기가 운영하는 사업체에 이익이 되도록 사용하는 것을 뜻한다. 하지만 구체적으로 어떻게 법을 위반했는지, 그 위반에 따른 후속 조치를 단행했는지 여부는 밝히지 않았다.

트럼프 재단의 자금이 어떻게 법에서 허용하는 것과 다른 목적으로 유용됐는지에 대해서는 〈뉴욕타임스〉와 〈워싱턴포스트〉의 취재를 통해 더 구체적으로 드러났다. 트럼프 자신의 개인적인 지출은 물론 그가 소유한 기업의 사업비, 정치 후원금과 선거 자금을 충당하는 데 재단 기금을 사용한 것으로 밝혀졌다. ***

---

* *Huffington Post*, 2016. 9. 13. Ohio University rejects Roger Ailes' name and money (http://www. huffingtonpost. com/entry/roger-ailes-ohio-university-newsroom-campus-gift_us_57d7a63fe4b0aa4b722c4c0d).

** *The New York Times*, 2016. 10. 3. State attorney general orders Trump Foundation to cease raising money in New York (https://www. nytimes. com/2016/10/04/us/politics/trump-foundation-money. html) 참조.

*** *The Washington Post*, 2016. 11. 22. Trump Foundation admits to violating ban

2016년 12월 24일, 당시 대통령 당선인 신분이었던 트럼프는 자신의 재단을 해산할 계획이라고 발표했다. 하지만 같은 날, 뉴욕주 검찰은 트럼프 재단에 대한 검찰 조사가 마무리되기 전까지는 그럴 수 없을 것이라고 반박했다. * 트럼프 당선인이 취임을 준비하는 동안, 그의 인수위원회는 이해관계의 충돌을 완전히 제거하지는 못하더라도 최소화하려고 바쁘게 움직였다. 재단에 영향력을 행사하고 있는 트럼프와 그의 가족이 백악관에서의 의사결정권 또한 갖게 될 상황이었기 때문이다. 2017년 6월, 잡지 〈포브스〉는 에릭 트럼프 재단Eric Trump Foundation에서 벌어지고 있는 이해관계의 충돌과 지출 관행을 다룬 특집 기사를 내보냈다. 〈포브스〉는 도널드 트럼프의 차남 에릭 트럼프가 운영하는 이 재단의 모금액 수십만 달러가 트럼프 그룹으로 이전되고, 또 다른 수십만 달러가 애초의 기부 목적과 다른 자선단체에 전달됐다고 주장했다. 〈포브스〉는 "이 모든 것이 자기거래를 금지하고 기부자에게 잘못된 정보 전달을 못하게 막는 연방세 규정과 주법을 무시하는 듯 보인다"고 지적했다. 〈포브스〉의 보도 이후 뉴욕주 검찰은 곧장 "언론에서 제기한 문제를 깊숙이 들여다보고 있다"고 밝혔다. 트럼프 일가의 아버지와 아들이 각각 운영하는 재단 두 곳이 모두 수사 대상임을 확인시켜 준 것이

on 'self-dealing,' new filing to IRS shows(https://www. washingtonpost. com/ politics/trump-foundation-apparently-admits-to-violating-ban-on-self-dealing-new-filing-to-irs-shows/2016/11/22/893f6508-b0a9-11e6-8616-52b15787add0_ story. html?utm_term=. a7c1a7796957) 참조.

* *The Two-Way*, 2016. 12. 24. Trump plans to dissolve his foundation; N. Y. attorney general pushes back(http://www. npr. org/sections/thetwo-way/2016/ 12/24/506852411/trump-plans-to-dissolve-his-foundation-n-y-attorney-general-pushes-back) 참조.

다. 에릭 트럼프 재단 측은 이사회 개편을 단행하고, 도널드 트럼프와 직접적으로 관련 있는 사람은 대부분 물러나게 했다. 당시 이사회는 그런 사람들이 대다수였다. 2016년 12월에 에릭 트럼프는 앞으로 재단의 모금활동에 참여하지 않겠다고 발표했다. 이 재단은 이듬해 6월에 재단 이름을 큐어티비티Curetivity로 변경하는 절차를 밟았다. *

힐러리 클린턴 가족이 운영하는 빌, 힐러리, 첼시 클린턴 재단Bill, Hillary, and Chelsea Clinton Foundation (과거의 윌리엄 J. 클린턴 재단William J. Clinton Foundation) 역시도 선거기간에 논란이 됐다. 힐러리 클린턴이 오바마 정부의 국무장관으로 재직하는 동안 재단에 기부한 사람들을 특별하게 대우했다는 의혹을 비롯해 여러 혐의가 제기됐다. 2015년 2월에 미국 국무부는 클린턴 재단이 이해관계의 충돌을 막기 위해 기부자를 공개하도록 규정해 놓은 지침을 준수하지 않았다고 시인한 바 있다. ** 미국 대선 기간 중 트럼프 후보 진영은 클린턴 재단이 외국 정부로부터 거액의 기부금을 받아 왔으며, 이들 국가 중에는 여성 인권과 관련해 미국의 전통 가치에 반하는 정책을 가진 나라도 다수 포함되어 있다고 비판했다〔2016년 당시 〈뉴욕타임스〉 보도에 따르면 클린턴 재단에 기부금을 낸 국가 중에 사우디아라비아, 아랍에미리트, 카타르, 쿠웨이트, 오만, 브루나이, 알제리 등 미국 국무부가 성차별, 인권 침해 등으로 문제를

---

* *Forbes*, 2017. 6. 9. New York attorney general looking into Eric Trump Foundation (http://forbes. com/sites/danalexander/2017/06/09/new-york-attorney-general-looking-into-eric-trump-foundation/#3621b2311075).

** *MSNBC*, 2015. 2. 26. State Department acknowledges issue with Clinton Foundation donation (http://www. msnbc. com/msnbc/state-acknowledges-issue-hillary-clinton-foundation-donation) 참조.

제기한 나라가 적지 않았다 ― 옮긴이]. 부정적인 언론 보도로 힐러리 클린턴의 정치적 이미지가 상처를 입긴 했지만, 당시 정부는 힐러리 클린턴 후보나 클린턴 재단에 대해 아무런 조치도 취하지 않았다.

미국에서 가장 잘 알려진 자선단체 중 하나인 상이용사 프로젝트 Wounded Warrior Project는 2016년에 처참할 정도로 비난받았지만 다시 기부자들의 신뢰를 회복해 나가고 있다. 상이용사 프로젝트는 2016년, 호화 여행 및 사업과 무관한 직원들의 콘퍼런스 비용 등이 언론에 집중 보도되면서 최고경영자와 최고운영책임자가 해임되는 결과로 이어졌다. 이 사건으로 인해 단체의 수입은 3억 9,890만 달러(회계연도 2015년)에서 3억 2,180만 달러(회계연도 2016년)로 감소했다(Cahn 2017; Sandoval 2017). 상이용사 프로젝트에 대한 조사는 의회에서도 진행됐다. 아이오와주 공화당 상원의원인 찰스 그래슬리Charles Grassley가 상원 사법위원회와 재정위원회를 대표해 조사를 이끌었다. 찰스 그래슬리 상원의원이 2017년 5월 25일 공개한, 500쪽 가까운 분량의 보고서는 상이용사 프로젝트에 제기된 대부분의 혐의가 사실이며, 기부금의 68%만이 상이용사 사업에 사용되는 등 부실 경영이 심각하다고 결론지었다. 또한 기부금 사용내역에 관해 기부자들에게 제대로 알리지 않았으며, 지출 우선순위 중에 일부 부적절한 항목들이 포함된 것으로 확인됐다. *

---

* Dianna Cahn, 2017. 5. 8. Wounded Warrior Project donations drop $70 million, but CEO says charity is on the rebound. *Stars And Stripes*(https://www. stripes. com/wounded-warrior-project-donations-drop-70-million-but-ceo-says-charity-is-on-the-rebound-1. 467376) 및 Timothy Sandoval, 2017. 5. 24. Wounded Warrior Project chided in senate report. *The Chronicle of Philanthropy* (https://www. philanthropy. com/article/Wounded-Warrior-Project-Chided/

만약에 이들 비영리단체 대표자들이 필수적으로 윤리 수업을 듣거나 의무적으로 그런 식의 교육을 받도록 했더라면, 우리는 비영리 분야에 관한 좀 더 긍정적인 뉴스를 접했을지도 모른다.

비영리단체 윤리 시나리오

수업시간에, 여러 가지 행동에 대해 그것이 과연 '윤리적'인지 '비윤리적'인지를 놓고 열띤 논쟁이 자주 벌어진다. 이렇게 논쟁을 일으킬 만한 행동들을 120가지 짤막한 사례들로 정리해 책 맨 뒤에 실었다. 각각의 사례에 대해 모두가 동의할 만한 한 가지 정답이 있는 것은 아니다. 일부러 여러 가지 해석이 나올 수 있는 사례들을 다수 포함시켰다. 나는 학생들에게 어떤 윤리적 접근을 선택하느냐에 따라서 정당화하기가 쉬운 행동들도 있다고 말한다. 더 흥미로운 것은, 의무론적 접근(어떤 행동의 결과에 상관없이 원칙을 중시)과 목적론적 접근(행동의 결과를 중시) 중 한 가지만 골라서 사용해도 정당화나 비판이 가능한 행동이 많다는 점이다. 이에 관해서는 1장 '윤리학 입문'에서 자세히 살펴보겠다.

어떤 행동이 비윤리적인지 판단하는 작업을 복잡하게 만드는 요인 중 하나는 사소한 윤리적 실수와 철저한 조사가 필요한 심각한 윤리적 과실을 구분하기가 어렵다는 점일 것이다. 예컨대 업무와 무관한 개인적인 일로 단체의 복사기를 사용하는 것이 윤리적인 행동은 아니지만, 당장 해고되어야 할 정도로 심각한 잘못이라고 생각하는 사람은 거의 없을 것이다. 그러나 비영리단체 직원이 대중을 상대로 복사를 해 주

240158) 참조.

겠다고 신문에 광고를 내고, 단체의 복사기를 이용해 복사를 해 주는 대가로 돈을 받아 챙긴다면, 이것이 심각한 비윤리적 행동(심지어 범죄)이라는 데 이의를 제기할 사람은 아무도 없을 것이다. 문제는 어디까지가 적당히 넘어갈 수 있는, 이른바 '가벼운' 잘못이고, 어디서부터가 어느 정도 제재가 필요한 잘못이냐는 것이다. 딜레마에 빠지게 만드는 토론 주제를 제시하면, 학생들은 뜨거운 반응을 보였다. 징계가 필요한지 여부를 놓고 의견이 갈릴 때가 많았다.

이 책에 실린 시나리오는 전부 내가 직간접적으로 경험한 실제 사례를 근거로 만들었지만 어디까지나 허구다. 실제 사건을 과장하고 등장인물과 단체, 지역 등도 바꿔 표현했다. 실제로 일어난 사건인지 여부와 관계없이 120개 시나리오 대부분이 비영리단체에서 충분히 벌어질 법한 일들이다. 이 시나리오를 소재로 의견을 나눈다면, 앞으로 비영리단체를 이끌 사람들이 여러 가지 윤리적 도전을 헤쳐 나가는 능력을 키우는 데 도움이 될 것이다.

개정 3판의 새로운 점

개정 3판에는 네 개의 장이 새로 추가됐다. '투명성과 책무성', '거짓말과 기만', '윤리강령', '비영리단체 전문가 협회의 윤리 기준'이 그 넷이다. 기존에 있었던 '비영리단체의 윤리' 장은 많은 내용을 수정하면서 분량이 늘어났다. 각 장에는 수업에서 활용하기 좋은 토론 질문과 활동 주제도 들어 있다. 일부 자료는 내가 학생과 실무자를 위해 쓴 다른 책에서 가져왔으며, 동료 교수님들과 실무자들의 조언을 받아 완전히 새롭게 포함시킨 자료들도 있다.

결론

윤리는 우리가 어린 아이들과 대학생, 미래의 전문가와 리더, 교사와 교수에게 가르칠 수 있는 인간 행동의 가장 중요한 요소라고 생각한다. 하지만 내가 학생들에게 말했듯이, 우리의 윤리와 가치는 우리의 행동으로 전달되어야 한다. 나는 앞으로 비영리단체를 이끌 사람들에게 중요한 윤리적 가치에 대해 토론해 볼 수 있는 수단을 제공하고자 이 책을 썼다. 이 책에 실린 시나리오 중에는 정답과 오답이 확실치 않은 것들도 많다. 그런 사례들을 접하면서 느낄 테지만, 환경이 급변하고 아주 많은 난관이 기다리고 있는 비영리 세계에서 의사결정을 내린다는 것이 결코 쉽지 않은 일임을 지금보다 잘 알게 되기를 바란다.

다음을 위해

앞서 이 책 1판과 2판에 보내 주신 많은 의견이 큰 도움이 되었으며, 앞으로도 내가 직접 개발한 것이든 아니든 간에 비영리단체 경영 윤리를 교육하는 데 필요한 더 좋은 자료를 소개하려고 노력할 것이다. 어떤 의견이든 자유롭게 보내 주시길 부탁드린다.

게리 M. 그로브먼

감사의 글

논문 지도교수이셨던 제레미 플랜트Jeremy Plant 펜실베이니아 주립대학교 교수를 비롯해 내가 윤리학을 전문적으로 파고들 수 있도록 이끌어 준 많은 분들에게 감사드린다. 이 책을 만드는 데 직간접적으로 기여해 준 내 학생들과 동료들에게도 고마움을 표하고 싶다. 그들 대부분이 《비영리 핸드북The Nonprofit Handbook》, 《비영리 영역 입문Introduction to the Nonprofit Sector》, 《비영리 경영 사례집The Nonprofit management Casebook》 등 나의 다른 책에 먼저 실리고 이번 책에도 포함된 자료들을 읽고 의견을 주었다.

필라델피아 지역 비영리단체 컨설턴트인 제럴드 카우프먼Gerald Kauffman은 1장을 구성하는 데 필요한 자료에 많은 도움을 주었다. 또한 많은 분들이 이 책에 실린 여러 사례를 검토하고 의견을 보내 주었다. 그랜드밸리 주립대학교Grand Valley State University의 살바도르 앨러미오 Salvadore Alamio 박사, 노던오하이오대학교Northern Ohio University의 폴 그

로비카Paul Grovikar 박사, 하버드대학교 하우저 비영리단체 연구소Hauser Center for Nonprofit Organizations at Harvard University와 뉴욕시티대학교City University of New York의 피터 도브킨 홀Peter Dobkin Hall 박사, 멤피스대학교 University of Memphis의 리 허시Leigh Hersey 박사, 뉴욕 주립대학교 브록포트 캠퍼스SUNY Brockport의 마저리 사운더스Margery Saunders 박사, 변환전략Transformational Strategies이라는 경영컨설팅 기업의 알론조 빌라리얼 Alonzo Villarreal Jr. 대표, 오하이오 도미니칸대학교Ohio Dominican University의 케리 몰라드Kerri Mollard 박사에게도 감사의 말씀을 전한다.

《도덕적으로 옳은 일인가? 사회사업 실무 현장에서 찾은 101가지 윤리적 이슈Is It Ethical? 101 Ethical Scenarios in Everyday Social Work Practice》의 저자인 토마스 혼Thomas Horn에게도 감사드린다. 짤막한 사례를 활용한 그의 책에서 영감을 받아 이 책에도 짤막한 시나리오들을 실었다.

내 아내 린다 그로브먼Linda Grobman에게도 감사의 마음을 전한다. 여러 가지 제안과 피드백을 해 준 덕분에 이 책을 전반적으로 개선할 수 있었다. 이 책에 포함된 많은 자료들이 다른 책에 먼저 실렸을 때 교정을 봐 준 존 호프John Hope와 바버라 블랭크Barbara Blank에게도 고마움을 표한다.

이 책 제2판에 도움을 주신 분들이 있다. 오리건대학교University of Oregon의 다이애나 메이슨Dyana Mason 박사, 펜실베이니아 인디애나대학교Indiana University of Pennsylvania의 박사과정에 있는 아네트 고디사트 Annette Godissart, 제임스매디슨대학교James Madison University의 박사과정에 있는 다이샤 M. 메리트Daisha M. Merritt, 이스트포트아트센터Eastport Arts Center의 기금 개발 책임자인 데보라 스미스Deborah Smith, 펜실베이니아 인디애나대학교 박사과정에서 행정학과 리더십을 연구하는 데이비드 브래디David Brady, 퍼트넘 바버Putnam Barber 박사, 컨설팅기업 섬션 앤 와일랜드Sumption & Wyland의 마이클 L. 와일랜드Michael L. Wyland 대표, 경영컨설팅회사 뮤추얼리티 어소시에이츠Mutuality Associates의 팀 오브라이언Tim O'Brien 박사, 다이렉트리스폰스 모금전문가협회Association of Direct Response Fundraising Counsel의 법률자문위원 로버트 S. 티그너Robert S. Tigner, 스페셜 올림픽 재단Special Olympics의 다이렉트리스폰스 마케팅 Direct Response Marketing팀장 섀넌 맥크라켄Shannon McCracken, 인디애나대학교 릴리 패밀리 자선학교의 루스 한센Ruth Hansen 박사과정 학생, 나단 커밍스 재단Nathan Cummings Foundation의 데이비드 F. 채프먼David F. Chapman, 조직효과성그룹Organizational Effectiveness Group의 존 조르젠슨John Jorgensen, 처음비영리재단First Nonprofit Foundation의 조 가이거Joe Geiger 대표 등에게 감사의 뜻을 전한다.

이번 제3판에 대해 아낌없는 조언과 비판을 해 주신 분들에게도 감사 인사를 드리고 싶다. 비영리 교육재단 호비HOBY, Hugh O'Brian Youth Leadership의 국내 프로그램 책임자이자 펜실베이니아 인디애나대학교 박사과정에서 행정학과 리더십 연구를 하고 있는 빅토리아 I. 페렌스 레이Victoria I. Ferrence Ray, 모금 및 경영컨설팅기업 헬릭스 전략Helix Strategies의 대표이자 펜실베이니아 인디애나대학교에서 박사과정을 수료한 아이비 슈나이더Ivy Schneider, 메인주 벨파스트에서 독자적으로 비영리단체 컨설팅을 하고 있는 데보라 스미스Deborah Smith, 독립적으로 비영리단체를 연구하는 크리스토퍼 코르베트Christopher Corbett, 펜실베이니아 인디애나대학교 행정학과 리더십 박사과정을 수료한 데이비드 브래디David Brady, 아들러대학교Adler University 비영리 경영 석사과정에 있는 오드리 울프Audrey Wolf, 인도 심바이오시스 국제대학교Symbiosis International University의 아르단두 쉐카르 싱Ardhandu Shekhar Singh에게 감사 드린다.

비영리단체와 봉사활동 연구협회Association for Research on Nonprofit Organizations and Voluntary Action, ARNOVA 설립자이자 보스턴 칼리지Boston College 의 연구·명예교수이며, 내가 속한 비영리 경영 분야의 우상인 데이비드 호튼 스미스 교수께서 기꺼이 서문을 써 주신 데 대해 감사드린다. 이 책 제3판의 편집과 교열을 맡아 준 아이비 슈나이더와, 이 책이 나오기까지 물심양면으로 도와 준 아내 린다 메이 그로브먼에게도 다시 한번 특별한 감사의 마음을 전한다.

차
례

제 1 장

윤리학 입문*

윤리학은 철학의 한 분파로서 "보통 의무나 원칙, 구체적인 덕목, 사회 편익이라는 측면에서 인간이 어떻게 행동해야 하는지를 규정하는 옳고 그름의 탄탄한 기준"(Johnson 2005, 10)을 가리킨다. 윤리라는 단어의 어원은 그리스어로 습관, 혹은 도덕적 관습을 뜻하는 에티코스ethicos 다(Guttman 2006).

고전 윤리 사상

사람은 아주 오래전, 다음과 같은 질문을 제기할 수 있었을 때부터 자기 존재와 관련된 여러 가지 근본적인 의문과 씨름해 왔다. 신은 과

---

* 이 장은 《비영리 영역 입문: 21세기를 위한 실무론(*An Introduction to the Nonprofit Sector: A Practical Approach for the 21st Century*)》제 4판 7장의 내용을 토대로 수 정 보완한 것이다.

연 존재하는가? 나는 어떻게 왜 여기에 왔는가? 인생의 의미와 궁극적인 목적은 무엇인가? 죽은 다음에는 어떤 일이 벌어지는가? 누구 혹은 무엇이 나를 지켜보고 판단하는가? 어떤 삶이 잘 사는 삶인가? 인생을 잘 살면 그 결과가 어떻고, 못 살면 어떤 결과를 얻는가? 지켜보는 사람이 있을 때와 없을 때 나의 행동이 다르다면 그것은 잘못된 것인가?

'우리는 어떻게 행동해야 하고 왜 그래야 하는가?'는 고대는 물론 현대 문명의 위대한 사상가들이 주목했던 질문 중 하나다.

'남에게 대접받고 싶은 대로 남을 대하라'라는 황금률은 여러 문화에서 발달했으며, 오늘날 가장 오래된 저작물들에서 그 기원을 찾을 수 있는 기본적인 윤리 원칙이다(Wattles 1996). 고대 종교 서적, 예컨대 유대교 율법서인 《토라》의 경우 유대인의 역사와 함께 유대인들이 따라야 할 수백 개(유대교 전통에 따르면 정확히 613개)의 계율을 담고 있다. 대부분이 다른 사람은 물론이고 동물을 대할 때의 윤리적 행동과 직접적으로 연결된다. 학자들은 이러한 기록이 기원전 1445년경에 처음 등장했다고 추정한다(Slick n. d.).

"다른 누구에게도 원수를 갚으려고 하거나 원망하지 말라. 네 이웃을 네 자신과 같이 사랑하라." 〈레위기〉 19장 18절에 나오는 구절이다. 〈마태복음〉 7장 12절에는 "그러므로 모든 것에 있어서 남에게 대접받고 싶은 대로 남을 대하라. 이것이 곧 율법이고 선지자의 말씀이니라"라고 되어 있다. 이슬람 경전 《코란》에는 "자기 형제나 이웃을 자기 자신과 같이 사랑하지 않는다면 믿음이 없는 것이다"(Sahih Muslim Book 1 Number 72)라는 말이 나온다. 그리고 부처(《법구경》 130)에 따르면, "누구나 폭력을 두려워하며 생명은 누구에게나 소중하다. 내가 그러하면 남도 그러할지니 누구도 해치거나 해를 입게 해서는 안 된다"

(Dhammika n. d.).

고대 그리스 철학자들은 철학적인 쟁점들을 논하기 전부터 윤리적 쟁점들에 대해 쓰고 있었다. 서양의 윤리학 전통은 상당 부분이 소크라테스(기원전 469~399년)에서 그 기원을 찾을 수 있다. 기원전 380년경에 소크라테스의 제자 중 한 명이었던 플라톤이 쓴 《국가론*The Republic*》을 보면 소크라테스는 극도로 도덕적인 삶을 살았던 것으로 묘사된다. 플라톤의 제자였던 아리스토텔레스(기원전 384~322년)는 《니코마코스 윤리학*Nicomachean Ethics*》, 《에우데모스 윤리학*Eudemian Ethics*》, 《대도덕학*Magna Moralia*》 같은 윤리학 관련 책을 여러 권 썼다. 소크라테스와 플라톤의 영향을 받은 이 세 권 모두 지금까지 살아남아 현대인의 윤리적 사고에 영향을 미치고 있다. 덕 윤리학virtue ethics은 대개 아리스토텔레스의 저작에서 그 기원을 찾는다. 아리스토텔레스는 행복과 안녕이 도덕적인 성품에서 비롯된 결과라고 믿었다. 아리스토텔레스가 말한 덕목 중에는 지혜, 정의, 용기, 절제 등이 있다(Johnson 2005). 이와 관련해 제논과 에피쿠로스가 각각 발달시킨 두 개의 윤리학설도 고대 그리스 전통에서 비롯됐다.

그리스 철학자 제논(기원전 333~264년)이 창설한 스토아학파는 도덕적인 삶이란 도덕적 심판을 받지 않고 중독과 같은 극단적인 행동을 피하는 것을 의미한다고 믿었다. 또한 죽음에 대해 피할 수 없지만 두려워할 필요도 없는 것이라고 받아들이며, 외부 세계의 영향을 최소화하고 세속적인 쾌락 추구를 멀리하며 마음의 평화를 이루고 환경과 조화롭게 살아가는 것이 옳다고 여긴다(Guttman 2006). 스토아학파 중에서 가장 잘 알려진 인물로는 세네카(기원전 4년~기원후 65년)가 있다. 로마에 살았던 세네카는 당시 로마 황제였던 네로의 명령을 받고 자결했다. 스토아학파는 이성 자체가 가장 훌륭한 선善이라서, 이성을 추구할 때 비록 개인적인 고통이 따르더라도 이성으로 인해 순간적인 쾌락이 아닌 환희를 얻게 될 것이라고 믿었다.

에피쿠로스(기원전 341~272년)는 고통으로부터의 해방과 쾌락이 최고의 선이라고 가르쳤다. 에피쿠로스학파는 평온하게 즐거움을 누리는 것, 특히 공포와 불안을 느끼지 않는 정신적 쾌락을 강조했다. 에피쿠로스학파는 이 세상 모든 사람이 평등하며 모든 사람의 기본적인 목표는 기쁨을 추구하고 얻는 것이라는 신념을 처음으로 표현했다 (Guttman 2006).

물론 윤리와 덕에 대한 저작물이 서양 문화에만 있는 것은 아니다. 중국에서는 이런 고대 그리스 철학자들보다 수십 년 앞서 공자(기원전 551~497년)가 윤리적인 가르침을 나누었다. 그 내용을 훗날 그의 추종자들이 글로 정리했는데 여러 면에서 아리스토텔레스의 덕 이론과 유사한 점이 있다. 공자가 강조한 '인仁'이라는 개념은 다른 사람에 대한 연민을 뜻하는데, 그의 가르침을 정리한 《논어》를 보면 일종의 황금률처럼 이렇게 표현되어 있다. "자신에게 일어나길 원치 않는 것을 남에게 행하지 말라"(Riegel 2013).

중세에는 주로 종교적 전통에 따라 글을 쓰던 이들이 남긴 문서가 오늘날까지 현대인의 윤리적 사고에 영향을 미치고 있다. 도미니크회 수사이자 사제였던 토마스 아퀴나스Thomas Aquinas(1225~1274년)는 "좋은 일은 행해지고 추구될 것이며, 나쁜 일은 피해질 것이다"라는 자연법 이론을 만들었다(Finnis 2011). 그는 또한 아리스토텔레스의 네 가지 덕목에 믿음과 희망, 사랑을 추가한 것으로 유명하다. 그 뒤로도 공감과 연민, 관용, 친절, 겸손, 예의 등이 덕목으로 추가됐지만(Johnson

2005), 아퀴나스의 사상은 가장 중요한 새 패러다임으로서 가톨릭교도는 물론 가톨릭교도가 아닌 사람들에게까지 널리 영향을 미쳤다. 토마스 아퀴나스는 사후 50년 만에 성인으로 추대되었다.

유대교 신학자인 마이모니데스Maimonides (1135~1204년) 는 "신이 흡족해할 만한 삶을 살기 위한 체계적인 지침을 제공"하기 위해 《토라》를 설명하는 열네 권짜리 저서 《미쉬네 토라Mishneh Torah》를 집필했다 (Guttman 2006, 20). 그로부터 500년 뒤, 네덜란드의 유대인 철학자 스피노자Baruch de Spinoza (1632~1677년) 가 《윤리학Ethics》을 썼다. 이 책은 아리스토텔레스의 덕을 종교적 맥락에서 해석한 것으로 볼 수 있으며, 이후 개혁파 유대교 운동에 중요한 영향을 미쳤다(Guttman 2006).

독일 철학자 임마누엘 칸트Immanuel Kant (1724~1804년) 는 모든 사람이 결과에 상관없이 윤리적으로 옳은 일을 행해야 한다고 주장했다. 이른바 '정언명령'이라고 하는 것이다. 칸트는 우리에게 보편적 진리를 따라야 할 의무가 있다고 말했다. 예컨대 거짓말하지 않고, 남을 속이지 않고, 살인하지 않도록 행동하는 것이다. 그런 나쁜 행위로 어떤 혜택을 얻을 수 있을 것처럼 보여도 말이다(Johnson 2005).

19세기 영국에서는 제러미 벤담Jeremy Bentham (1748~1832년) 과 존 스튜어트 밀John Stuart Mill (1806~1873년) 의 저작들로 인해 공리주의가 발달했다. 공리주의는 어떤 행동의 결과가 최대 다수에게 최대의 이익을 가져오는지 여부로 그 행동의 도덕성을 판단하는 윤리 사상이다.

여러 가지 윤리적 접근법

윤리학에는 다양한 접근법이 존재한다. 그 유형을 체계적으로 분류하는 한 가지 방법이 2000년에 열린 미국행정학회 연례회의에서 발표됐다(Leip 2000). 이 방법으로 모든 윤리학설을 분류할 수 있는 것은 아니다. 분류된 각각의 학설에는 또 다른 여러 하위 접근법들이 포함되기도 한다. 그렇게 분류된 윤리적 접근법을 일부 살펴보면 다음과 같다.

- 공리주의(최대 다수의 최대 행복)
- 덕 윤리(개인의 성품에 초점)
- 종교적 접근('신'의 명령이 무엇인가)
- 돌봄 윤리Ethics of care(페미니즘 연구에서 언급)
- 윤리적 이기주의('나에게 이로운 것'에 기반)
- 공동체주의('공동체에 이로운 것'에 기반)
- 다원론(상황에 따라 위에 나온 학설들을 조합)

각각의 윤리적 접근법은 서로 같은 기원을 갖는 것도 많지만 준거 틀이 전혀 다르다. 이제부터는 윤리학 관련 자료에서 흔히 볼 수 있는 좀 더 보편적인 접근법을 살펴보자.

목적론적 접근

이 접근법은 '목적이 수단을 정당화한다'는 말로 간단히 표현될 수 있다(Fox 1994). 무엇보다 중요한 원칙은 선을 최대로 늘리고 악을 최소화하는 방향으로 의사결정이 이뤄져야 한다는 것이다. 가장 중요한 것은 의사결정이 이뤄진 다음에 나타나는 결과물이다. 어떤 고결한 도덕 원칙을 따랐는지 여부는 중요하지 않다. 공리주의적 접근은 목적론적 윤리학의 한 분파다.

의무론적 접근

의무론적 접근은 함부로 변경할 수 없는 고차원의 원칙들이 존재한다고 주장한다. 그 이유는 '신이 그렇게 말씀'했기 때문이거나 비종교적인 맥락에서 신과 비슷한 어떤 절대적인 존재가 그렇게 말했기 때문이다. 이런 접근법을 따르는 사람들은 개인이나 사회에 심각한 결과를 초래한다 해도 오직 진실을 말하려고 할 것이다. 예컨대 거짓말을 하면 안 된다는 것을 무슨 일이 있어도 꼭 지켜야 할 하나의 원칙으로 믿는 사람은, 진실을 말했을 때 개인의 안전이 위태로워진다 해도 거짓말을 하지 않을 것이다.

공리주의적 접근

목적론적 접근의 한 분파인 공리주의적 접근은 각각의 행동이나 태도가 어떤 집단 전체 구성원에게 가져올 혜택을 측정하고 비교해서 전체에게 가장 큰 이익이 되는 행동이나 태도를 선택한다(Pops 1994). 공리주의는 행위 공리주의, 보편적 공리주의, 규칙 공리주의 세 가지 유형으로 나뉜다.

행위 공리주의는 개인의 한 가지 행동을 분석 단위로 여기고 그 개인이 그 행동을 딱 한 번 했을 때 사회에 어떤 결과를 초래할지를 판단한다. **보편적 공리주의**는 그 개념을 확장해서 어떤 경우에 모든 사람이 그와 같은 행동을 한다면 사회에 미칠 영향의 총합이 얼마나 될지를 판단한다. **규칙 공리주의**는 어떤 규칙을 한 개인에게만 적용하면 집단에 약간의 부정적인 결과를 초래할 수 있을지라도 모두가 그 규칙을 따랐을 때 사회에 가장 큰 이익이 될 것 같으면 그것을 윤리적인 규칙이라고 본다. 이 세 가지 유형을 하나로 묶어 주는 개념은, 이 같은 철학을 따랐을 때 초래되는 결과를 가장 중요시하며 전체적으로 봤을 때 사회에 이익이 된다면 그 행동을 윤리적이라고 보는 것이다.

비평가들은 이 접근법에 여러 가지 문제가 있다고 지적한다. 첫째, '사회'의 정의가 달라질 수 있다. 가장 큰 이익을 얻는 사회가 지역사회를 말하는지, 주 전체를 말하는지, 국가를 말하는지, 아니면 인류 혹은 생물계 전체를 말하는지가 분명하지 않다는 것이다. 둘째, 그 이익을 측정하고 계산하는 일이 언제나 쉽지는 않다. 셋째, 이 같은 접근법은 많은 공리주의자들이 여전히 소중히 여기는 정의와 공정성, 사회적 평등 같은 기본적인 가치들을 짓밟을 수 있다. 예컨대 수백 명의 살인을 막을 수 있다면 죄 없는 한 사람을 죽음에 이르게 해도 된다는 주장은 공리주의 가치에는 부합할 것이다. 하지만 자유주의 윤리학에서는 이 같은 접근에 절대적으로 반대한다.

로널드 코스Ronald Coase가 처음 제시하고 올리버 윌리엄슨Oliver Williamson이 발전시킨 거래비용이론(Pessali & Fernandez 1999)과 공공선택이론(Buchanan & Tullock 1965) 같은 시장 중심의 고전적 경제학 이론이 이제 행정 영역에도 영향을 미치고 있다. 이 두 이론은 공리주의에 뿌리를 두고 있다. 신공공 관리론New Public Management의 여러 원칙도 개개인에 대한 공평함과 민주적 시민의식의 가치에 신경 쓰기보다 효율성과 '가성비'를 강조한다는 점에서 공리주의적 접근과 일맥상통한다

(Grobman 2015b). 공공선택이론 지지자들은 그렇게 손익을 측정하고 계산해서 그 결과를 바탕으로 공공정책 결정을 내리는 것이 정부의 역할이라고 주장한다. "이러한 기준으로 보면 확실히 효율성이 월등한 힘을 발휘한다"(Harmon & Mayer 1986, 114). 이것이 바로 공리주의적 접근이다.

덕 윤리학

행정학 분야에 덕 윤리학을 처음 등장시킨 것은 조지 프레데릭슨George Frederickson과 데이비드 하트David Hart였다. 그 전까지만 해도 대부분의 학술자료들은 윤리적 딜레마를 해결하는 방법에 집중했다. 최근의 덕 윤리학은 의사결정자의 개인적 특성에 주목한다. 그들은 '보상을 바라지 않고 타인에게 널리 베푸는 사랑'을 뜻하는 '자비'라는 독특한 성격적 특성이 존재한다고 주장한다(Cooper 1994, 547).

철학자였던 에드먼드 핀코프Edmund L. Pincoffs는 1986년에 쓴 《난처한 문제들과 윤리학Quandaries and Virtues》이라는 책에서 이 주제를 다뤘다. 이 책에 담긴 기본적인 생각은, 만약 행정가가 '올바른' 성품을 지녔다면 문서로 된 윤리강령이나 적절한 행동을 설명하는 지침들이 필요치 않을 것이라는 이야기다.

'성격의 여섯 기둥The Six Pillars of Character'(Josephson Institute 2002)이라는 프로그램을 보면 이런 미덕에 대한 설명이 나온다. △신의(정직, 성실, 약속이행, 충실) △존중(자율성, 프라이버시, 존엄, 공손함, 관용, 용인) △책임(의무, 탁월함 추구) △배려(연민, 사려, 베풂, 나눔, 친절, 애정) △정의와 공정성(절차상의 공정성, 불편부당, 일관성, 형평성, 평등, 적법한 절차) △시민으로서의 덕과 시민의식(법 준수, 지역 봉사, 환경 보호) 등이다.

덕 윤리가 다른 접근법과 구별되는 중요한 차이는 정부가 단순히 시장 역할만 하는 것이 아니라 훨씬 많은 일을 해야만 다수가 합의에 이를 수 있다고 주장한다는 점이다.

비영리 세계에서는 덕 윤리가 종종 사람들로 하여금 정부가 마땅히 하고 있어야 한다고 믿지만 사실은 그렇지 않은 일들을 하도록 이끄는 역할을 한다. 비영리 경영 분야의 근대 작가들인 피터 드러커Peter Drucker (1990), 스티븐 코비Stephen Covey (1997), 마가렛 휘틀리Margaret Wheatley (1994)는 비영리단체를 이끄는 리더에게는 윤리 문화에 민감한 개인적 특성이 중요하다고 지적했다. 리더에게 그러한 성향이 있어야 하나의 공통된 목표를 향해 조직 구성원들을 단결시키는 분위기를 만든다는 것이다.

밴 후크Van Hook (1998)에 따르면 비영리단체 경영자의 가장 기본적인 역할은 조직 안팎의 모든 관계에 윤리적인 풍조를 조성하는 것이다.

존 카버John Carver는 《차이를 만드는 이사회Boards That Make a Difference》라는 책에서 비영리단체에 필요한 거버넌스 모델을 제안한다. 논란의 여지가 있음에도 갈수록 지지를 얻고 있는 이 모델은 바람직한 결과물을 얻기 위해서는 이사회가 경영자에게 사실상의 자유 재량권을 허용해야 한다고 주장한다. 하지만 이러한 카버 모델에서도 이사회가 경영자를 세심하게 관리 감독해야 하는 영역이 하나 있는데, 바로 윤리 분야다. 윤리와 관련해서는 여러 가지 제약들이 분명하게 문서로 정리되고 반드시 지켜져야 한다고 설명한다(Carver 1990).

물론, 어떤 비영리단체 경영자에게 '윤리적인' 것이 다른 사람에겐 비윤리적일 수 있다. 조직에 충실한 자세는 미덕이며, 내부고발 또한 미덕이다. 이런 두 가지 원칙이 충돌할 때 윤리 딜레마가 발생하곤 한다. 두 원칙을 모두 지키는 것이 불가능할 경우 '옳은 일'을 결정하기가 어려울 수 있다. 윤리 딜레마에 대해서는 조금 뒤에 더 자세히 살펴보겠다.

자유주의 윤리학

이 접근법은 집단과 사회의 요구보다 개인의 권리가 더 중요하다는 관점에 기초한다. 예컨대 주정부의 사형제도와 관련해 사형을 집행하면 누명을 쓴 무고한 사람이 희생되는 것 아니냐는 논란이 있다. 자유주의 윤리학을 고수하는 사람들은 사형제도가 하나의 처벌방법으로 가능하다고 지지할 수도 있었지만, 그들이 볼 때 사형당한 100명 중에 무고한 사람이 단 한 명만 있어도 사형제도는 적절한 처벌로서의 효력을 잃는 것이다(물론, 죄가 있느냐 없느냐와 상관없이 사형제도를 지지하지 않는 사람들도 많다). 오래전부터 목적론적 관점에서는 100명의 사형수 중에서 무고한 수감자 한 명을 찾아내 처형을 면하게 한다는 것은 사실상 불가능한 일이라고 주장해 왔다. 목적론적 관점에 따르면, 일급 살인으로 유죄 판결을 받은 수백 명에 대해 사형을 집행하는 것이 사회 전체적으로 보면 최선이다. 어쩌다 죄 없는 한 사람이 희생되는 일이 생기더라도, 어쨌거나 더 많은 죄인을 엄하게 처벌함으로써 표면상으로는 살인을 막는 효과를 얻을 수 있기 때문이다. 자유주의 윤리학에서는 개인의 자율성과 사생활 보호 권리를 강조한다.

콜버그의 도덕성 발달 단계

윤리학자들은 대개 사람들의 윤리적 행동 자체에만 관심을 두지 않는다. 윤리학자들은 사람들이 올바른 이유로 그렇게 행동하는 것이 중요하다고 주장한다. 수천 년 동안은 종교와 민간에서 가하는 처벌이 사회적으로 용인되는 행동의 명분을 제공했다. 아마도 선한 행동을 하게 만드는 외적 동기의 가장 좋은 예가 바로 이런 처벌일 것이다. 사람들이 윤리적으로 행동하게 되는 다른 외적 이유들로는(부모에게 혼나는 것과 같이) 법적 제재 이외의 처벌을 피하기 위해서, 보상을 받기 위해서, 호의를 얻기 위해서 등이 있다. 다른 사람들로부터 비난받지 않기 위해서, 다른 사람들의 존경을 받기 위해서 그러기도 한다. 가장 일반적인 내적 동기는 "스스로 지키겠다고 맹세한 가치에 따라 살지 못했다는 자책을 피하기" 위해서다(Colby & Kohlberg 1987). 윤리학자들은 사람이 성장하면서 거치는 도덕적 발달 단계를 분류할 때 미국의 심리학자 로렌스 콜버그Lawrence Kohlberg가 제시한 여섯 단계로 이뤄진 도덕성 발달 이론을 활용한다. 콜버그의 도덕성 발달 단계는 처벌과 복종으로 시작된다. 단계가 높아질수록 윤리적 의사결정에 대응하는 지적 능력도 높아진다. 콜버그는 도덕성 발달 단계를 뒷받침하는 연구에서 피실험자들에게 전형적인 윤리 문제를 주고 판단하게 한 다음 각자의 결정에 대한 이유를 설명하게 했다. 그리고 그 결과를 토대로 피실험자들을 발달 단계별로 분류했다(Kohlberg 1981). 콜버그의 도덕성 발달 단계는 다음과 같이 구성된다.

1단계	처벌과 복종. 자극/반응.
2단계	도구적 상대주의. 자기 자신을 위한 선행.
3단계	'착한 아이'. 상대하는 사람들의 기대에 부응하기.
4단계	사회 유지/법과 질서. 법과 관습을 통해 사회가 정한 기준 준수.
5단계	사회 계약. 사회가 합의한 대로 모든 이의 권익 향상 추구.
6단계	보편적 윤리 원칙. 윤리적 원칙에 입각한 행동 추구.

자료: Kohlberg 1981.

콜버그에 따르면 대부분의 사람들은 4단계까지밖에 도달하지 못한다(Svara 2007).

윤리 딜레마

윤리 딜레마란 두 개의 도덕 원칙이 서로 충돌하여 하나의 원칙을 따르면 또 다른 원칙을 어길 수밖에 없는 상황을 가리킨다(비영리 분야에서 흔히 발생하는 윤리 딜레마는 2장에서 살펴보겠다).

수년 전부터 철학자들은 독자들이 읽고 어려운 윤리적 선택을 해야 하는 도발적인 가상 상황들을 만들어 제시했다. 어떤 윤리적 접근을 따르느냐에 따라 정당화할 수 있는 선택이 달라지기 때문에, 이런 시나리오는 서로 다른 윤리 원칙이 충돌하는 사례로도 활용된다. 가장 잘 알려진 예로는 그로버 클리블랜드Grover Cleveland 전 대통령의 손녀인 필리파 풋Phillipa Foot이 제안한 '트롤리 딜레마'가 있다. 트롤리 딜레마는 여러 가지 버전이 있는데, 간단히 살펴보면 다음과 같다.

고장 난 트롤리 전차가 돌진해 온다. 공교롭게도 정신 나간 철학자가 무고한 시민 다섯 명을 철길에 묶어 놓았다. 천만다행으로 당신은 스위치를 눌러 전차를 다른 철길로 향하게 할 수 있다. 그런데 안타깝게도 그 철길엔 무고한 사람 한 명이 묶여 있다. 당신은 스위치를 눌러야 할까? 그래서 무고한 한 사람을 죽인 책임을 져야 할까? 아니면 아무것도 하지 말아야 할까 (Ross 2017)?

이렇게 간단한 시나리오의 경우 '당신은 어떻게 해야 하는가?'라는 질문에 대해 의무론적 윤리학이나 목적론적 윤리학 중 하나를 선택하면 대답하기가 어렵지 않다. 그러나 더 복잡한 시나리오들도 있고, 다른 정보를 추가해 각자의 윤리적 의사 결정 원칙을 조금 더 깊이 파고들게 만드는 문제들도 있다. 더 많은 윤리 딜레마는 아래 사이트에서 확인할 수 있다.

- http://www.tes.com/teaching-resource/classic-ethical-dilemmas-6259609
- http://listverse.com/2007/10/21/top-10-moral-dilemmas/

현대 윤리학 이론

권리 중심 이론

공리주의는 미국 역사에서 오랫동안 정부 정책을 정당화하는 많은 논리의 기반을 제공해 왔다(Fox 1994). 그러나 아무리 선의로 이런 준거 틀을 따르고, 정책 수립자들이 '최대 다수의 최대 행복'을 추구한다고 하더라도, 정부의 이른바 '사회안전망' 프로그램으로도 보호받지 못하고 희생되는 시민들이 많을 것이라고 주장하는 사람이 있을 수 있다. 비영리 분야의 중요한 기능이 바로 이런 사회안전망이 강력하게 유지되도록 지지하고, 시장이 시민의 근본적인 욕구를 채워 줄 수 없고 정부도 그럴 의지가 없거나 그러지 못할 때 필수품과 서비스를 제공하는 것이다.

'권리 중심' 이론은 공리주의의 대안이다. 이 이론은 누구에게나 윤리적으로 절대 약화될 수 없는 기본적인 권리가 있다고 주장한다. 생존권과 신체의 자유, 표현의 자유, 재산권 등이 이런 기본적인 권리에 속한다. 이 이론은 또한 억압과 불평등한 처우, 무관용, 임의적 사생활 침해로부터의 보호를 강조한다. 이 이론이 반영된 대표적인 예가 미국 수정헌법 제1조다〔종교, 집회, 언론·출판, 청원의 자유를 명시한다 — 옮긴이〕. 미국 시카고대학교 교수였던 철학자 앨런 게워스Alan Gewirth는 이 이론을 적용해, 사회가 그 가치를 존중해야 할 세 가지 핵심 '소유물'이 있다고 주장했다.

- **필수 소유물.** 목적을 갖고 행동하기 위해 필요한 것들, 예컨대 생명, 건강, 음식, 거처, 정신적 평온 등을 가리킨다.
- **줄일 수 없는 소유물.** 이것이 줄어들면 그 소유자가 사회에서 효과적으로 기능할 가능성 또한 줄어든다. 예컨대 열악한 생활 조건, 가혹한 노동, 속임수에 빠지거나 사기를 당하는 경우 등이다.
- **부가적 소유물.** 개인의 역량을 높여 줄 것들, 예를 들면 지식, 자존감, 빈곤 탈출, 교육 등이다(Reamer 2006).

40년간 하버드대학교 철학과 교수를 지낸 존 롤스John Rawls는 권리에 기반한 윤리학 이론의 지지자 중 가장 널리 알려진 인물이다. 롤스는 자원 분배를 결정하는 사람들은 자신의 높은 사회적 지위 때문에 아무래도 다른 사람들보다 의사결정자들에게 더 많은 혜택을 주기 쉽다고 지적했다. 그는 그래서 한 가지 사고 실험을 제안했다. 의사결정자들이 어떤 결정을 내릴 때 그 결정이 자신에게 미칠 영향에 대해 전혀 알지 못한다고 가정하는 것이다. 이른바 '무지의 베일'에 가린 '원초적 상태'가 되어야 하는 것이다. 롤스의 대표작 《정의론A Theory of Justice》은 분배의 정의 개념을 집중적으로 다룬 책이다.

롤스는 공공정책에서 공리주의 원칙을 따르는 것이 사회 전체로 보면 이익일 수 있지만 소수계층에게는 불리할 수 있다고 지적했다. 그래서 단순히 최대 다수에게 최대 이익을 주는 길을 찾기보다는 자유 원칙과 차등 원칙이라는 두 가지 정의 원칙을 적용해야 한다고 주장했다.

- **자유 원칙.** 투표권, 표현의 자유 같은 몇 가지 권리는 반드시 보호되어야 한다.
- **차등 원칙.** 누구에게나 각자의 목표를 실현할 수 있는 합당한equal 기회를 보장함으로써 가난한 사람, 여성, 이민자, 소수집단 등의 소외계층이 차별에서 벗어나도록 해야 한다(Johnson 2005).

분배 정의

분배 정의distributive justice란 사회 안에서 권리나 재화가 윤리적으로 분배되는 것을 뜻한다. 분배 정의가 없으면 가장 힘센 사람이 힘을 이용해 모든 자원을 독차지하는 것은 시간문제다. 분배 정의는 "평등의 원칙이 아니라 상대성 원칙을 기반으로 각 개인이 공동체 번영에 기여한 정도에 따라" 재화를 분배하는 것이다(Guttman 2006). 따라서 일하기를 거부하는 신체 건강한 사람보다 한 조직의 최고경영자CEO에게 더 많은 보상을 지급하는 것은 전혀 비윤리적이지 않다. 그러나 노동자에게 최저 생활임금보다 낮은 임금을 지급하고, CEO에게는 그 조직에서 가장 낮은 임금을 받는 노동자보다 수백 배 더 많은 임금을 지급하는 것은 비윤리적이라고 볼 수 있다. 최저 임금을 받는 그 노동자도 조직의 부를 창출하는 데 기여하고, 그 부에서 CEO의 임금도 지급되기 때문이다. 롤스는(절대적으로 균등한 분배 제도를 도입하는 식으로) 모든 이에게 동일한 자원을 제공하는 것은 생산적이지 못하며, 더 많은 기여를 한 사람에게 더 많은 자원을 제공하는 것이 타당하다고 보았다. 다만 그런 결정을 내릴 때 자유 원칙과 차등 원칙에 부합해야 한다는 것이다. 장애를 가졌거나 천부적인 재능이 부족하거나, 지식과 교육 수준이 표준 이하일 때, 혹은 건강이 좋지 않은 경우 등 개인이 감당하기 어려운 불리한 점을 가진 사람들에 대해서는 자원 분배를 결정할 때 조금 더 많은 보상을 줘야 한다는 이야기다. 그리고 차별을 없애는 등의 형태로 누구나 기회의 평등을 누려야 한다고 주장했다.

기여 정의와 '무임 승차자' 문제

기여 정의contributive justice와 분배 정의는 동전의 양면과 같다. 기여 정의란 각 개인에게 윤리적으로 기대하는 사회 기여를 뜻한다. 모든 사람이 기여하는 것 없이 가져가기만 한다면 아무것도 남지 않을 것이기 때문이다. 비영리 분야의 맥락에서 보면, 모두가 기부나 자원봉사로 공익을 위해 자원을 제공할 의무가 있다는 뜻이다. 정부의 자원 분배가 가진 결함을 자신이 내는 세금으로 극복할 수 있으리라 기대하는 정도로는 충분하지가 않다. 기여 정의는 사회적 재화와 서비스를 창출하는 데 기여했는지 여부와 관계없이 모든 사람이 그 혜택을 누리는 '무임 승차자free rider 문제'에 대한 대응이다.

비영리 분야는 개인의 이익보다 사회의 이익을 늘리기 위해 행동하는 사람들에 기대어 존재한다(Grobman 2015b). 간혹 사소한 이익을 얻기 위해 비영리단체에 기여하는 사람들이 있다. 지역 방송국을 후원할 때 받는 혜택처럼 사소한 이익 말이다. 그러나 방송국을 후원하는 사람이 방송국으로부터 더 많은 혜택을 받는다고는 볼 수 없다. 방송국을 후원한 사람이나 안 한 사람이나 똑같이 라디오 방송을 들을 수 있다. 그래서 라디오 방송국이나 그런 비슷한 처지에 있는 기관들이 사람들에게 직간접적으로 기여 정의 원칙을 환기시키면서 기부를 독려하고 자원봉사 참여를 권유하는 것이다.

개인적으로 기여 정의라는 개념을 설명할 때 자주 활용하는 예가 있다. 인터넷에서 본 글인데(Marcus 2010), 2000년 역사를 가진 《탈무드》에 나오는 이야기를 각색한 것이다(Dogele 2011).

마을에 왕이 곧 방문할 것이란 소식을 듣고, 마을 사람들은 포도주를 큰 통에 담아 선물하기로 결정한다. 마을 사람들은 한 집도 빠짐없이 포도주 한 병씩을 내놓기로 약속한다. 하루하루 사람들이 포도주 통 앞에 줄을 서서 기다렸다가 사다리를 타고 올라가 가져온 포도주를 통에 부었다. 마침내 왕이 마을에 도착하여 마을 사람들 앞에서 선물받은 포도주를 잔에 따르자 통에선 포도주가 아닌 맹물만 나왔다. 나 하나쯤은 물 한 병을 넣어도 그 거대한 포도주 통에 들어가면 전혀 표가 안 날 것이란 생각에 마을 사람 모두가 병에 포도주가 아닌 물을 담아서 나왔던 것이다.

이 이야기는 비영리 분야가 어떻게 작동해야 하는지를 보여 주는 하나의 좋은 비유일 수 있다. 어느 누구도 지역사회의 요구를 충족시키는 부담을 혼자 짊어져서는 안 된다. 물론 비영리 분야엔 자기에게 주어진 몫보다 훨씬 많은 일을 해내는 영웅들이 가득하다. 모두가 '무임 승차자'가 되어 이익만 챙기면 결국엔 아무도 승차할 수 없게 될 것이 분명하니, 누구에게나 공익을 위해 마땅히 할 수 있는 것은 기여해야 할 윤리적 책임 있다는 점을 모두가 인정한다면 아주 많은 것들을 이룰 수 있다.

백금률과 문화적 유능함

황금률에 대해서는 거의 모든 사람들이 들어 봤다고 해도 과언이 아니다. 간단히 표현하면 '당신이 대접받고 싶은 대로 남을 대하라'라는 것인데, 각기 다른 여러 종교에서 하나의 교리가 되어 버린 이 윤리 원칙엔 한 가지 약점이 있다. 우리가 대접받고 싶은 대로 남을 대하는 것을 다른 사람들도 좋게 보리라고 가정하는 것이다. 그런데 사실 늘 그렇지는 않다. 출신 국가나 문화권이 다른 경우 특히 그렇다. 황금률의 이러한 단점을 보완해 황금률의 대안으로 나온 것이 '백금률Platinum Rule'이다(Hall 2017). 백금률은 '남을 대할 때 그들이 원하는 방식으로 대하라'다. 간단한 예로 다른 사람을 위해 문을 열어 주는 행동을 생각해 볼 수 있다. 당신은 그것을 그저 예의 바른 행동이라고 생각할지 모른다. 하지만 뒤에 오던 친구는 당신의 그런 모습을 보고 가부장적이라서 불쾌하다고 여길 수도 있다.

백금률은 특히 다양한 문화권의 고객과 동료들을 상대하는 비영리 분야에서 매우 중요하다. 일부 문화권에서는 상대방의 눈을 똑바로 쳐 다보는 것을 무례한 행동으로 받아들이고, 어떤 상황에서는 모든 신체 접촉을 결례로 여기기도 한다. '문화적 유능함'이라는 말은 타인의 독 특한 문화를 존중하고 적절히 대응하는 능력을 가졌을 때 사용하는 표 현이다. 인종이나 민족성뿐 아니라 "성적 지향과 성 정체성, 성별 표 현gender expression[옷이나 행동, 언어 등 외관상 드러나는 성별과 관련된 특 징들 — 옮긴이], 종교나 영적인 믿음"까지도 존중하는 행동을 말한다 (NASW 2015).

'문화적 유능함과 다양성'은 미국 비영리경영자연맹Nonprofit Leadership Alliance이 정한 열 가지 핵심 역량에도 포함된다(Nonprofit Leadership Alliance n. d.). 비영리경영자연맹은 공인 비영리전문가 자격증을 발 급하는 단체다. 사회복지, 보건, 교육 등 비영리 분야를 이끄는 많은 전문가들은 문화적 유능함과 관련된 여러 가지 능력의 중요성을 강조 해 왔다. 전문가 학위 과정이며 전문가 자격증, 윤리강령, 그리고 평 생교육 과정에 문화적 유능함의 기준이 포함된다는 것은 백금률이 비 영리 분야에서 중요한 윤리적 가치라는 점을 확인시켜 준다.

이중효과 원리

이중효과 원리는 이중효과 원칙 혹은 이중효과 법칙이라고도 하는 데, 토마스 아퀴나스가 처음 도입한 가톨릭교회의 교리에서 유래했 다. 이중효과 원리에 따르면, (누군가를 살해하는 것처럼) 부도덕한 행동 을 저지르는 것은 그 의도가 아무리 도덕적인 결과를 얻기 위한 것이었더라도 비윤리적이다. 하지만 그 자체로 도덕적인 행동을 하는 것은, 그 행동이 의도치 않은 부수적인 피해를 낳더라도 그 의도치 않은 결과를 최소화하기 위해 최선을 다한다면 윤리적이라고 본다.

스탠퍼드 철학 백과사전Stanford Encyclopedia of Philosophy (2014)에 설명된 바와 같이, 《신 가톨릭 백과사전New Catholic Encyclopedia》은 '이중효과 원리를 적용할 수 있는 네 가지 조건'을 제시한다.

- 행위 자체가 도덕적으로 옳거나 최소한 중립적이어야 한다.
- 행동의 주체는 나쁜 결과를 적극적으로 의도하지는 않겠지만 저절로 일어나는 것까지 막지는 못할 것이다. 만약에 나쁜 결과 없이 좋은 결과만 얻을 수 있다면 반드시 그렇게 해야 한다. 사람들은 이따금 의도치 않게 부정적인 결과가 발생했다고 말한다.
- 행동 뒤엔 좋은 결과가 따라야 한다(반드시 시간순은 아니더라도 인과관계가 맞아야 한다). 적어도 나쁜 결과가 먼저 나타나서는 안 된다. 다시 말하면, 그 행동이 직접적인 원인이 되어 좋은 결과가 나타나야지 나쁜 결과가 좋은 결과로 이어지는 것은 안 된다. 그렇지 않으면 행동하는 사람이 좋은 결과를 얻기 위해 나쁜 수단을 이용하는 셈이 된다. 그런 행동은 절대 용납되지 않는다.
- 좋은 결과는 나쁜 결과를 허용한 것을 보상할 만큼 충분히 바람직한 것이야 한다.

따라서 어떤 사람이 낙태는 살인이고 낙태시술자는 살인자(그리고 낙태를 선택하는 여성 또한 살인자)라고 믿더라도, 그 사람이 낙태를 시술한 의사를 죽이는 것은 비윤리적인 행위다. 의사를 죽인 장본인은 그 행동으로 수많은 생명을 구할 수 있다고 믿더라도 말이다.

철학자들은 수 세기에 걸쳐 이중효과 개념의 타당성과 적용 가능성을 논의해 왔다. 이 개념이 비영리단체에 직접적으로 적용된 사례는 병원과 요양원, 호스피스를 제외하면 별로 없다. 생애말기 돌봄과 관련된 정책들의 경우 이중효과 개념의 영향을 종종 받는다. 하지만 간접적인 측면에서 보면, 일반 비영리단체에서도 어떤 행동 자체는 비윤리적인 것 같은데 그 행동이 대체로 큰 이익을 가져다줄 것으로 보이는 계획을 놓고 의사결정을 내려야 할 때 이중효과의 원칙을 어느 정도 고려할 수 있다. 이런 경우 기대 효과에 상관없이 원칙을 따르는 의무론적 접근 대신에 목적론적 접근법을 택한다면 아무 문제 없이 그런 행동을 하기로 결정할 것이다.

조직 내 윤리

윤리적 행동이라는 폭넓은 주제를 다룬 글은 대체로 플라톤과 아리스토텔레스에게서 기원하지만, 비즈니스 윤리에 관해 최초로 저술한 사람은 《의무론On Duties》을 쓴 키케로다(McNamara 2000). 키케로는 "사회에 이익이 되고자 하는 선행의 필요성을 강조한 위대한 권위자 중 한 명"이다(Hart 1994).

예전에는 윤리가 조직의 경영 상태와 별로 관련이 없다고 생각했다. 하지만 종합품질경영TQM이나 다양성 훈련 프로그램 같은, 최근의 경영 전략은 윤리적 단련이 경영에 실질적인 도움을 준다고 본다(McNamara 2000).

매드슨Madsen과 샤프리츠Shafritz(1990, McNamara 2000 재인용)는 조

직의 윤리 문제를 크게 두 가지 유형으로 분류한다. 먼저 '경영 과실managerial mischief'이 있는데, 여기에는 합리적인 사람이라면 선뜻 '잘못'이라고 인식할 만한 행동들, 예컨대 불법적이거나 비윤리적인 행동, 혹은 문제가 될 만한 행동이 포함된다. 이 첫 번째 유형은 이런 행동을 한 당사자가 적발되지 않기 위한 행동까지 한다는 점에서 두 번째 유형과 구분된다. 두 번째 유형인 '도덕적 혼란moral mazes'은 이해관계의 충돌 가능성, 부당한 자원 활용, 계약 관리 소홀, 그 밖에 관리자들이 일상 업무를 처리할 때 하는 행동들이 포함된다.

다년간 주요 민간기업과 정부기관을 상대로 윤리적 경영 컨설팅을 해 온 마크 패스틴Mark Pastin은 고도로 윤리적인 조직을 다음과 같이 묘사한다(Pastin 1986).

- 조직 안팎의 다양한 이해관계자 그룹과 원활히 소통한다. 이런 조직은 기본적으로 이해관계자 그룹의 이익이 곧 조직의 이익으로 연결된다고 인식한다.
- 이들은 공정성을 각별히 신경 쓴다. 그들의 기본 원칙은 타인의 이익 또한 자기들 이익만큼이나 중요하다고 강조한다.
- 책임은 집단적으로 지기보다 개인적으로 진다. 조직의 행동에 대해 구성원 개개인이 책임을 느낀다. 구성원 각자가 스스로에 대해 책임지는 것이 기본 원칙이다.
- 이들은 각자의 행동을 목적과 연결시켜 바라본다. 조직 구성원들은 이런 방식을 대단히 중요하게 여긴다. 조직의 목적은 조직을 주변 환경과도 긴밀하게 연결시킨다(McNamara 2000 재인용).

더그 월러스Doug Wallace (McNamara 2000 재인용)는 청렴도가 높은 조직의 특성을 다음과 같이 정리한다.

- 조직 전체에 청렴에 관한 명확한 비전과 설명이 존재한다.
- 시간이 지날수록 최고 경영진은 조직의 청렴 비전을 체화하여 구체적으로 실천한다.
- 보상 체계도 청렴 비전과 긴밀히 연결되어 있다.
- 조직의 정책과 실무 역시 청렴 비전을 따른다. 청렴 비전과 엇갈리는 메시지가 전혀 없다.
- 경영상 중요한 의사결정을 내릴 때는 윤리적 가치 측면을 반드시 고려해야 한다고 인식한다.
- 이해관계자의 가치관이 서로 충돌할 때 모든 구성원이 그것을 깊이 고민하고 해결하려고 노력한다(McNamara 2000).

윤리강령

윤리강령code of ethics은 허용 가능한 행동을 체계적으로 규정하려는 시도다(Plant 1994). 직장에서는 보통 윤리적 행동을 이끌어 내기 위해 윤리강령이나 행동강령, 윤리학자와 윤리위원회, 윤리 딜레마를 해결하는 지침과 절차, 윤리 교육 등을 활용한다(McNamara 2000).

윤리강령은 보편적일 수도 있고 구체적일 수도 있으며 포부로 가득하거나 이상적일 수도 있고, 강제성이나 법률적 성격을 띠기도 한다. 직종별 윤리강령도 있고 단체, 혹은 같은 계통의 단체를 대표하는 연합회의 윤리강령도 있다(Plant 1994). 윤리강령은 10여 가지 황금률을 나열한

간단한 목록(Plant 1994)일 수도 있고, 미국사회사업가협회National Asso-
ciation of Social Workers, NASW가 채택한 것과 같이 이상적인 모습과 절차를
체계적으로 성문화한 조금 더 긴 형태일 수도 있다(NASW 1996). 또한
(법으로 정한 공무원들의 윤리강령처럼) 법적 효력을 가질 수도 있고 법적
효력은 없지만 도덕적 구속력을 갖는 원칙들을 모아 놓은 것일 수도 있
다. 아니면 단순히 원활한 소통에 필요한 상징적이고 체계적인 원칙을
제공하는 것일 수도 있다(Plant 1994).

공무원이 지켜야 할 윤리강령과 비영리단체의 윤리강령은 본질적으
로 다르며(Plant 1994), 비영리단체의 윤리강령은 정부 관료나 민간기
업 종사자들을 대상으로 한 윤리강령과도 차이가 있다. 하지만 서로
겹치는 요소를 많이 갖고 있다.

비영리단체의 윤리강령에 대해서는 10장에서 자세히 살펴본다.

토론해 봅시다

1. 덕 윤리학을 지지하는 비영리단체의 관리자들이 모여서 몇 가지 전형적인 윤리 딜레마를 놓고 이야기를 나눌 때 대처 방식에 얼마나 큰 차이가 있을지 생각해 보자. 공리주의적 접근법을 따르는 관리자들이 모였을 때와 어떻게 다를지도 이야기해 보자.

2. 앞에서 소개한 카버 모델이 전통적인 관리 모델보다 발전된 형태라고 생각하는지, 카버 모델의 장점과 단점은 무엇인지 이야기해 보자.

3. 만약에 가톨릭계 비영리병원에 근무하는 한 의사가 의도적으로 말기 환자의 죽음을 앞당긴다면, 그런데 그 이유가 말기 환자의 장기를 필요로 하는 다른 여러 사람의 목숨을 구하기 위해서라면 이 의사의 행동은 윤리적으로 허용될 수 있을지 여부를 이중효과의 원리를 바탕으로 토론해 보자.

활동해 봅시다

1. 지역 및 전국 신문에서 비영리단체의 비윤리적 혹은 불법적 행위를 보도한 기사를 찾아서 정리해 보자.

2. 여러 자선단체와 자선사업을 위해 기부해 달라는 내용의 스팸 메일을 수집한 다음, 직접적으로든 간접적으로든 앞서 살펴본 기여 정의 개념을 거론하며 호소하는 내용이 있는지 분석해 보자.

제 2 장

비영리단체 윤리학 입문

공공기관과 민간기업의 도덕성을 높이기 위한 조사와 연구를 계속해
온 미국의 대표적인 비영리단체 윤리자료센터Ethics Resource Center는
2007년 〈전미 윤리 실태 조사: 비영리 분야 내부 윤리National Ethics Survey:
An Inside View of Nonprofit Sector Ethics〉 보고서를 발표했다. 미국 직장 내 윤리
실태를 살펴본 네 번째 조사이자 비영리 분야에 초점을 맞춘 첫 번째 조
사였다. 조사 결과 정부와 영리단체, 비영리단체에 속한 노동자들이
각각 윤리 문제를 바라보는 관점에 뚜렷한 차이가 있었다. 첫째, 비영
리단체의 경우 정부나 영리단체보다 윤리적인 문화가 강했다. 비영리
단체 직원들은 비윤리적인 행위를 목격할 경우 정부나 영리단체 직원
들보다 신고할 가능성이 더 높았다. 하지만 앞선 조사 결과와 비교하
면, 비영리단체의 비윤리적인 행위가 증가하고 있으며 특히 우려되는
것은 재무 비리다. 놀랍게도 조사 결과 재무기록을 비롯한 문서 조작,
외부 관계자 및 직원들에게 허위 정보 제공, 근무시간 허위 보고 등을

포함한 재무 비리가 정부나 영리단체보다 비영리단체에서 더 자주 발생했다. 직원 수 100명 이상 1만 명 미만인 중간 규모의 비영리단체인 경우 그보다 규모가 크거나 작은 비영리단체보다 윤리 준수와 관련된 문제를 더 많이 경험했다.

조사 결과를 분석해 얻은 교훈 한 가지는 윤리 교육과 강력한 윤리 문화 도입이 비리를 근절하는 데 효과가 있다는 것이다.

이 보고서는 다양한 유형의 비리행위가 조직에 가할 수 있는 위험 수준을 토대로 비리행위의 등급을 매겨 '윤리 위험 지표Ethics Risk Index'를 만들었다.

심각한 위험(자주 발생하지만 대체로 보고가 안 된다)
- 이해관계의 충돌
- 직원에게 거짓말
- 근무시간 허위 보고
- 괴롭히는 행동
- 인터넷 남용

높은 위험(종종 발생하며 보고가 안 될 때가 종종 있다)
- 안전 침해
- 이해관계자들에게 거짓말
- 부당 채용
- 차별
- 성희롱
- 조직의 기밀정보 함부로 사용

방어된 위험(간혹 일어나며 보고가 안 될 가능성이 있다)

● 질 낮은 재화와 서비스 공급

● 횡령

● 재무기록 조작

● 환경 침해

● 문서 조작

● 뇌물 수수

● 경쟁자의 내부 정보 이용(Ethics Resource Center 2007)

　비영리 분야에서 고질적으로 일어나는 윤리적 갈등은 대체로 책무성과 이해관계 충돌, 투명성으로 분류된다(Kaufman & Grobman 2015). '이해관계'와 관련된 문제들을 구체적으로 살펴보면, △이사회와 직원의 관계 △이사회와 단체의 관계(비즈니스 관계 등) △자기거래 △불법 모금활동 폭로 △기부금을 자선사업이 아닌 모금활동에 사용한 정도 △잉여금 축적 △직원들이 대외활동으로 거둔 부수입 △급여와 혜택, 특전의 적절성 △성과급 등이 있다(Kaufman & Grobman 2015). 예컨대 실행한 사업이 아니라 거둬들인 수입에 따라 보상을 지급하는 것은 비윤리적이다. 영리단체와 비교해 자선단체 직원들은 자신의 지위를 이용해(개인 시간에 외부 강연 등을 하고 사례비를 받는 등의) 사익을 거두는 일이 없도록 해야 하는 의무가 더 크다. 비슷한 사업을 하는 영리단체나 정부와 달리 비영리단체는 거액의 잉여금을 쌓아 두는 것이 불법까지는 아니더라도 그러지 말아야 하는 윤리적 의무가 있다(Kaufman & Grobman 2015). 급여와 혜택, 특전 또한 '합리적'이어야 한다. 이러한 보상 및 다른 '초과편익excess benefit' 제공에 대해 2001년 1월 10일 미국 국세청IRS이 한시적 규제를 발표하기 전까지는 이런 문제에 적용되는 법적 요건이 불분명했다(Grobman 2015b).

기금을 지원하는 재단이나 기업에 어느 정도까지 정보를 공개해야 하는가를 놓고도 여러 가지 윤리적 쟁점이 있다. 예를 들어 보조금을 받기 위한 사업 제안서를 제출한 뒤에 핵심 인력이 사직 의사를 밝히는 등 단체 내부에 변동이 생겼다면, 아직 보조금이 확정되지 않은 상황에서 비영리단체는 이를 공개할 의무가 있을까? 만약에 이 같은 상황 변화가 보조금 지원에 영향을 끼칠 것임을 알고 그 사실을 알리지 않는다면 비윤리적인가?

이런 식의 윤리적 쟁점들은 다음 장에서 더 자세히 살펴볼 것이다.

윤리 딜레마

비영리단체 경영진이 어떻게 처신해야 하는지를 딱 봐도 알 수 있는 상황들이 있다. 비영리단체의 공금을 횡령하는 것은 명백한 비윤리적(게다가 불법) 행위다. 잠재 기부자를 기만하거나 사실과 다른 얘기를 해 기부하게 만드는 것도 비윤리적(대체로 불법)이다. 뿐만 아니라 단체의 실적을 과장하기 위해 소득을 허위로 신고하는 것도 비윤리적(게다가 불법)이라는 것을 다들 안다. 이러한 예는 우리가 옳은 결정과 그른 결정 사이에서 거의 고민할 필요가 없는 상황들을 몇 가지만 제시한 것이다.

그러나 윤리적으로 행동하려는 절대적인 신념을 가졌음에도 불구하고 도대체 어떻게 행동해야 윤리적인지를 판단하기가 애매할 때도 많다. 두 가지 이상의 중요한 윤리 원칙이 충돌할 때가 그런 경우다. 어느 한 가지 원칙에 따라 행동하면 그 원칙 못지않게 중요한 다른 윤리 원칙을 지키지 못하게 되는 상황이 벌어진다.

예를 들면, 어느 날 동료 한 명이 다가와 고민을 상담하고 싶다면서 무슨 일이 있어도 비밀을 지켜달라고 부탁한다. 당신은 그러겠다고 약속하고 동료의 고민을 듣는다. 그런데 막상 동료의 얘기를 듣고 나니 조직이나 동료들이 입을 피해를 막기 위해 이사장에게 보고를 하거나 사법당국에 신고하는 것이 윤리적으로 옳은 행동이라는 생각이 든다. 이 사례에서는 '비밀 보장'이라는 한 가지 원칙과 '보고 의무'라는 또 하나의 원칙이 충돌한다. 이럴 땐 조직의 자원을 사적 용도로 사용할 것인가 말 것인가를 결정할 때처럼 옳은 일과 그른 일 사이에서 결정하는 것이 아니다. 둘 다 옳은 일인데 둘을 동시에 할 수 없을 때 어떤 것을 선택하느냐의 문제다. 어떤 선택을 하든 적어도 한 가지 원칙은 어길 수밖에 없다.

이것이 바로 윤리 딜레마, 다시 말하면 두 가지 이상의 윤리 원칙이 충돌하여 어느 한 가지 원칙을 따르면 다른 한 가지 원칙을 위반할 수밖에 없는 상황이다.

조직에 충성하고, 조직에 가장 이익이 되도록 행동하는 것이 윤리적인 태도다. 그러나 그 조직이 비윤리적으로 움직일 때 그것을 폭로하는 내부고발자가 되는 것 또한 윤리적인 자세다. 이해관계자들에게 가장 이익이 되도록 행동하는 것(관리 의무)은 윤리적이며, 이해관계자들이 스스로 결정하게 두는 것(자기결정권 존중) 또한 윤리적인 자세다. 그렇다면 이해관계자들이 스스로 결정하게 할 경우 그들에게 이익이 되는 것이 아니라 오히려 손해를 보게 될 것 같다는 생각이 강하게 들 때는 어떻게 행동해야 할까? 이런 것들이 바로 두 가지 윤리적 원칙이 충돌하는 일반적인 예다.

이 책에 실린 시나리오 중 몇 가지는 비영리단체 경영자들이 윤리적 선택과 비윤리적 선택 사이에서 갈등하는 경우를 보여 준다. 그 외에는 모두 윤리 딜레마 사례다. 비영리단체 경영진이 윤리적으로 행동하려는 좋은 의도를 가졌음에도 두 가지 혹은 더 많은 훌륭한 윤리 원칙이 서로 충돌하는 상황이 벌어져 어떻게 대처할지 난감해 하는 사례들이다.

윤리 딜레마 해결하기

윤리학자들은 그동안 윤리 딜레마 상황에서 어떻게 행동해야 할지를 결정할 때 기준이 될 만한 여러 가지 모델을 개발했다. 그중 잘 알려진 것이 '리스펙트RESPECT'라고 하는 모델이다. 1996년에 마이클 예오 Michael Yeo와 앤 무어하우스Anne Moorhouse가 다음 문장들의 첫 글자를 따서 만든 것이다(Guttman 2006).

- 사안의 윤리적 측면을 확인한다.
  Recognize the moral dimensions of the problem.
- 판단에 도움이 될 만한 원칙이나 지침을 나열한다.
  Enumerate the guiding and evaluative principles.
- 이해관계자 및 그들이 중요하게 여기는 원칙을 파악한다.
  Specify the stakeholders and their guiding principles.
- 가능한 조치를 여러 가지 구상해 본다.
  Plot various action alternatives.
- 윤리 원칙과 이해관계자를 고려해 각각의 대안을 평가한다.
  Evaluate alternatives in light of principles and stakeholders.

- 적당한 이해관계자들과 의논하고 함께 결정한다.

  Consult and involve stakeholders as appropriate.
- 이해관계자들에게 그렇게 결정한 이유를 설명한다.

  Tell stakeholders the reason for the decision.

개인적으로는 프레데릭 리머Frederic Reamer (2006) 가 개발한 모델을 조금 더 선호한다. 리머의 모델은 다음과 같은 단계로 이뤄진다.

- 논쟁의 여지가 있는 윤리적 쟁점을 찾아낸다.
- 어떤 결정을 내렸을 때 누가 영향을 받게 될지 파악한다.
- 가능한 조치 방식을 찾고 각각의 장단점을 파악한다.
- 이해관계자 한 명 한 명이 어떤 영향을 받을지 분석하고, 그 결정이 자신의 가치와 조직, 전문성에 어떻게 부합하는지 혹은 부합하지 않는지 따져 본다.
- 당면한 문제와 전혀 무관한 사람들과 의논하고 조언을 구한다.
- 결정을 내리고 결정된 내용을 문서로 작성한다.
- 결정에 따른 결과의 추이를 살피고 평가한다.

비영리단체의 대표자가 내린 결정으로 인해 불리해진 당사자는 어떤 식으로든 그 결정에 이의를 제기할 수 있다. 이런 표준 모델을 따르면 의사결정이 정당성을 인정받기가 더 수월해진다. 이 방법은 어떤 조치를 취하든 법적 혹은 윤리적으로 논란이 될 수 있는 상황에서 자기가 내린 의사결정에 대해 형사재판이나 민사재판의 증인으로 출석해 변호해야 할 때도 유용하다.

비영리단체에서 고려해야 할 실질적인 윤리 문제

비영리단체 이사회와 임직원이 조직행동의 지침을 제시하기 위해 생각해 보면 좋을 만한 몇 가지 보편적인 윤리적 쟁점들을 소개한다.

책무성

책무성은 윤리에 관한 논의에서 자주 간과되는 주제다. 미국 세법 501(c)(3)을 적용받는 비영리단체는 그 특별한 지위에 따르는 면세 혜택과 다른 특권을 정당화하는 여러 가지 활동의 결과에 대해 공개적으로 책임져야 하는 특별한 의무가 있다. 따라서 비영리단체는 활동의 결과가 국가로부터 면세 혜택(대중의 투자)을 받을 만한 가치가 있는지를 지속적으로 점검해야 한다.

비영리단체 이사회는 조직을 성실하고 진실하게 관리할 특별한 의무가 있다. 조직을 성실하고 진실하게 관리한다는 것은 그 조직이 대중과 수혜자들, 그리고 기부금을 제공하는 이들에 대해 책임의식을 갖는다는 뜻이다. 이런 책무성에는 비영리단체가 가치 있는 결과물을 창출함으로써 사명을 다하기 위해 존재한다는 개념도 포함된다.

뿐만 아니라, 직원과 고객, 동료, 그리고 지역사회를 대할 때 지켜야 할 핵심적인 가치 및 신념 체계 또한 책무성에 포함된다. 하지만 조직의 생존을 위해 핵심가치를 무시하는 일이 너무 자주 벌어진다. 조직의 모든 구성원에게 책임이 있지만, 조직의 가치를 양보하지 않고 수용 가능한 범위 내에서 활동이 진행되도록 하는 것은 궁극적으로 이사회 책임이다.

비영리단체 직원들이 보조금을 받거나 계약을 따내려 애쓰고, 직접적인 기부 권유 캠페인에 참여하는 목적이 단체의 성장인 경우도 있을 것이다. 책무성과 관련된 이런 사안에 대해 논의하는 경우는 거의 없다. 오히려 이사회는 단체 대표에게 '조직을 성장시켰는지' 여부를 물어 성공적인 임무 수행을 가늠하는 중요한 기준으로 삼을 때가 많다. 그러나 이사회는 단체에서 이뤄지는 모든 활동이 단체의 사명을 뒷받침하는지 확인할 의무가 있다.

비영리 분야의 책무성 문제는 3장에서 더 자세히 살펴보겠다.

이해관계의 충돌

조직의 자원이, 그 자원을 활용하는 결정에 영향을 미칠 수 있는 한 사람 혹은 여러 사람의 사익을 위해 쓰인다면 이해관계의 충돌은 언제든 일어날 수 있다. 단체 대표나 이사의 친인척이 소유한 건물을 임차하는 것, 이사회가 이사진에게 임금 지급을 결정하는 것, 단체에서 이사를 변호인으로 선임하는 것, 대표가 자신의 친인척이나 이사의 친인척을 고용하는 것 등이 그 예다.

의사결정을 내리는 사람(혹은 사람들)이 그 결정으로 유리해진 누군가로부터 어떤 보상을 기대할 때도 이해관계의 충돌이 일어날 수 있다. 예컨대 대표가 광고용 우편물DM 발송 회사 한 곳과 거래를 지속하기로 결정한 다음, 그로부터 얼마 안 돼서 대표의 배우자가 그 회사에 채용되는 사례가 있을 수 있다.

이사회와 관련해서는 이사 전원이 해당 비영리단체로부터 그 어떤 이익도 취해선 안 된다는 규정을 만드는 것이 가장 깔끔한 방법이다. 모든 이사에게는 오직 단체의 이익을 위해 독립적으로 판단할 의무가 있다. 예컨대 홍보 사업을 하는 이사 한 명이 해당 비영리단체에 홍보가 필요하다고 강력하게 주장한 다음 홍보 캠페인 사업을 맡게 된다고 생각해 보자. 비영리단체에 홍보가 필요하다고 주장한 것이 그 이사 개인의 이익을 위한 것이 아니었냐는 의문이 계속 따라다닐 것이다.

이 사례에서 그 이사가 홍보 캠페인을 실경비만 받고 진행하겠다고 제안했으며 그것이 다른 업체와 비교했을 때 가장 낮은 가격이었다고 가정해 보자. 아무리 '실경비'만 받는다고 해도 그 이사의 회사엔 이익이다. 그 사업으로 직원에게 임금을 지급하거나 다른 간접비를 지불할 수 있을 테니까 말이다. 물론 이해관계의 충돌이라고 하더라도 그 이사의 제안을 받아들이는 것이 완벽하게 옳은 결정일 때도 있을 수 있다. 이사회가 이런 유형의 사안에 대처하는 적절한 절차를 마련하는 것은 절대적으로 중요하다.

일부 단체에서는 이사회 구성원들과 금전이 오가는 거래를 할 수 있도록 허용한다. 다만 그 거래와 관련된 이사는 그 결정에 투표할 수 없다. 비영리단체 이사회 구성원들의 돈독한 유대와 인간적인 관계를 고려하면, 이런 규칙은 아무런 실체가 없는 '보여 주기'용에 불과할 가능성이 높다.

이사가 아닌 어떤 개인과 계약을 맺을 때도 이와 비슷한 충돌이 발생할 수 있다. 이사나 대표가 특정인과 계약하기로 결정하는 데는 개인적인 이유가 있을 수 있다. 예컨대 그 사람과 개인적 혹은 직업적으로 관계를 더 좋게 만들려는 목적이 있을 수 있는 것이다.

내부자와 계약을 맺는 것이 타당할 때도 있다. 이사 한 명이 어떤 설비를 원가에 팔겠다고 제안하거나 다른 재화나 서비스를 시중가보다 훨씬 낮게 제공하겠다고 약속하는 경우다. 이럴 때도 단체는 그와 동일한 상품이나 서비스를 무료로 기증받을 수는 없는지 반드시 확인해야 한다.

이사회는 이런 문제가 있으면 회피하지 말고 정면으로 맞서 해결책을 고심하는 것이 중요하다. 자기거래의 함정에 빠지거나 그런 모양새를 피하기 위해서는 잠재적 이해관계의 충돌에 대처하는 방침을 도입할 필요가 있다. 1996년 7월 제정된 〈납세자권리보장법 2Taxpayer Bill of Rights 2〉(Public Law 104-168, 110 Stat. 1452)에 따르면 이런 권리 남용은 단순히 비윤리적일 뿐만 아니라 불법인 경우도 많다.

〈납세자권리보장법 2〉는 1996년 7월 30일에 당시 미국 대통령이었던 빌 클린턴이 서명함으로써 법으로 제정되었다. 이 법의 주된 목적은 자선단체나 사회복지단체와 관련 있는 사람들이 자금을 함부로 사용할 경우 처벌함으로써, 정부가 단순히 해당 단체의 면세 지위를 박탈하는 것 이상의 제재를 가할 수 있도록 하는 것이다. 이 법은 매년 연방소득 신고 내역을 공시하도록 한 요건을 확대해 입법 로비를 위한 초과 지출, 정치와 관련된 모든 비용, 부적절한 로비 비용, 그리고 '초과편익' 제공 총액까지 공개하도록 했다.

미국에서는 주법과 연방법 모두 '사사로운 이익 추구private inurement', 즉 자선단체의 수입으로 사사로운 관계인private shareholder이나 개인에게 이익을 주는 것을 금지한다. 당초 연방 차원에서 이런 법을 제정한 목적은 사사로운 이익 추구의 일반적인 형태를 규정하고 사사로운 관계인의 정의를 명확히 하기 위해서였다. 지금은 조직 '내부자'에게 부당한 보상을 제공함으로써 재정을 함부로 사용한 혐의를 받는 단체에 대응하는 것이 목표다.

재정 남용을 막기 위해 미국 국세청은 〈연방소득세법〉 501(c)(3)과 501(c)(4)에 따라 면세 지위를 갖는 비영리단체가 부적절한 금전 거래를 할 경우 대부분 25%의 소비세^{excise tax}〔특정 상품이나 서비스를 판매한데 대해 부과하는 세금 ― 옮긴이〕를 부과하도록 법으로 규정하고 있다. 이 세금은 해당 단체에 상당한 영향을 미칠 수 있는 지위를 가진 사람이나 그 가족, 혹은 그들이 지배하는 다른 조직 등의 '부적격자'에게 지급된 비용에 적용된다.

부적격자에는 투표권을 가진 이사, 대표나 이사장, 최고경영자, 최고운영책임자, 최고재무책임자, 그 밖에 회계담당자 등 다른 임직원도 포함된다. 그리고 부적격자에게 지급된 비용이 그 단체가 얻은 가치보다 클 때 과세 대상이 된다. 이런 문제를 피하기 위해 세무전문가들은 임직원에게 제공되는 모든 혜택을 급여로 처리하고 이를 양식 W-2〔우리의 근로소득 원천징수부처럼 피고용인에게 지급된 급여와 세금을 기록하는 양식 ― 옮긴이〕, 양식 1099〔임금과 팁을 제외한 다른 소득, 예컨대 임대 소득, 이자 소득, 판매 수입, 그 밖에 다른 잡수입을 기록하는 양식 ― 옮긴이〕와 예산 서류에 반영하라고 조언한다. 얼핏 아무 문제 없어 보이는 혜택, 예컨대 이사회 연수에 동행하는 배우자를 위한 여행 및 숙박 경비 부담이나 대표를 위한 헬스클럽 회원권 등도 초과편익이라는 의문이 제기될 수 있다. 호화 여행이라면 충분히 초과편익으로 간주될 것이다.

보상은 비슷한 조직, 비슷한 환경에서 비슷한 서비스를 제공하는 경우 통상적으로 받는 금액 수준이면 합리적이라고 본다. '보상'이라는 용어는 포괄적인 의미를 가지며 퇴직금과 보험, 그리고 연금과 스톡옵션 같은 이연 보상도 포함한다.

이처럼 중간 제재와 관련된 대부분의 조항은 법이 처음 도입된 1995년 9월 14일까지 소급 적용된다. 일정한 시간 내에 시정되지 않은 초과편익에 대해서는 원래의 25% 소비세와 추가로 최고 200%에 이르는 엄청난 가산세를 부과한다. 소비세는 초과편익 지급을 승인한 해당 단체의 관리자(여기엔 임원과 대표, 회계담당자가 포함된다)에게도 적용된다. 초과편익의 10%, 건당 최고 1만 달러까지 부과할 수 있다.

공개/투명성

비영리 자선단체가 기부자에게 정보를 얼마만큼 공개해야 하느냐에 관해서는 비영리 분야 안에서도 이견이 많다. 다만 모든 단체는 의무적으로 공시 관련 법과 규제를 준수해야 한다. 비영리단체는 미국 국세청 양식 990에 모금활동 비용 내지 모집 비용을 정확히 보고해야 할 법적 윤리적 의무가 있다. 또한 모금행사 비용 중 공제받을 수 있는 부분에 관한 요건을 준수하고, 주정부에서 정한 자선단체 등록법과 관련 규제를 철저히 지켜야 한다.

법적 필수요건이 아닌 사항들을 얼마나 공개해야 할지 결정하는 것이 사실 비영리단체에게는 윤리적으로 더 어려운 문제다. 그 정보를 공개할 경우 지원이나 참여를 하지 않는 사람들이 생길 것이라고 판단될 때는 특히 그렇다. 논란이 많은 사례 중 하나가 바로 유명한 크라우드펀딩 웹사이트 키바Kiva(http://kiva.org)다. 키바는 많은 사람들로부터 가치 있는 기업가들에게 소액대출을 지원하는 사업을 훌륭히 해오고 있다고 평가받는다. 실제로 2005년 설립된 이래로 80개 넘는 국가에 10억 달러 가까운 대출을 지원했다. 그럼에도 키바가 비판받는 몇 가지 이유 중 하나는, 마치 투자를 계획하고 있는 사람이 그 자금을 누구에게 빌려줄지 직접 선택할 수 있는 것처럼 보이게 만들어 놨으나 대부분의 경우 투자자가 대출하겠다고 선택한 기업가들은 이미 대출을 받은 상태라, 투자된 자금이 다른 사람에게 흘러가기 때문이다(*The New York Times* 2009 참조). 키바는 2017년 미국 비영리단체 감시 및 평가 기관 채러티 네비게이터Charity Navigator로부터 별 4개 만점에 4개를 받았다.

영리기업 세계에서는, 기업이 주식을 상장하려면 증권거래위원회 Securities and Exchange Commission의 요구에 따라 관련 정보를 서면으로, 아무리 부정적인 내용이라도 모두 공개해야 한다. 그러나 비영리단체가 모금활동을 하는 것에 대해서는 그렇게까지 정보 공개를 요구하는 기관이 없다. 비영리단체는 모든 관련 정보를 자발적으로 공개하고 오해를 살 만한 과장된 표현은 피하도록 매우 세심하게 검토해야 한다.

또 하나의 난감한 문제는 기부를 권유하는 시점에 모집 비용을 공개해야 하느냐는 것이다. 전화 홍보나 모금사무소 유지에 드는 비용이 전체 모금액의 80%, 혹은 그 이상이 될 때도 있다. 일부에서는 이런 비용이 공개되면 사람들이 기부를 하지 않으려고 할 것이라고 주장한다. 모금단체가 대중에게 이런 비용을 납득시키지 못한다면(많은 경우 정당화하기가 어렵다), 그 단체는 지원받을 자격이 없다고 주장하는 사람들도 있다.

비영리단체의 투명성에 대해서는 3장에서 더 자세히 살펴보겠다.

부적절한 관계

(1) 네포티즘(친인척 채용)

네포티즘nepotism이란 영어 단어의 조카nephew와 편애favoritism를 합친 말로 주요 보직에 친인척을 채용하는 관행을 뜻한다. 이런 관행에는 분명 장단점이 있다. 먼저 장점으로는 조직의 대표가 자신의 친척을 채용하는 경우 친척의 강점과 약점을 정말로 잘 알 것이며, 그 친척이 조직에 매우 충성하리라고 기대할 수 있다. 비즈니스 세계에서는, 적어도 개인이 소유한 기업에 대해 친인척 채용을 허용하는 것이 미국 문화다. 창업자가 세상을 떠난 뒤에 가업을 잇는 한 방법으로 환영받기도 한다. 그러나 상장 기업에 대해서는 그렇지 않다. 많은 경우 친인척 채용을 금지하는 정책을 취한다.

미국 연방법에 친인척 채용을 금지하는 내용(U. S. Code Title 5, Section 3110)이 포함된 것은 1967년이다(U. S. Code 2017). 이 법은 대통령과 의회의원을 포함한 공직자들에 대해 그들의 관할이거나 그곳에 친인척이 있어 영향력을 행사할 수 있는 기관에 민간인을 임명, 채용하거나 승진시킬 수 없으며, 임명, 채용, 혹은 승진 대상으로 추천하는 것도 안 된다고 명시하고 있다. 이때 친인척은 공직자의 부모와 자녀, 형제자매, 삼촌, 사촌, 조카, 배우자, 배우자의 부모, 배우자의 형제자매, 자녀의 배우자, 새아버지, 새어머니, 이부형제자매, 이복형제자매를 포함한다(Legal Information Institute n. d.). 대부분까지는 아니지만 많은 주와 여러 지역정부도 친인척 채용을 금지한다.

친인척을 채용했을 때 생길 수 있는 폐해 중에는 그 일에 더 적합할 수도 있는 다른 사람들을 차별한다는 문제가 있다. 친인척을 채용할 경우 채용한 사람과 채용된 사람의 인종이나 출신 국가가 동일할 확률이 높다는 점에서도 차별이 일어날 수 있다. 게다가 친인척을 채용한 관리자나 책임자는 그 사람과 혈연관계냐 아니냐와 상관없이 친인척을 효과적으로 감독하고 책임을 묻기가 어려울 것이다. 뿐만 아니라 그 관리자와 친인척 관계가 아닌 직원들은 관리자나 경영진이 그 직원을 정말로 편애한다고 느끼거나 그럴 수 있다고 생각할 것이다. 관리자가 친인척 관계인 직원을 감독하는 것은 뒤에서 살펴볼 이중관계의 대표적인 예다.

비영리단체의 경우 친인척 채용으로 인한 이익은 그 당사자들에게 돌아가고, 그 비용은 이해관계자들이 떠안게 된다. 예컨대 어느 단체의 최고경영자는, 다른 데서는 일자리를 구하기 힘든 자기 아들을 채용해 수입을 얻게 할 경우 아들이 그 보직에 맞는 자격을 갖췄는지 여부는 전혀 신경 쓰지 않는다. 그래서 나는 어떤 경우 친인척 채용이 사사로운 이익 추구의 한 형태일 수 있다고 주장해 왔다. 설령 그것이 주정부나 연방정부가 제재를 가할 정도의 심각한 법 위반이 아니더라도 말이다.

많은 비영리단체가 친인척 채용 금지 정책을 도입하는 것이 효과적이라고 인정한다. 직원들이 자기 친인척을 채용, 승진, 해고, 관리하지 못하게 하는 것은 최소한의 상식이다(친인척 채용 금지 정책 초안은 http://niqca. org/documents/Draft_Nepotism_Policy. pdf 참조). 연방정부는 친인척 채용이 불법은 아니더라도 비영리단체 경영 및 관리 면에서 문제가 된다고 본다. 연방 세무신고서 양식 990은 다음과 같은 질문을 통해 친인척 채용 관련 정보를 공개하도록 요구한다. "단체의 대표나 임원, 회계담당자, 혹은 주요 직원 중에 다른 임원이나 책임자, 회계담당자, 혹은 주요 직원과 가족 관계나 사업 관계인 경우가 있습니까?"(Part VI, Section A).

이사회가 가족들로 구성됐을 때도 친인척 채용의 여러 가지 단점이 발생한다. 이때도 의사결정이 이중관계의 영향을 받거나 영향을 받는 것 같은 인상을 준다. 원래 이사라면 법적인 관리 의무를 이행할 때 이사회의 결정이 자기 집안에 끼칠 영향 때문에 흔들리면 안 된다. 하지만 가족 관계인 사람들이 한 이사회에서 함께 활동할 경우에는, 적당한 선을 유지한다는 것이 불가능하진 않더라도 상당히 어려운 일이다.

틀림없이, 부부와 가족이 함께 비영리단체를 설립해 성공적으로 관리하는 사례도 많다. 하지만 그런 방식은 태생적으로 많은 윤리적 문제를 안고 있다.

(2) 크로니즘(측근 인사)

크로니즘cronyism은 어떤 일을 할 만한 자격을 갖췄는지 여부와 무관하게 자신과 친한 사람을 채용하는 관행을 뜻한다. 측근 인사의 장단점은 친인척 채용의 장단점과 거의 같다. 측근 인사 또한 이중관계를 형성하기 때문에 업무와 관련된 의사결정을 할 때 개인적인 관계를 해칠까 봐 영향을 받는 일이 자주 있다. 친인척 채용과 마찬가지로, 사적인 관계를 통해 고용된 사람은 자신을 고용한 사람에게 더 충성할 가능성이 높다. 그러나 친인척 채용과 달리 친구를 고용한 사람은 금전적인 면에서 직접적인 혜택을 보지 않는다. 친구이자 어떤 일에 적임자인 사람을 고용하는 것은 상황에 따라 적절할 수도 있고 그렇지 않을 수도 있다(시나리오 11 참조). 어떤 경우, 대단히 뛰어난 실력을 갖춘 친구가 있더라도, 다른 성별이나 인종, 종교, 민족성을 가진 사람들의 구직 기회를 막는 차별로 이어지거나 직장의 다양성과 기회의 평등을 제한한다면 그 친구를 고용하는 것은 적절치 못하다.

(3) 이중(다중)관계

이중관계란 두 사람이 업무 관계와 사적인 관계를 동시에 맺고 있어 그 경계가 모호해진 상황을 가리킨다. 이중관계가 비영리단체에 문제를 일으키는 것은 이중관계를 맺고 있는 두 사람이나 어느 한 사람의 이익이 단체의 이익보다 우선되는 방향으로 객관성이 흔들릴 때, 혹은 둘 중 한 사람이 피해를 보거나 이용당할 위험이 있을 때다.

이중관계는 대개 악의적인 의도 없이 시작된다. 비영리단체 직원들은 그 단체가 제공할 수 없거나 제공하려고 하지 않는 방법들까지 동원해 고객을 도우려고 할 때가 종종 있다. 비영리단체 직원이 고객과 같은 피트니스센터를 다니거나 같은 예배당에서 만나는 것처럼 순수하게, 우연히 이중관계를 맺기도 한다. 하지만 나머지 이중관계는 그렇게 좋지만은 않다. 관리자와 부하 직원 사이처럼 권력관계에 있을 때는 착취나 다름없는 일방적인 요구로 이어지기도 한다.

이중관계가 확실히 부적절한 경우들이 있다. 관리자는 부하 직원에게 성적인 관계나 연애 관계를 강요하면 안 된다. 그런 관계를 맺고 발전시키는 것에 대해 두 사람이 전적으로 합의한 것처럼 보여도 마찬가지다. 조직 밖에서 사업 관계나 연애 관계를 맺는 것 또한 윤리적으로 문제가 있다. 비영리단체 직원은 고객을 아이돌보미로 고용하면(반대로 비영리단체 직원이 고객의 아이돌보미가 되는 것도) 안 된다. 고객과 연애 혹은 성적인 관계를 맺으려고 해서도 안 된다. 서로 돈을 빌리거나 빌려주는 것도 안 된다.

최고경영자로서 이사의 점심 초대에 응하거나 저녁에 스포츠경기를 함께 보는 것 정도는 허용될 수 있을 것이다. 그러나 이사장의 아들이나 딸과 맞선을 보라는 요청은 반드시 거절해야 할 사안이다.

이중관계가 포함된 모든 상황이 명쾌하게 설명되는 것은 아니다. 따라서 그런 관계를 맺을 때 수반되는 위험요소들을 따져 보는 것이 현명하다. 내가 해 줄 수 있는 최선의 조언은, 가능하면 언제든 이중관계를 맺는 것은 의도적으로 피하고, 의도치 않게 이중관계가 되었을 때 발생할 수 있는 갈등을 최소화하기 위해 선택 가능한 방법들을 생각해 두라는 것이다.

남을 돕는 직업의 윤리강령(NASW 1996; AAMFT 2015; Benke 2004)은 대부분 이중관계 문제를 직접적으로 언급한다. 단도직입적으로 금지하는 것은 아니지만, 이중관계가 윤리적으로 문제가 있으며 이중관계를 맺을 때는 남을 돕는 일을 하는 당사자나 도움을 받는 사람 그 누구도 피해를 입지 않고 객관성을 훼손하지 않도록 각별히 주의해야 한다고 강조한다.

결론

이 밖에도 비영리단체가 맞닥뜨리게 될 많은 윤리적 쟁점들이 있다. 예를 들면 사무실의 물품과 장비를 사적으로 이용하는 경우, 휴가를 내고 다른 비영리단체에서 자원 봉사를 하는 경우, 항공사 마일리지를 사적인 용도로 활용하는 경우, 직원과 이사회의 다양성 정도, 모금활동을 위해 차별적인 사교 모임이나 이사회, 다른 행사를 활용하는 경우 등 수없이 많다. 이런 쟁점들 중 상당수는 이 책 마지막 부분에 실린 부록에서 다시 만날 수 있다.

비영리단체는 윤리와 가치에 대해 정기적으로 논의하려고 성실하게 노력하는 것이 중요하다. 비영리 자선단체 분야는 매우 높은 윤리 기준을 유지해야 할 특별한 의무가 있기 때문이다. 이와 관련해서는 비영리단체 이사회의 역할이 매우 중요하다. 비영리단체가 책임의식을 갖고 사명과 가치가 이끄는 조직으로 운영되도록 하는 것이 이사회의 가장 중요한 임무다.

많은 사람들이 비영리 분야에서 일하기로 선택하는 이유는 비영리 분야에서 인정하는 가치와 그들이 개인적으로 중요하게 여기는 가치가 조화를 이루기 때문이다. 그런 사람들에게는, 자신을 맨 처음 그 일로 이끌었던 그 원칙들이 무너지지 않도록 방심하지 말고 노력하는 것이 중요하다.

비영리 분야가 우리 사회에서 특권을 누릴 만한 가치가 있으며 그 특별하고 독특한 역할을 꾸준히 이어 가고 있다는 것을 대중에게 납득시킬 수 있는 방법은 그것뿐이다.

토론해 봅시다

1. 비영리단체는 같은 일을 하는 영리단체보다 더 높은 윤리 수준을 유지해야 할까? 그렇게 생각하는 이유는 무엇인가? 정부와 비교하면 어떤가?

2. 비영리단체 대표가 한 조직을 이끄는 사람으로서 자신의 업무와 관련된 공공 정책에 대해 책을 쓴다면, 그 인세는 저자가 받아야 할까 아니면 단체가 받아야 할까?

3. 윤리적 행동은 가르칠 수 있는 것일까? 가르칠 수 있다면 몇 살부터 가능할까? 비영리단체 경영 프로그램에 참여하는 학생이 그 프로그램에서 윤리 수업을 받은 적이 있다면 나중에 비영리단체를 이끌어 나갈 때 좀 더 윤리적으로 행동할 것이라고 생각하는지 이야기해 보자.

활동해 봅시다

1. 비영리단체 임원이 겪을 만한 윤리 딜레마나 고민을 하나씩 생각해 보자. 1장에서 설명한 여러 가지 윤리적 접근, 그리고 앞서 살펴본 두 가지 해결 모델을 활용해 그 임원이 딜레마를 처리하기 위해 취할 수 있는 행동들을 표로 정리해 보자.

2. 조셉슨윤리연구소, 인디펜던트 섹터, 유나이티드웨이 오브 아메리카, 미국비영리단체협회Society for Nonprofit Organization 홈페이지에 들어가 윤리와 관련된 게시물을 읽고 이야기를 나눠 보자.

현업 종사자를 위한 조언

1. 이해관계의 충돌로 보이는 상황은 물론 이해관계의 충돌인지 애매한 상황까지도 적극적으로 피하면서 최상의 윤리 수준을 유지할 수 있도록 자기 자신과 자신이 속한 단체를 독려하자.

2. 확신이 서지 않을 때는 다음과 같이 질문하며 생각해 보자. "가족과 친구들이 이 일을 일간지 1면 기사로 접하게 된다면 그때 내 느낌이 어떨까?"

3. 지역 비영리단체협회에서 발표하는 임금 조사 결과를 구해 자신이 속한 단체에서 불합리한 급여를 받는 사람이 있는지 알아보자.

4. 단체의 모든 비즈니스 관계는 중립적이어야 하며 1천 달러 이상의 모든 비즈니스는 최소 세 곳으로부터 입찰을 받아 진행해야 한다. 이사 중 한 명이 그 상품이나 서비스를 실경비만 받고 제공하겠다고 제안하더라도 반드시 그렇게 해야 한다.

5. 이해관계의 충돌에 대처하는 규정을 정식으로 도입하는 방안을 고려해야 한다. 미국 국세청이 개발한 규정 견본이 양식 1023에 포함되어 있으니 참고해 보자(IRS 2016).

6. 비영리 분야의 투명성과 책무성을 강화하려는 노력에 힘을 실어 주자. 비영리 분야를 관리하는 법이 확대 적용되는 것에 협조하여 법을 남용하는 극소수 단체가 비영리 분야 전체의 명성을 더럽히는 일이 없도록 하자.

제 3 장

투명성과 책무성

2012년에 인디애나주 인디애나폴리스 경찰로부터 전화를 받은 적이 있다. 경찰은 범죄 신고가 들어와 수사 중이라며 내가 속한 비영리 전문가 단체인 비영리단체와 봉사활동 연구협회ARNOVA에 수표를 발행한 적이 있느냐고 물었다.

나는 ARNOVA의 한 직원이 횡령 혐의를 받고 있다는 사실을 이미 알고 있었음에도 전화를 받고 깜짝 놀랐다. 그보다 3개월 전쯤 ARNOVA의 이사장이 '친애하는 회원들께'라는 제목으로 보낸 이메일에는 다음과 같은 내용이 담겨 있었다.

"우리 협회는 최근 믿고 의지했던 한 직원이 무려 28개월 동안 ARNOVA의 법인카드를 무단 사용하는 등의 방법으로 약 5만 달러를 횡령한 사실을 발견했습니다." 이렇게 시작된 메일에는 협회가 재무 비리를 전문으로 다루는 법회계사와 변호사를 선임하는 등 적절한 절차를 밟고 있다는 내용도 포함되어 있었다. 협회는 문제의 직원을 해고하고 내부 회계 감시 장치를 추가로 마련 중이라는 사실도 밝혔다.

최근 구글에 검색해 보니 이 사건에 관한 아무런 정보도 나오지 않았다. 관련 소송이며 그 직원이 어떻게 됐는지도 알 수 없었다. 지역 언론이나 중앙 언론은 물론이고 비영리 전문지 〈필랜스로피 크로니클*The Chronicle of Philanthropy*〉조차도 그 일을 다루지 않은 것이 분명해 보였다. 그러니 만약에 ARNOVA 경영진이 이 사건을 조용히, 곤란한 상황을 피해서 처리하기를 원했더라면 충분히 그럴 수 있었다. 비영리단체의 기금 유용을 폭로한 〈워싱턴포스트〉 기사를 통해 알려진 바와 같이 (7장 참조) 많은 비영리단체들이 문제가 발생하면 조용히 넘어가고 싶어 한다. 그러나 ARNOVA 경영진은 횡령 사건에 대해 회원들에게 투명하게 공개하고 책임을 지기로 결정했던 것이다. 왜 그랬을까?

2012년 당시 ARNOVA의 이사장이었던 로젠 미라벨라*Roseanne Mirabella* 시튼홀대학교*Seton Hall University* 정치행정학 교수는 그때 일을 힘겨웠던 시간으로 기억한다. 내가 그 사건을 처리한 경험을 들려달라고 하자 로젠 박사는 회원들에게 사건을 철저히 공개해야 한다고 했을 때 반대한 이사가 한 명도 없었던 것으로 기억한다고 말했다.

개인적으로는 회원들에게 가능한 한 모든 것을 공개해야 한다는 데 한 점의 의심도 없었어요. 이사회는 ARNOVA 회원들의 위탁을 받은 것이니 수탁자로서의 책임이 제기되는 만큼 그와 관련해 법적 조언을 구했지요. 법적으로 우리가 공개할 수 있는 부분과 공개할 수 없는 부분에 대해서도 자문을 받았습니다. 비영리단체는 인사 기밀을 보호해야 할 의무가 있어서 우리 협회는 사건에 대해 가능한 한 투명하게 밝히면서도 문제의 직원을 공개적으로 거론하지 않는 균형을 유지해야 했습니다. 회원들에게 모든 것을 밝히고 싶은 것이 이사회의 바람이었지만 법적으로 요구되는 비밀보장 의무를 훼손하지 않는 선에서 균형 잡힌 정보를 회원들과 공유했습니다.

이제 이 사건을 폴 게티 재단J. Paul Getty Trust 사건과 비교해 보자. 세계에서 가장 부유한 사립미술관으로 유명한 폴 게티 미술관J. Paul Getty Museum을 운영하는 이 단체는 〈로스앤젤레스 타임스〉 보도를 통해 직원들의 무절제한 소비와 이사회에 예술작품을 선물하는 관행, 회계 부정, 도난당한 미술품 거래 등이 폭로되었지만, 수개월이 지나도록 이사회가 관련 정보 공개를 막은 것으로 알려졌다. 당시 미국에서 운영되던 가장 부유한 재단의 이사회는 캘리포니아 검찰이 수사에 착수하고, 이사장이 사임한 뒤에야 비로소 필요한 조치를 취하기 시작했다 (Lipman 2006).

투명성

투명성이란 무엇인가?

비영리단체 경영이라는 관점에서 보면 투명성transparency은 비영리단체에 대해 판단을 내려야 하는 이해당사자가 필요한 정보에 합리적으로 접근할 수 있는 정도를 가리킨다.

"소셜미디어의 등장으로, 과거엔 공개가 되어도 언론의 주목을 거의 받지 못했던 정보가 지금은 삽시간에 퍼져 많은 사람들이 그것에 대해 의견을 나눈다." 작고한 릭 코헨Rick Cohen이 2014년 〈계간 비영리Nonprofit Quarterly〉에 쓴 내용이다. 그는 "비영리단체가 공개 범위를 확대하지 않고 자신들의 모든 이야기를 들려주려고 하지 않는다"며 "비영리단체가 하는 일에 수반되는 여러 문제를 대중이 제대로 이해하는 것을 가로막는다"고 지적했다.

비영리단체 경영자 중엔 투명성을 적으로 보고 배척하는 이들이 많다. 그러나 투명성을 지키는 것은 단순히 윤리적이기만 한 것이 아니라 대중의 신뢰를 얻는 등 여러 가지 혜택이 따른다. 미주리의 비영리단체를 관리 감독하는 미주리 법무부차관보 밥 칼슨Bob Carlson은 "투명성을 모범적으로 실천하려고 노력하는 단체는 정부 조사를 피할 수 있다"고 말한다. 그는 신문에 기고한 글에서 이렇게 밝혔다. "미주리 내 비영리단체에 관한 심각한 불만이 접수되면 나는 대개 그 주장이 사실일 것이라고 판단한다. 하지만 온라인으로 사전 조사를 했을 때 접수된 불만이 사실과 다르다는 것을 확인할 수 있을 정도로 그 단체가 아주 투명하게 정보를 공개하고 있다면 더는 수사하지 않는다. 그런 단체는 자신들이 당혹스러운 대규모 수사를 받을 뻔했다는 사실조차 알지 못한다"(Carlson 2011).

공개해야 할 것과 공개하면 안 되는 것

투명성은 회계감사를 받은 연방 세무신고 관련 정보와 국세청 결정문, 이사회와 직원 명단, 단체의 사업 지원을 위해 기부금이 사용되는 내역, 이사회가 열린 시간, 일반인의 이사회 참석 여부, 보조금 정보, 예산, 성과 지표, 수수료 규정, 직원과 고객에 대한 차별 금지 규정, 임직원에 대한 대출 정보 등을 공개하는 것이다. 뿐만 아니라 언론사 문의에 답하고, 웹사이트에 단체와 관련된 정보(연락처 포함)를 정확하게 제공하는 것도 포함된다. 투명한 단체라면 대중으로부터 피드백을 구하고, 전화, 팩스, 이메일, 그 밖에 다른 인터넷 기반의 방식을 통해 편리하게 피드백을 제공할 수 있도록 안내할 것이다. 불만이나 고충이 있는 직원들에게는 그들의 권리와 단체에서 정한 절차가 구체적으로 담긴 규정을 서면으로 제공한다. 이사회는 이사장이나 경영진이 승인한 임무를 수행하는 데 필요한 모든 문서와 정보를 이용할 수 있어야 한다.

물론 합당한 이유(법적 요건인 경우를 포함해)로 기밀을 유지하는 정보들도 있다. 예컨대 인사기록, 인사고과, 급여 정보, 고객 기록, 특정 기부자 정보 등이 그렇다. 투명성은 '어디에나 똑같이 적용되는 방정식'이 아니다. "단체의 사명이 이끄는 대로 후원자와 잠재적 후원자의 요구에 부응하며 단체의 필요와 규정, 법적인 문제를 고려"하는 것이어야 한다(Chan 2010).

투명성을 아주 성실하게 실천하는 단체 중에 인디애나폴리스 미술관Indianapolis Museum of Art이 있다. 웹사이트(http://dashboard. imamuseum. org/)에 방문하면 지난 11년간의 세무신고 내역과 10년간의 연례 보고서, 미술관의 사명과 10년 전략 계획, 이사회와 직원 명단, 연락처, 심지어 2016년 연례회 동영상도 볼 수 있다.

책무성

책무성이란 무엇인가?

책무성accountability은 어떤 단체가 법적 윤리적 의무를 다하고 있으며 정해 놓은 사명과 목적에 맞게 운영되도록 해야 하는 책임을 완수하고 있음을 확인시킬 만한 행동을 모든 이해관계자 및 그 단체가 실천하는 정도를 가리킨다. 작고한 우즈 보먼Woods Bowman은, 책임감 있게 행동하고 그렇지 못할 때는 그 결과에 책임져야 하는 것이 바로 책무성이라고 설명했다(Bowman 2012).

자선단체 감시 및 평가 기관인 채러티 네비게이터는 책무성에 대해 "자선단체의 활동을 그 이해관계자에게 설명해야 할 의무 혹은 그러려는 의지"라고 정의한다(Charity Navigator n. d.). 비영리단체를 경영하고 관리하는 입장에서 책무성은 그보다 더 넓게 해석될 수 있다. 투명성은 어떤 단체가 정보를 공개하는 정도를 의미하는데, 이때 정보 공개란 사실에 근거한 정보를 제공함으로써 그 정보를 제공받은 사람이 판단하고 조치를 취하게 하는 것을 뜻한다. 내가 정의하는 책무성은 단체들이 거짓 없이 합리적인 방식으로 활동할 수 있는 구조와 정책을 갖는 것이다. 이런 단체는 그들의 사명과 목표를 실현하기 위해 그 어떤 사익보다 공익을 더 우선하며 가장 효율적이면서도 공정한 방식으로 부지런히 최선을 다해 노력한다. 책무성 있는 단체는 혹시라도 불법적이거나 비윤리적인 행동에 연루된다든가 진행한 프로그램이 합당한 결과물을 얻지 못하면 어떤 문제든지 찾아서 해결하고자 한다. 책무성에는 다음과 같은 측면들이 포함된다.

- 단체가 받은 평가에 관한 정보 제공
- 임무 수행을 얼마나 잘 하고 있는지 보여 주는 데이터 공개
- 단체에 지원되거나 기부된 모든 기금에 대하여, 그 돈이 제공된 목적으로만 사용되며 다른 목적이나 개인의 이익을 위해 쓰이지 않도록 하는 정책 도입 및 시행
- 모든 의사결정이 금전적이든 아니든 개인적인 이해관계가 있는 사

람으로부터 부당한 영향을 받지 않고 독립적으로 이뤄지도록 보장 (이해관계의 충돌 방지 규정 시행 등을 통해)

- 의사결정을 내리기 전에 그 결정으로 영향을 받게 될 이해관계자들의 의견을 구하고 신중하게 검토
- 법적으로 요구되는 충실 의무와 주의 의무, 준법 의무를 지키고 위반하는 경우 제재

책무성은 단체 내부에서 이뤄지는 조치도 포함될 수 있다. 예를 들면 성과 자료를 모아서 공개하거나 매년 최고경영자의 업적을 평가함으로써 단체가 목표를 얼마나 잘 달성해 나가고 있는지 평가하는 방법이 있다. 책무성에는 외부에서 이뤄지는 조치도 포함된다. 예컨대 단체가 법과 규제를 준수하지 않을 경우 규제당국이 운영을 못하게 하거나 이사회를 다시 구성하고 문화를 바꾸도록 요구하는 식이다. 이와 관련해서는 6장에서 허쉬 재단 등의 사례를 살펴볼 예정이다.

미국 모금전문가협회Association of Fundraising Professionals, AFP가 발표한 1995년 성명서에 따르면 비영리단체는 "기부자는 물론이고 단체의 도움을 받는 사람들, 그리고 일반 대중에게 책임 있는 단체임을 보여 줄" 의무가 있다. 성명서 전문은 모금전문가협회 홈페이지에서 확인할 수 있으며, "책임 있는 단체는 그곳의 사명과 목적을 명확하게 밝히고 도움받는 이들의 요구를 구체적으로 표현하며 그곳에서 진행하는 프로그램이 운영되는 방식과 비용, 혜택을 설명한다"고 되어 있다.

책무성 전략

책무성 전략의 예를 살펴보면 다음과 같다.

- 이해관계 충돌 방지법 이행 및 자체 윤리 규정 준수
- 강력한 내부고발자 보호 규정 마련
- 기록 보관 및 파괴와 관련해 〈사베인스 옥슬리 법Sarbanes-Oxley Act〉
  〔미국 에너지 기업 엔론의 대규모 회계 조작 사건 이후 제정된 미국의 기업
  회계 개혁법. 정식 명칭은 〈상장회사의 회계 개선 및 투자자 보호법〉이다.
  기업 경영진이 회계장부의 정확성을 보증하고 잘못이 있으면 처벌받도록 규
  정하고 있다 ─ 옮긴이〕 준수
- 미국 국세청이 정한 보수 제한 규정 존중
- 프라이버시 규정 마련 및 공시, 이행
- 연례 외부 회계감사
- 업적 평가 및 사정(특히 최고경영자에 대해)
- 높은 수준의 투명성과 책무성을 바탕으로 구성원들의 신뢰 제고(11장
  참조)
- 비영리 분야에 적합한 윤리강령 도입(10장 참조) 및 위반자에 대한
  제재 조항 마련

여기에 더해, 사회사업가, 변호사, 의료전문가, 모금활동가 등을
고용할 때 각각의 직무에 적용되는 윤리강령에 충실한 사람을 채용하
면 된다. 일부 비영리단체는 책무성을 강화하기 위한 방편으로 대중의
참여를 활용하기도 한다. 예를 들면 활동을 미리 공개하고 간담회나
공청회를 열어 향후 계획을 세우는 과정에 대중이 실질적으로 참여하

도록 하는 것이다(Ebrahim 2010).

비영리단체의 책무성과 혁신을 연구해 온 앨노어 에브라힘Alnoor Ebrahim 교수는 책무성을 구성하는 요소를 네 가지로 분류한다.

- **투명성:** 자료 수집 및 공개
- **충분한 해명이나 정당화:** 조치와 결정에 대한 명쾌한 논리 제시
- **준법 감시:** 절차와 결과에 대한 관찰 및 평가
- **강제 혹은 제재:** 위 세 가지 요소가 잘 실행되도록 만드는 조치

비영리단체 이사회는 그 단체가 가진 자산의 주인이 아니다. 그들을 믿고 자산을 기부한 사람들을 대신해 그 단체의 공식 사명에 부합하는 공공의 목적을 위해 일해야 하는 대리인에 불과하다. 따라서 공익을 위해 행동해야 한다.

투명성과 책무성의 관계

투명성과 책무성은 '진실성integrity'이라는 동전의 양면과 같다. 사실 학계에서 말하는 책무성의 여러 정의를 보면 투명성을 가장 중요한 원칙으로 포함한다. 일단 필요한 정보가 없으면 이해관계자들이 합리적으로 행동할 수 없고 그들에게 주어진 의무를 다할 수도 없을 것이다. 비영리단체는 정부가 할 수 없거나 하기를 주저하는 공공의 목적을 수행하기에 연방소득세가 면제되고, 비영리단체 기부자는 그 기부액만큼 세금을 공제받는 등의 특별한 혜택을 받는 것이다. 이 원칙을 지키기 위해서도 투명성과 책무성 둘 다 필요하다(Grobman 2015b).

예컨대, 한 이사가 운영하는 홍보회사와 계약하는 안건을 두고 이사회에서 표결을 할 때, 해당 이사가 기권을 했다거나 그 홍보회사와 계약하기로 결정이 됐다는 내용을 웹사이트에 공개하는 것은(이 사실을 공개하지 않는 것보다는) 투명성을 보여 주는 예일 수 있다. 계약을 받아들이는 조건으로 그 홍보회사 대표를 이사회에서 제외시키거나, 내부자인 그 사람에게만 사업 정보를 제공할 것이 아니라 제안요청서를 일반에 공개하고 입찰을 진행하자고 한다면 그것은 책무성의 예가 될 수 있을 것이다. 설령 이런 상황을 완전히 공개한다 하더라도(투명성), 대중이 입을 피해를 줄이는 조치를 취하지 않으면 소용없다. 이사회 구성원이 이사회의 결정으로 혜택을 보는 이해관계의 충돌이 벌어졌다는 사실을 공개하는 것만으로는 윤리 문제를 해결하지 못한다. 결론적으로 그 이사가 이사회 활동을 하지 않는 다른 경쟁자보다 부당한 이익을 보는 것이기 때문이다.

투명성과 책무성을 높이는 방법

영리단체와 달리 비영리단체는 대개 그 단체가 제공하는 서비스를 직접적으로 누리지 않는 사람들의 기부에 의존한다. 따라서 어떤 단체가 대중으로부터 기부금과 함께 지지를 받고 있다는 것은 그 단체에 대한 신뢰도가 비교적 높다는 뜻이다. 기부자들 중에 자신이 후원하는 자선단체의 내부 사정에 많은 관심을 기울이는 사람은 거의 없다. 충격적인 사건이 벌어지지 않는 한 사람들은 기부한 돈이 결과물로 나타나는지 여부에만 관심이 있다. 어떤 단체가 종합적인 웹사이트를 구축하고 이해관계자와 대중이 궁금해할 만한 질문에 적극적으로 답한다면 숨길 것이 없다는 의미다. 따라서 이처럼 투명성과 책무성을 보장하려는 노력은 종종 비영리단체의 존재를 위협하는 비리 사건을 예방하는 효과가 있다.

투명성과 책무성 둘 다 갖추기 위해서는 윤리적으로는 물론이고 법적으로도 필요한 요건이 있다. 연방 차원에서 보면, 모든 비영리단체는 표준화된 양식 990 세무신고서를 공시하도록 법으로 규정하고 있다(〈납세자권리보장법 2〉). 990 신고서는 양식이 길어서 상당한 정보 공개가 가능하다. 단체의 사명과 주요 사업은 물론 직원과 자원봉사자 수, 면세 목적 이외의 매출 총액, 로비 비용, 기부금과 지원금, 각종 프로그램으로 거둔 수입, 가장 많은 급여를 받는 상위 5명과 그 외(15만 달러 이상을 받는) '핵심' 직원의 이름과 금액, 임원과 관리자, 회계담당자 명단 등을 공개해야 한다. 뿐만 아니라 상당한 금액의 자산이 유용된 경우(7장 참조) 그 사실과 함께 다른 회계정보도 공개해야 한다. 미국 대부분의 주에서는 자선단체가 모금활동을 하려면 사전에 등록해야하고, 매년 회계정보를 공시하여 기부자를 비롯해 원하는 사람은 누구나 일정한 절차를 거쳐 열람할 수 있게 한다. 예컨대 뉴욕주의 경우 온라인(http://www.charitiesnys.com/RegistrySearch/search_charities.jsp)으로 관련 정보를 검색할 수 있다.

내부고발자 보호 정책

윤리자료센터가 2014년에 발표한 〈2013 전미 기업 윤리 실태 조사〉(Ethics Resource Center 2014)의 아주 놀라운 조사 결과 중 하나는 직장인의 41%가 직장에서 부정행위를 목격한 적이 있다고 답한 점이다. 그리고 자신이 목격한 부정행위를 신고한 63% 중에 어떤 식으로든 보복을 당했다고 응답한 사람이 21%였다. 이 같은 조사 결과는 대체로 직전(2011년) 조사 결과와 비슷하지만, 2007년 조사 당시 12%가 보복을 당했다고 답한 것과 비교하면 상당히 우려스러운 변화다. 영리, 비영리 가릴 것 없이 많은 단체들이 직원들로 하여금 부정행위를 발견하면 내부적으로 보고하도록 독려한다. 윤리 문제가 외부에 알려지기 전에 시정될 수 있도록 하기 위해 직원 핸드북에 내부고발자 보호 정책을 포함시키기도 한다. 하지만 그런 정책의 효과가 데이터로 증명되는지는 확실치 않다. 자율형 공립학교를 운영하는 비영리단체 아스피라Aspira, Inc.의 전 직원은 아스피라의 불법적인 회계 관행을 연방수사국FBI과 검찰에 제보했다는 이유로 해고를 당했다며 아스피라를 상대로 소송을 제기했다(Woodall 2017).

직원들은 부정행위를 신고할 경우 반드시 비밀이 보장될 것이며 선의로 한 보고에 대해서는 그 어떤 보복도 일어나지 않을 것이라는 믿음을 가질 수 있어야 한다. 또한 윗사람의 잘못을 알릴 방법이 있다고 확신할 수 있어야 한다. 내부고발자 보호 정책 참고 사례는 미국 비영리단체협의회 웹사이트에서 볼 수 있다.

이탈, 항의, 충성, 그리고 …

경제학자 앨버트 O. 허쉬만Albert O. Hirschman (1970)은 비영리단체에 책임을 지우고 싶을 때 이해관계자들이 활용하는 세 가지 전략 체계를 제시한다.

• **이탈**: 물리적으로나 감정적으로 그 단체와 멀어지는 전략이다. 이런 행동이 다른 이해관계자들에게 어떤 메시지를 던지기는 하겠지

만, 그 단체의 문제는 해결되지 않고 그대로 지속되는 경우가 많다.

- **항의**: 단체에서 발견한 문제점이 있으면 무엇이든 지적하고 불만을 토로한다. 이 방법을 택하는 사람은 대개 그런 의사표현에 대한 보복을 당할 것이라는 위험을 감수한다.
- **충성**: 비영리 분야에 한정해서 얘기하면, 단체를 떠나거나 항의해 봤자 득이 될 것이 없다고 보고 그냥 하던 일을 계속하는 것이다.

그러나 많은 경우 비영리단체에서 비리가 발생했을 때 이 세 가지 전략 중 하나를 선택해서 행동하는 것만으로는 충분하지 않다. 떠나기로 결정하면, 새로운 일자리를 찾아 이동해야 하는 번거로움이 따른다. 항의하는 방법은 비슷한 생각을 가진 다른 직원들이 기꺼이 보복 위험을 감수하며 목소리를 더해 주지 않는 한 효과를 내기 어렵다. 그냥 버티는 방법 또한 신체적으로나 정서적으로 오래가기 힘들다.

그래서 나는 이 세 가지 전략에 한 가지를 더하고 싶다. 바로 **저항** resistance이다. 단체에 속한 이해관계자라면 언론에 익명으로 제보하거나, 익명으로 소셜미디어 계정을 만들어 '알려진 것과 다른' 정보를 공개하는 방법이 있을 수 있다. 단체의 비윤리적인 행위를 알지 못하는 이사들에게 익명으로 사실을 알리거나, 사법당국에 익명으로 신고하는 방법도 있다. 〈사베인스 옥슬리 법〉에 명시된 내부고발자 보호 규정은 사법당국에 신고한 경우만 해당된다는 점을 명심할 필요가 있다.

단체에 속하지 않은 외부 관계자라면 별도의 단체를 만들어 그 단체와 경쟁하거나 대중의 관심을 유도할 만한 집회를 열 수도 있다. 신문에 기고를 하거나 독자편지를 보내고, 이사들과 익명으로 얘기해 보는 것도 방법이다.

기부자는(다른 이해관계자들도) 비영리단체가 약속을 이행하고 있는지 여부를 직접적으로 알기 어려우며, 그 단체가 제공하는 정보를 기초로 후원을 계속할지 여부를 판단해야 한다. 이것이 비영리 분야와 영리 분야가 다른 점이다. 영리기업과 거래하는 소비자는 상품이나 서비스를 구매하는 즉시 그 서비스나 상품의 가치를 판단할 수 있다. 그래서 그 판단을 근거로 다음에 또 그 서비스나 상품을 구매할지 아니면 다른 업체를 이용할지를 결정한다. 반면에 비영리단체는 대개 지역사회 안에서 사실상 독점적으로 특정 서비스를 제공하고, 경쟁 단체가 진입하기 어려운 장벽이 있다. 더욱이 비영리단체를 이용하는 고객은 시장에서 그런 서비스를 받을 수 없는 취약계층인 경우가 많다.

몬태나 비영리단체협회Montana Nonprofit Association는 비영리단체가 "활동의 성과 기준을 명확하게 정하고, 그것을 실현하기 위해 노력하며, 정기적으로 평가해 그 결과를 공개할 책임"이 있다고 주장한다(Montana Nonprofit Association n. d.). 이러한 책임을 다하기 위한 한 가지 전략이 이제부터 살펴볼 성과기반 경영이다.

성과기반 경영

비교적 규모가 큰 비영리단체, 특히 개인 기부보다 정부와 재단의 보조금에 의존하는 대규모 비영리단체들을 보면, '고객의 요구 충족'을 목표하는 것이 책무성을 높이는 하나의 방법으로 공식화되었다. 과거에는 인적 서비스를 제공하는 조직의 성과를 평가할 때도 산업 공정에 더 적합한 모델을 기준으로 삼았다. 산업 공정이란 원재료를 완성품으로 바꾸는 과정이다. 산업 체계를 분석할 때 투입(원재료)이 공정을 거쳐 산출(완제품)로 이어진다고 표현한다. 전통적으로는 이와 비슷한 틀을 그대로 적용하여, 인적 서비스를 제공하는 곳에서 서비스가 필요한 고객을 받아들여(투입) 서비스를 제공함으로써(공정) 서비스를 누리는 고객으로 바꾼다(산출)고 생각했다. 이런 사고방식에 따라 단체들은 서비스를 제공받는 고객 수를 늘리는 방식으로 생산량을 높였다(Grobman 1999).

성과기반 경영Outcome-based management 혹은 '결과 지향적 책무성result-oriented accountability'은 이런 전통적 패러다임과 차이가 있다. 요즘은 이 새로운 방식을 설명할 때 '결과 지향적 관리와 책임'이라는 말도 많이 쓴다. 성과기반 경영은 단순히 제공된 서비스의 양을 늘리기보다 프로그램의 결과물에 집중한다. 프로그램의 결과물이란 '어떤 프로그램에 참여하는 동안 혹은 참여한 뒤에 그 참여자에게 일어난 변화나 혜택'으로 정의될 수 있다(유나이티드웨이 오브 아메리카에서 펴낸 《프로그램 결과물 평가: 실무적 접근*Measuring Program Outcomes: A Practical Approach*》 참조).

예를 들어 약물중독 치료를 위해 노력하는 한 단체가 아주 매력적인 자원봉사 프로그램을 통해 굉장히 많은 수의 환자를 모으는 데 성공한다고 가정해 보자. 지역 내 의사들을 설득해, 많은 시간을 재능기부하게 함으로써 환자 한 명당 소요되는 비용을 절감하는 방법을 생각해 볼 수 있다. 환자들은 직원과 봉사자들이 유능하며 자신을 존중해 준다고 느껴 불만도 거의 없다. 이런 상황을 전통적인 방식으로 분석하면, 더 개선해야 할 점이 없다는 결과가 나올 것이 뻔하다. 하지만 이 단체에서 약물중독 치료를 받은 사람들이 범죄에 연루되는 일 없이 자립에 성공해 장기간 약물을 사용하지 않는다는 데이터는 전혀 없다. 약물중독 치료 프로그램이 성공했을 때 나타나는 지표들은 전혀 확인이 안 되는 것이다. 약물중독 치료 서비스를 받은 환자 대부분이 여전히 약물에 의

존하고 있다면, 과연 그 단체는 좋은 서비스를 제공한다고 볼 수 있을까? 기부금과 세금으로 그 단체를 지원해 온 대중은 투자에 대한 정당한 보상을 얻고 있는 것일까?

성과기반 경영 모델을 적용해서 보면, 서비스를 제공받는 환자 수는 투입이다. 그리고 산출은 그 서비스를 받은 환자의 상태 변화를 반영한 수치다. 예를 들어 수천 명의 환자가 서비스를 받았는데, 상태가 개선된 환자가 아무도 없다면 성과는 제로다. 모든 서비스가 100% 제시간에 제공되고 모든 환자가 원하는 횟수만큼 충분히 서비스를 받았으며 환자의 불만이 전혀 없더라도 마찬가지다.

이제 서비스를 받으려고 한 사람의 수, 상담만 받거나 거절하지 않고 실제로 프로그램에 참여한 사람의 수, 서비스가 제공된 시간, 각 서비스의 비용과 변제된 금액 등에 관한 자료만 갖고는 비영리단체의 실효성과 가치를 알기 어렵다. 단체의 효율성과 가치를 판단하기 위해서는 서비스가 제공된 절차에 관한 데이터와 함께 성과를 보여 주는 데이터가 필요하다. 그렇게 해야 책무성을 갖춘 단체가 된다.

이해관계자들이 성과기반 경영을 적극적으로 받아들이는 이유는 이 방법론이 다분히 상식적이기 때문이다. 서비스를 제공받는 사람의 삶이 전혀 개선되지 않는다면, 비영리단체가 수백만 달러까지는 아닐지 몰라도 수천 달러의 자금을 투자해 서비스를 제공할 이유가 전혀 없다. 성과기반 경영은 비영리단체가 단순히 서비스를 제공하는 것에 그치지 않고 사람들이 더 나은 생활을 하도록 만드는 데 꼭 필요한 일에 집중하도록 돕는다.

데이터상으로 서비스를 훌륭하게 제공하고 있는 것처럼 보여도 고객들에게 기대했던 효과를 거두지 못한다면, 사업을 그 상태로 지속하는 것은 낭비에 불과하다는 것을 경영진이 가장 먼저 알아채야 한다. 성과기반 경영은 비영리단체가 소중한 자원을 가장 효과적으로 사용하게 만드는 강력한 도구다. 성과기반 경영이 잘만 실행되면, 이는 비영리단체를 세금만 축내는 기관쯤으로 여기는 대중의 냉소주의와 싸우는 강력한 무기가 되어 공적 책임을 강화할 수 있게 해 줄 것이다. 비영리단체에 기금을 제공할 때 성과기반 경영 방식을 도입하도록 요구하는 재단이나 기관이 늘어나고 있다.

평가기관

비영리 분야의 기준을 만들고 포털사이트를 운영하며 정보를 보급하는 평가기관들과 협력하는 것도, 투명성과 책무성을 확보하고자 하는 노력을 이해관계자들에게 보여 줄 수 있는 상징적인 방법이다. 대표적인 예로 '탁월성 기준Standards for Excellence'이라는 프로그램이 있다 (11장 참조). 이 밖에도 잠재 기부자와 다른 이해관계자에게 공개할 목적으로 비영리단체에 관한 자료를 수집하는 단체들이 여럿 있다. 그중에서도 가이드스타GuideStar와 채러티 네비게이터는 자선단체 평가기관으로서 높은 신뢰를 받고 있다. 이 두 곳은 수많은 자선단체 관련 정보를 수집해 공개하며, 기부자와 자선단체에 동일한 서비스를 제공한다. 두 곳 모두 평가 대상인 자선단체와 직접적인 금전 관계를 맺지 않는다. 대부분의 자료는 자선단체들이 직접 제공한 것이다. 두 기관은 수년간 발전을 거듭하며 서로 차별화를 꾀했다. 윤리적인 자선단체의 직원과 이사회는 두 기관이 자기 단체를 어떻게 평가하는지 지켜보고 부족한 점이 발견되면 신속하게 대처한다. 가이드스타와 채러티 네비게이터 모두 고유의 장단점이 있다.

가이드스타는 1994년에 설립됐으며, 지금까지 가장 방대한 규모의 데이터베이스를 자랑한다. 미국 국세청에 등록하지 않아도 되는 종교 관련 비영리조직 수천 곳을 포함해 250만 개가 넘는 면세 비영리단체의 정보를 무료로 제공한다. 회원가입은 무료이며 일부 유료로 제공되는 서비스도 있다. 연도별 양식 990 세무신고서를 열람하기에 가장 좋은 사이트다. 채러티 네비게이터와 비교하면 기관의 판단이 덜 개입되어 이용자가 여과 없이 자료를 해석할 수 있다는 점이 장점이다.

채러티 네비게이터는 2001년에 설립됐다. 홈페이지를 보면 가장 활용도가 높은 자선단체 평가기관이라고 소개되어 있다. 규모가 큰 단체들 위주로 데이터베이스를 구축해 현재 8,500개 단체의 정보를 보유 중이다. 가이드스타와 달리 각 단체의 효율성을 직접 평가하려고 노력하며, 회계자료를 토대로 0부터 4까지 별의 개수로 등급을 매긴다. 몇년 전부터 투명성, 성과, 윤리, 경영 방식과 관련 있는 요소들까지 평가 대상에 포함시키고 있다. 회원가입 없이 정보를 이용할 수 있다.

결론

이 장을 시작할 때 언급했던 ARNOVA 이야기는 아슬아슬하게 해피엔딩이 됐다. 횡령 혐의로 기소된 ARNOVA의 옛 직원은 죄를 인정하고 형량을 경감받아 징역 4년에 집행유예를 선고받고 수감된 지 6개월 만에 풀려났다. 법원은 그에게 ARNOVA와 보험사에 배상하라고 명령했다. 하지만 법원 기록을 보면 그는 개인 파산을 이유로 법원에서 명령한 배상금의 일부만 갚은 상태다. 최근에 구글에 검색해 본 바로는 그가 다른 비영리단체에서 즐겁게 일하며 그곳을 위험에 빠뜨리고 있는 것 같지는 않다. 다행히 정의가 지켜지고 있는 것이다. 어쩌면 ARNOVA의 이사회와 직원들이 범죄 사실을 숨기지 않고 자발적으로 신고한 덕분에 많은 단체들이 비슷한 피해를 모면할 수 있었는지도 모른다. 요컨대 투명성과 책무성은 공익과 비영리 분야 전체를 위해 좋은 것이고, 해당 단체의 이해관계자들에게도 가장 이로운 선택이다.

토론해 봅시다

1. 비영리단체 이사회 명단을 웹사이트에 공개하는 것이 적절하다고 생각하는지 이야기해 보자. 그들의 소속과 이메일주소 같은 다른 연락처를 공개하는 것은 어떻게 생각하는지도 의견을 나눠 보자.

2. 단체의 투명성을 높이면 단체의 약점이 더 부각되어 대중의 의혹을 살 것이라고 생각하는지 의견을 나눠 보자.

3. 내부고발과 관련해 〈사베인스 옥슬리 법〉의 한계를 알아보고, 비영리단체 경영자들이 이 법의 개정을 요구해야 하는지 여부에 대해서도 토론해 보자.

활동해 봅시다

1. 지역을 대표하는 자선단체 열 곳의 목록을 만들고 각각의 웹사이트에서 투명성과 책무성에 관한 정보를 찾아 유형별로 분류해 보자.

2. 자선단체의 모금활동을 규제하는 주정부 부처에서 모금활동 중단 명령을 내린 사례가 있는지 찾아보고, 있다면 그런 처분을 받은 자선단체들의 위법 행위에 어떤 공통된 특징이 있는지 살펴보자.

3. 언론 보도나 인터넷상에서 찾을 수 있는 지역 비영리단체 관련 스캔들 다섯 가지를 골라 피의자에게 무슨 일이 일어났는지 조사해 보자(기사나 경찰 기록 등 이용 가능한 자료를 통해). 처음에 제기된 혐의가 모두 인정되었는지, 죄를 시인하고 형량을 감면받는 플리바게닝이 적용되었는지 여부와 최종 형량(유죄 판결을 받았다면)도 확인해 보자. 배상은 이뤄졌는지, 혹시 피의자가 유죄 판결을 받고 풀려나 다시 비영리단체에서 일한 적은 없는지도 조사해 보자.

제 4 장

거짓말과 기만

"모두가 거짓말을 한다Everybody lies."

　무려 시즌 8까지 방송된 인기 미국드라마 〈하우스House M.D.〉의 팬이라면 이 말이 주인공 그레고리 하우스가 입에 달고 사는 말이라는 것을 금세 알아챌 것이다. 하우스 박사는 프린스턴 플레인스버로 대학병원의 탐정 같은 의사다. 여러 에피소드에서 그가 합리적인 방식으로는 도저히 설명이 안 되는 환자의 상태를 정확히 진단할 수 있었던 이유는 바로 환자가 틀림없이 뭔가 거짓말을 하고 있다고 가정했기 때문이다. 환자들은 그저 밝히기엔 너무 부끄럽다는 이유로 진실을 숨기곤 한다는 것이 하우스 박사의 설명이다.

　비영리단체 경영이라는 맥락에서 보면, 비영리 분야와 정부, 영리 분야 모두에 대한 신뢰가 떨어지고 있음에도 불구하고 거짓말과 기만이 범죄로까지 이어지는 경우는 예외적이라서 다행이다. 아마도 그 한 가지 이유는 비영리 분야에 매력을 느끼는 사람들 자체가 대개 이타적이고 윤리적이며 공익을 위해 일하고 싶어 하기 때문일 것이다. 여러 가지 트렌드를 보면 영리와 비영리, 그리고 정부 분야의 경계가 점점 허물어지는 것 같지만(Grobman 2015b 참조), 설문조사 결과를 보면 비영리 분야의 스캔들이 계속해서 헤드라인을 장식하는데도 불구하고 미국인 대다수가 여전히 미국 비영리단체의 진실성을 매우 신뢰한다 (*The Chronicle of Philanthropy* 2015). 가장 최근(2015)에 실시된 프린스 턴조사연구소Princeton Survey Research Associates International 조사 결과에 따르면, 자선단체를 아주 많이 혹은 상당히 신뢰한다고 답한 응답자가 62%였다. 2008년 조사 때의 64%와 크게 차이 나지 않는다.

이 설문조사를 의뢰한 미국 자선 관련 전문지 〈필랜스로피 크로니 클〉의 기사에 따르면 "응답자의 15%가 모든 자선단체를 '아주 많이' 신 뢰한다고 답했으며, 21%는 지역사회 내 자선단체를 '아주 많이' 신뢰 한다고 답했다". 이 같은 수치는 2016년 6월에 갤럽이 실시한 다른 기 관에 대한 신뢰도 조사 결과와 사뭇 대조를 이룬다. 당시 갤럽은 의회 (3%), 대기업(6%), 신문사(8%), 은행(11%), 공립학교(14%), 노 동조합(8%) 등에 대한 신뢰도를 조사했는데, 군대(41%)와 소기업 (30%)에 대한 신뢰도가 가장 높았다.

거짓말이 비윤리적이라는 신학적 근거

고대인들은 진실을 말하는 것을 매우 중요한 가치로 여겼다. 신약과 구약 성경에서도 신도들에게 거짓말하지 말라고 가르친다(〈레위기〉 19장 11절; 〈출애굽기〉 20장 16절; 〈골로새서〉 3장 9절; 〈에베소서〉 4장 24~25절 참조). 뿐만 아니라 십계명 중 아홉 번째는 '이웃에 대해 거짓

증언을 하지 말라'다.

2016년 미국 대선 당시 공화당 경선 후보였던 벤 카슨Ben Carson은 이슬람 경전 《코란》이 교도들에게 거짓말을 부추긴다고 주장한 바 있다. 이에 대해 〈워싱턴포스트〉는 '팩트체커' 기사를 통해 피노키오 네 개를 쳤다(Kessler 2015). 터무니없는 거짓말이라는 뜻이다.

다른 종교에서도 거짓말의 부도덕성을 강조한다. 불교도이면 누구나 지켜야 하는 가장 기본적인 실천윤리인 오계 중 네 번째 계율이 '진실이 아닌 말은 하지 말라'다(O'Brien 2016).

힌두교에서도 몇 가지 제한된 상황을 제외하고는 거짓말을 금한다(https://hinduism.stackexchange.com/questions/3848/in-hinduism-what-exactly-is-a-lie-and-is-lying-adharma 참조).

경제적 이익을 위해 움직이는 사람

세계 주요 종교들은 극히 예외적인 상황을 제외하고는 거짓말이 옳지 않다고 본다. 하지만 신앙심이 아주 깊은 사람들조차도 이따금 거짓말을 한다. 그 이유는 세속적인 측면에서 설명이 가능하다.

심리학 및 다른 사회과학 이론뿐 아니라 경제학 이론이 우리에게 가치 있는 이유는 대개 인간의 행동을 예측하는 데 도움을 주기 때문이다. 인간 행동의 '이유'를 밝히는 것은 수백 년 전부터 우리의 관심 주제였다. 이미 1장에서 언급했듯이 인간이 어떻게 행동해야 하는지에 대해서는 수없이 많은 글이 있다. 그 '어떻게'에 관한 원칙 체계를 발전시키는 데는 분명 종교가 중요한 역할을 해 왔으며, 그 원칙들 중엔 보편적인 것도 있고 특수한 것도 있다. 우리가 하는 행동의 이유를 과학자와 철학자가 고민하고 연구하기 시작한 것은 비교적 최근의 일이다. '신(혹은 그에 필적할 만한 존재)이 그렇게 말씀하셨기 때문'이라는 식의, 수천 년 전에도 가능했던 그런 만족스럽지 못한 설명에서 벗어나기 시작한 것이다. 학계에서 그나마 오랫동안 인간의 행동을 설명해온 방식 중 하나는 적어도 합리적인 사람이라면 자신의 이익을 극대화하는 방향으로 행동한다는 것이다. 이 설명의 기원을 애덤 스미스의 《국부론》에 나오는 다음과 같은 구절에서 찾기도 한다. "우리가 저녁 식사를 기대하는 것은 정육점 주인과 양조장 주인, 빵집 주인이 자비로워서가 아니라 그들이 자기 이익을 추구하기 때문이다"(Smith 2007).

물론 이 같은 설명으로 비영리 분야에서의 인간의 행동을 이해하기엔 부족한 면이 있다. 하지만 비영리 분야에 속한 사람들이 거짓말하거나 상대방을 기만하는 이유를 대략적으로나마 이해하는 데는 도움이 된다.

비영리단체를 이끄는 사람들은 이따금 거짓말을 하거나, 과장해서 말하거나, 애매하게 표현하거나, 얼버무리거나, 사실을 왜곡하거나, 솔직하지 못하게 말하거나, 아니면 의도적으로 사실과 다른 이야기를 전달해 상대방을 기만하는 것이 자기 자신이나 단체에 이익이 되는 상황에 부딪칠 때가 종종 있다. 예를 들면 "골칫거리나 불편한 결과를 피하려고, 자기에게 유리한 관점을 부각시키려고, 단체의 경영진을 보호하려고, 단체가 갖고 있는 믿음이나 관점을 유지하려고"(Belton 2005) 그러는 것이다.

내 경험에 비춰 보면, 비영리단체 경영진이 평소에는 정직하다가도 거짓말을 하거나 기만하게 될 때는 몇 가지 이유가 있다.

책임 있게 행동했을 때 뒤따르는 결과를 피하려고. 어떤 때는 성공 가능성이 아주 높은 일을 성실히 수행하려고 노력했음에도 불구하고 그 결과가 좋지 않아서 단체를 난감하게 만들기도 한다. 그래서 일부 단체는 예측 불가능하거나 통제 불가능한 상황이 결과에 영향을 끼친다는 것을 인정하는 문화를 갖고 있다. 이런 단체는 불확실한 조건에서 의사결정을 내리는 전문가를 고용하려고 한다. 모든 결정엔 지나고 보면 잘못된 결정일 수 있는 위험요소가 있다. 일부 이사회는 이런 점을 감안하지만 그렇지 않은 이사회도 있다. 최고경영자도 마찬가지다. 그래서 어떤 직원이 자기가 제어할 수 없는 환경에서 불완전한 정보를 갖고 나름대로 합리적인 결정을 내렸으나 좋지 않은 결과로 이어질 경우 그 직원은 징계처분을 받게 되며 심지어 해고될 가능성도 있다. 더욱이 조직 내 다른 사람들이 책임을 면하고 권력을 유지하기 위해 의사결정에 거의 관여하지 않은 사람이 희생되는 경우도 적지 않다. 뿐만 아니라 단체에 피해를 주는 어떤 사건이 발생하여 내부에서든 외부에서든 이해관계자들이 조사를 할 때에도 각 단계마다 거짓말을 부추기는 요인이 있을 수 있다. 특히나 과거에 개인의 이익보다 단체의 이익을 위해 노력했는데 결과적으로 일이 잘못되어 징계를 받은 사람이 있다면 거짓말을 하게 될 가능성이 더 높아진다.

협상 결과에 영향을 주고 싶어서. 비영리단체와 관계된 모든 사람의 주된 업무 중 하나는 자원을 얻기 위해 단체 안팎에서 경쟁하는 것이다. 그러다 보니 어떤 일을 해낼 수 있는 자신의 능력을 부각시키거나, 마감 기일을 맞추기 위해, 또는 다른 사람들의 행동을 이끌어 낼 만한 충분한 영향력이 있다는 것을 입증하기 위해 이야기를 그럴듯하게 부풀리는 것이 보통이다. 모금활동의 경우, 기부자가 당초 생각했던 것보다 더 많은 금액을 기부하게 만들 수 있다면 무슨 일이든 하려고 하기도 한다. 거의 말할 필요도 없는 얘기지만, 거짓말이 금세 들통나 응분의 대가를 치러야 할 것 같으면 사람들은 절대 거짓말하지 않을 것이다. 그러나 거짓말을 해도 아무런 대가를 치르지 않는 경우가 많다. 누군가가 거짓말을 해도 그 말을 들은 사람이 한참 뒤에야 거짓이 포함되어 있었음을 알아챈다면 특히 그렇다. 그런 경우 거짓말이 정확히 기억나지 않을뿐더러 의도적으로 거짓말한 것인지 아니면 단지 상황이 바뀌어서 그런 것인지를 명확히 밝혀낼 만한 증거도 충분하지 않을 것이다.

곤란한 상황을 피하고 싶어서. 우리는 대부분 잘못을 인정하는 것을 매우 불편해 한다. 부정적인 결과가 따르지 않을 때도 마찬가지다. 잘못을 인정하기를 주저하는 마음을 다스리기 위해 내가 몇 년 전부터 시도해 온 방법이 있다. 누군가에게 피해를 주는 잘못을 하면, 무조건 '이런, 제가 바보 같은 실수를 했습니다'로 시작하는 이메일이나 편지를 쓴다. 잘못을 저지르게 된 상황을 설명하고 정중히 사과한다. 가능하면 보상할 방법도 제안한다. 거의 대부분의 경우, 편지를 받는 사람은 솔직하게 잘못을 인정한 것에 고마워하며 사과와 보상 방안을 수용한다. 그리고 대부분의 경우, 그 상황에서 어떻게 해야 할지 걱정하느라 귀한 시간을 낭비할 필요가 없으니 내 기분도 훨씬 좋다.

평소엔 정직한 사람이 거짓말을 하게 되는 것은 대개 거짓말하는 편이 진실을 말하는 것보다 더 이익이라고 느껴서다. 물론 그 느낌은 맞을 때도 있고 틀릴 때도 있다. 어쨌거나 앞에서 살펴본 목적론적 윤리관을 따른다면, 더 큰 이익을 가져오는 거짓말은 정당하다고 여길 것이다. 하지만 거짓말이 단기적으로는 이익이더라도 거짓말이 들통나서 신뢰를 잃는 등의 비용을 감안하면 장기적으로는 손해인 경우가 꽤 많다.

비영리 분야의 거짓말

비영리단체를 관리하고 경영하는 사람들은 선출되거나 임명된 정부 관료와 마찬가지로 공공자원을 위탁 관리하는 위치에 있다. 그래서 영리기업 관리자와 달리 그들에게는 적어도 개인의 이익보다 자기가 속한 단체에 가장 이익이 되는 의사결정을 해야 하는 의무가 있다(충실 의무). 영리기업 관리자도 거짓말을 하면 공공에 피해를 줄 수 있다는 데 당연히 동의할 수 있다. 하지만 이론상 영리기업이 신뢰를 저버리면 시장엔 대안이 있다. 소비자들은 그 기업을 외면하고 다른 기업을 이용하면 되고, 문제의 기업은 파산하고 말 것이다. 거짓말에 따른 경제적 손실이 사업주에게 발생하는 것이다. 하지만 정부나 비영리 분야는 그렇지 않다.

신문 보도를 통해 알려진 바와 같이 영리 분야, 비영리 분야, 정부 어디에나 거짓말하는 사람은 있다. 비영리 분야의 경우 전체 기부금 중 사업에 직접적으로 사용되는 비율과 모금활동에 투입되는 비율을 잠재적 기부자에게 거짓으로 말하는 모금활동가가 있을 수 있다. 1980년대에 '새 시대 자선사업New Era Philanthropy'이라는 피라미드형 사기조직을 만든 존 베넷John Bennett은 아주 그럴듯하게 꾸며 낸 거짓말로 자산이 많고 정교한 체계를 갖춘 비영리단체 여러 곳을 속이는 데 성공했다. 단기간에 두 배로 불려 주겠다며 거액을 투자하게 만든 것이다. 직원을 성적으로 괴롭히거나 공금을 횡령한 혐의로 고발당한 비영리단체 경영자들은 그 혐의가 사실이더라도 처음엔 거짓말하는 것이 보통이다. 직원이 잘못을 저질러 해고된 경우에도 사직 이유에 대해 최고경영자가 거짓으로 답하는 일도 흔하다. 그럴 경우 그 문제의 직원이 다른 단체에 들어가 같은 잘못을 또 저지를 위험이 크다. 그럼에도 최고경영자 입장에서는 자칫 부당해고 소송에 휘말릴 수 있어서 그렇다고 항변할 것이다. 아니면 사직한 직원과 단체가 서로 곤란해지는 상황을 피하기 위해 진짜 사직 이유를 밝히지 않기로 일종의 합의를 했을 수도 있다.

거짓말은 보통 비윤리적이라고 생각되지만, 진실을 말하는 것이 오히려 해로운 결과로 이어질 것 같을 때는 간혹 용인되기도 하고, 어떤 경우 박수를 받기도 한다. 이런 상황을 어떻게 보느냐는 윤리적 관점에 따라 달라진다. 의무론적 윤리관은 거짓말이 거의 언제나 옳지 않다고 주장한다. 반면에 목적론적 윤리관은 진실의 결과가 대단히 심각할 경우 거짓말이 정당화될 수 있다고 주장한다. 엄격한 의무론적 윤리관(칸트가 지지했던 것과 같은)은 어떤 이유에서든 거짓말은 도덕적으로 잘못된 것이라고 주장한다.

미국의 한 복합기업에서 윤리와 준법감시 책임자를 맡고 있는 팀 매저Tim Mazur (2015)는 진실을 말해야 하는 이유를 이렇게 설명한다.

첫째, 거짓말은 인간으로서 내가 가진 가장 중요한 자질, 즉 자유롭고 합리적인 선택을 할 수 있는 능력을 부패시킨다. 거짓말을 한다는 것은 나에게 도덕적 가치를 부여하는 나의 일부분을 부정하는 것이다. 둘째, 거짓말은 다른 사람이 합리적인 선택을 할 수 있는 자유를 빼앗는 것이다. 진실을 알았더라면 A를 선택했을 사람들이 나의 거짓말로 인해 B를 선택한다면 나는 그들의 인간적 존엄과 자율성을 해친 것이다.

이 같은 논리에 힘을 실어 주는 신학자의 관점도 있다. 진실을 말하는 것은 단순히 도덕적으로 옳은 일이기만 한 것이 아니라, 진실을 말하지 않을 경우 사회에 단절이 생길 수 있다고 주장한다.

진실을 말하는 것은 정확한 소통이 일어나기 위한 필수요소이며, 사람들 사이에 진정한 상호작용을 가능케 한다. 즉, 진실을 기대할 수 없다면 소통은 금세 중단되고 말 것이다. 누구도 진실을 기대하지 않는 사회에 산다고 상상해 보자. 뭐가 진실이고 뭐가 거짓인지 어떻게 가려낼 수 있겠는가? 그 어떤 것도 진실을 기대할 수 없다면 무엇을 근거로 중요한 결정을 내린단 말인가? 정직이라는 규범이 없는 삶은 대단히 혼란스러울 것이다(Rae 2012).

거짓말을 정당화하는 목적론적 윤리관의 한 가지 문제점은 거짓말한 사람(혹은 그 사람이 거짓말하면서까지 위하는 단체)은 그 거짓말로 인해 상당한 이익을 보지만 거짓말을 들은 사람은 상당한 손해를 입게 된다는 점이다.

그리고 단체와 단체의 사업에 도움을 주기 위해 하는 거짓말과 단체에 피해가 가더라도 개인의 이익을 위해 하는 거짓말에는 엄연한 차이가 있다. 윤리 딜레마는 조직에 충성하기 위해 거짓말하는 것과 거짓말하면 안 된다는 개인적 신념 사이에서 결정을 내려야 할 때 발생한다.

하얀 거짓말

말을 하는 사람이 거짓임을 알면서도 유익한 목적을 위해 하는 것이 바로 하얀 거짓말이다. 사회생활을 하다보면 사적으로나 업무적으로 곤란한 상황을 피하기 위해 이따금 하얀 거짓말을 해야 할 때가 있다.

직장이 비영리단체인 경우 아마도 동료 직원이나 기부자, 혹은 경영진의 감정을 상하게 하지 않기 위해 하얀 거짓말을 하는 것이 도덕적으로 용인이 될 것이다.

여러분이 자선단체 최고경영자라고 상상해 보자. 예산의 상당 부분에 대해 자금 지원을 책임지는 이사 한 명이 불쑥 자신을 어떻게 생각하느냐고 묻는다면, 여러분은 뭐라고 답할 수 있을까? 여러분은(그리고 다른 이사들도) 그가 매우 무례하다는 것을 안다. 이럴 때 솔직히 대답할 경우 여러분의 지위가 위태로워질 것이라는 데 대부분 공감할 것이다. 물론 엄격한 칸트 윤리학을 지지한다면 진실을 말하려고 할 것이다. 하지만 비영리단체를 성공적으로 이끄는 사람 중에 그런 사람은 많지 않을 것 같다.

조직 내에서 일반적으로 볼 수 있는 속임수

거짓말은 기만의 한 형태이지만 모든 기만이 거짓말을 포함하는 것은 아니다. 일을 하지 않으면서 일하는 척하는 것이 대표적인 예다. 딱히 거짓말을 하지는 않지만 다른 사람의 공로를 가로채려는 듯한 모습도 일종의 기만이다.

직장에서는 기만적인 행태를 "흔히 볼 수 있으며, 개중에는 사실 일상 업무를 처리하는 데 도움이 되는 것들도 있다"(Shulman 2008). 속임수의 가장 흔한 예로는 자기비판을 하지 않는 것, 업무를 회피하거나 다른 사람이 대신 하게 함으로써 책임을 모면하는 태도, 아프지 않는데도 병가를 내거나, 동료들보다 더 좋은 대우를 받으려고 관리자들에게 아첨하는 행동 등이 있다.

어느 직업이나 전적으로든 부분적으로든 속임수를 이용한다는 것은 흥미로운 일이다. 전후맥락을 고려하면 이것을 부도덕하다고 보는 사람은 별로 없을 것이다. 예컨대 정부 스파이와 위장근무를 하는 사법 경찰은 일상적으로 치밀한 속임수를 쓴다. 농구선수가 상대팀 선수를 속이는 동작으로 공을 빼내는 경우처럼 운동선수들도 속임수에 성공하면 박수를 받는다. 비즈니스에서도 특정한 조건에서는 속임수가 꽤 괜찮게 받아들여진다는 의견도 있다(예를 들어 미국의 유명 소프트웨어 회사 볼랜드Borland International, Inc.를 창업한 필립 칸Phillippe Kahn은 초창기에 돈이 없어 잡지사 광고 영업사원을 속이고 후불 광고를 한 다음 광고비를 지급하고도 남을 만큼 크게 성공했다. Rae 2012 참조).

그렇다면 비영리단체 임원이 채용 대상자와 연봉 협상을 할 때, 사실은 더 높은 금액을 제안할 생각이 있으면서도 "5만 달러가 제 마지막 제안입니다"라고 말한다면, 이 또한 거짓말을 하는 것일까? 허세나 엄포는 기만의 한 형태를 가리키는 표현이다. 하지만 허세나 엄포가 하나의 전략으로 받아들여지는 상황도 분명 있다. 특히 비즈니스 협상에서 양측이 그것을 하나의 전략으로 받아들인다면 부도덕한 것이 아니다.

비영리단체에서 볼 수 있는 속임수

기부금을 기부자가 원하는 목적과 다른 목적으로 사용하는 수준의 속임수는 목적론적 윤리관을 사용하면 도덕적으로 정당화될 수 있을 것이다. 그러나 일간지 1면에 보도되는 범죄 수준의 사기는 비영리 분야의 명성에 먹칠을 하고 대중으로 하여금 자신들의 기부금이 제대로 전달될지에 대해 회의를 품게 만든다. 그동안 비영리 분야에서 일어난 몇 가지 악명 높은 스캔들은 이 책 서문에 언급되어 있다. 어느 단체나 전국적으로 화제가 될 정도는 아니더라도 지역 매체에서 한두 단락 정도 다룰 만한 사건은 수백 가지가 있을지도 모른다. 물론 정부의 불충분한 규제와 집행 때문에 혹은 내부고발자를 희생양으로 만드는 조직 문화 때문에, 앞으로도 절대 밝혀지지 않을 사기와 횡령, 이해관계의 충돌, 뇌물 수수, 착취 사례가 얼마나 많은지는 알 수가 없다.

슐만(Shulman 2008)은 영리단체보다 비영리단체에서 속이는 행동이 더 많이 일어나는 것을 보여 주는 데이터를 수집했다. 그 이유를 설명하는 근거는 다음과 같다.

- 비영리단체 직원들은 금전적 자원을 확보해야 한다는 압박을 더 크게 느낀다.
- 비영리단체는 자원봉사자나 학생 인턴, 낮은 임금을 받는 단기 노동자, 그리고 금전적인 보상보다 이력서에 포함시킬 경험이 필요해서 지원한 사람들을 활용할 때가 많다.
- 비영리단체는 대개 영리단체보다 규모가 작아서 관리체계가 비교적 단순하고 '더 많은 자유재량'을 허용하기 때문에 관리 감독과 책무성이 약하다.
- 비영리단체는 어떤 특별한 공익적 사명을 완수하기 위해서라면 속임수도 정당화될 수 있다고 보는 '정의로운 열의가 원동력이 되어 움직이는' 경향이 있다.

슐만(Shulman 2008)은 비영리 분야에서 볼 수 있는 속임수를 다음과 같이 분류했다.

- 편파적인 태도
- 기부자가 오해하도록 유도하기
- 경쟁 상대에게 정보를 제공하지 않기
- 특정 사업에 자금 지원 몰아주기
- 이해관계의 충돌
- 탈세
- 프로그램 운영비와 간접비 비율 허위 표시
- 기부금액 허위 보고

비영리단체에서 일어나는 다른 여러 가지 형태의 속임수는 이 책의 부록을 통해서 확인할 수 있다.

결 론

아마도 10년 전쯤, 자선단체들은 이타심 혹은 이타심의 부족을 유전학적으로 설명하려고 하는 과학 연구에 관심을 보이기 시작했다.

실제로 한 독일 연구팀(Reuther et al. 2011)은 이타심이 유전자와 관계가 있다는 증거를 발견했다. 이 같은 연구 결과는 모금기관에 실질적인 영향을 줄 만한 것이어서 당시 비영리 분야 연구자들 사이에 동요가 일기도 했다. 그렇다면 거짓말과 속임수에도 어쩌면 뭔가 생물학적 근거가 있을지 모른다. 노벨상을 받은 물리학자 머리 겔만Murray Gell-Mann 은 그의 중요한 저서 《쿼크와 재규어The Quark and the Jaguar》(1994)에서 생존 가능성을 높이기 위해 속임수를 쓰는 동물들의 사례를 보여 준다. 일부 곤충들이 주변의 물체나 다른 동물들을 흉내 내는 것과 같이 잘 알려진 사례도 있지만 남의 둥지에 알을 낳는 새의 경우처럼 비교적 덜 알려진 사례도 있다. 카멜레온은 포식자를 속이기 위해 주변의 사물들과 비슷하게 몸의 색깔을 변화시키는 것으로 유명하다.

"하지만 진짜 거짓말이라고 할 수 있을까?" 겔만은 이렇게 질문하며 생물학자인 친구에게서 들은 이야기를 전한다. 그 생물학자는 새 떼를 관찰했는데, 보초를 담당하는 새가 있어서 무리 지어 함께 날다가 맹금류가 다가오면 특이한 소리를 내서 다른 새들에게 경고를 보내곤 했다. 그런데 보초 새들이 이따금 맹금류가 다가오지 않는데도 위험 신호를 보내는 모습이 생물학자의 눈에 포착됐다. 생물학자가 횟수를 계산해 보니 보초 새가 보내는 전체 신호 중에 15%가 거짓 신호였다. 생물학자는 '보초 새가 거짓 경보음을 냄으로써, 그렇지 않았으면 같은 무리의 다른 새들이 먹었을 작은 먹이들을 차지한다'는 사실을 발견했다. '거짓' 신호가 15%인 이유에 대해서는 그 비율이 더 높으면 나머지 새들이 보초 새를 신뢰하지 않을 것이고 그보다 비율이 더 낮으면 별로 얻는 것이 없어서 생산적이지 못한 거짓말이 될 것이라는 의견이 있다.

이 이야기를 더욱 흥미롭게 만드는 것은 그 15%라는 숫자가 수학에서 1을 2π (3.14×2)로 나눈 기본 상수(15.9%)에 가깝다고 겔만이 말하자 동료 물리학자가 보인 반응이다.

내가 그 얘기를 하자 찰스 베넷Charles Bennett〔양자계산의 대가 — 옮긴이〕은 아버지에게서 들은, 제2차 세계대전 당시 영국에 주둔했던 캐나다 공군부대 이야기를 떠올렸다. 당시 캐나다 공군은 전투기 한 대와 폭격기 한 대를 함께 출동시킬 때 이따금 전투기를 폭격기 위쪽이 아니라 아래쪽에 위치하게 함으로써 독일 공군을 속이는 것이 효과가 있다는 사실을 발견했다. 수차례 시도 끝에 캐나다 공군은 일곱 번에 한 번 꼴(1을 2π로 나눈 값과 비슷한 14.3%)로 그런 속임수를 썼다고 한다.

이 이야기에서 어떤 확실한 결론을 끌어낸다면 확대해석이 될 것이다. 하지만 내 생각에 경제적으로 행동하는 사람이 목적론적 윤리관에 따라 비용보다 이익이 클 경우 거짓말을 하고 속임수를 쓰려고 한다면, 그리고 그 거짓말이 절대 발각되지 않고 확실히 효과를 발휘할 것으로 예상된다면, 약 15%라는 이 기준이 우리의 DNA에 유전적으로 심어져 있는 것인지도 모른다.

그렇다면 거짓말과 속임수도 생물학적으로 타고나는 것일 수 있다. 어떤 사람은 거짓말이나 속임수가 비난받을 일이라고 여기는 유전적 구조를 가진 반면, 그렇지 않은 사람은 이익을 얻기 위한 전략으로 거짓말과 속임수를 더 자주 사용하는 것이다.

토론해 봅시다

1. 비영리단체 직원들은 영리단체 직원들보다 대체로 더 정직하고 이타심이 강하다고 생각하는지 이야기해 보자. 비영리 분야를 직업으로 선택하는 사람들에게 뭔가 다른 점이 있다면 그것을 유전적 차이로 설명할 수 있을지 아니면 자라온 배경이나 문화의 차이 때문일지, 아니면 둘 다로 설명할 수 있을지 이야기해 보자.

2. 앞에서 언급한 갤럽 설문조사에 포함된 기관의 목록을 다시 한 번 살펴보고 지금의 정치적 분위기가 다음 번 설문조사 결과에 어떤 영향을 미칠 것 같은지 이야기해 보자.

3. 일반적인 비영리단체 최고경영자가 근무시간 내내 한 번도 하얀 거짓말을 하지 않고 지낸다는 것이 불가능한 일은 아니지만 대단히 어려울 것이라는 가정에 대해 의견을 나눠 보자. 하얀 거짓말이 아닌 다른 거짓말은 어떨까? 어떤 경우에 그런 거짓말이 정당화될 수 있을까?

활동해 봅시다

1. 이타심과 유전자 사이의 관계를 다룬 대중매체나 전문지 기사를 찾아 읽고 주변 동료들과도 공유해 보자.

2. 기업 경영자를 초대해 비즈니스 협상에서의 속임수를 주제로 강연을 듣고, 언제 속임수가 용인되며 어떤 경우에 비윤리적인 행위가 되는지 토론해 보자.

3. 〈워싱턴포스트〉 데이터베이스를 검색해 비영리단체의 자금 유용 관련 기사가 있는지 찾아보자. 그중에서 좋게 보면 기만이고 나쁘게 보면 거짓으로 의심되는 사례를 골라 다른 곳에서도 그 정보를 확인할 수 있는지 살펴보자.

제5장

모금 윤리

자선단체라는 현대 제도는 사실 수천 년 전에 쓰인 종교 저술들에서 그 뿌리를 찾을 수 있다(Levenson et al. 2013). 모든 주요 종교는 전통적으로 자선활동을 신의 일을 행하는 길이라고 여긴다. 종교계는 물론이고 종교계 밖에서도 형편이 어려운 사람들을 돕기 위해 돈과 물품을 지원해 달라고 하는 전통은 미국 문화의 강렬한 측면으로 발전해 왔다. 이러한 현실은, 다른 서구 국가들이 노약자와 가난한 사람들의 필요를 충족시키는 일에 비교적 적극적인 역할을 해 온 데 반해 미국 정부는 오래전부터 간접적인 역할만 해 온 것과도 관련이 있다(Grobman 2015a).

정부는 여러 가지 상황과 유권자들의 요구에 따라 인적 서비스를 위한 기금을 마련해 비영리단체에서 그 서비스를 제공하게 한다. 유권자들의 의견이 분분하고 논란의 여지가 있는 서비스는 피하려고 하겠지만, 그런 서비스에 기여하는 민간에 세제 혜택을 통해 간접적인 지원을 해 줄 것이다. 이런 서비스를 제공하는 단체들은 정해진 신고기준과 책무를 성실히 이행하면 세금을 면제받을 수 있다. 이들 단체에 기부한 이들은 기부금 액수만큼 연방소득세를 공제받는다. 만약에 어떤 사회문제를 해결해 공공의 이익을 확대하고 싶은데, 정부가 직접 나서도록 설득하는 것이 불가능하다면 이런 면세 단체를 직접 만드는 것도 방법이다. 뜻이 같은 사람들과 함께 위원회를 조직해 독립적으로 관리·경영하면서 대중으로부터(세금공제 혜택이 있는) 자금 후원을 받으려고 노력하는 것이다(Grobman 2015a).

2016년에 개인과 기업, 재단이 자선단체에 기부한 금액은 약 3,900억 달러다(Sandoval 2017). 기부자가 자발적으로 비영리단체에 수표를 발행하는 경우도 분명 있지만, 자선단체 기부금의 대부분은 개인과 기업, 재단을 상대로 한 모금활동의 결과물이다. 과거에 있었던 비윤리적이고 사기성 짙은 모금활동 탓에 미국 내 거의 모든 주에서는 자선사업 목적으로 모금활동을 하려면 사전에 등록을 하도록 법으로 정했다. 또한 재무활동에 관한 보고서를 정기적으로 제출해야 한다. 사전 등록이 필요하지 않는 주는 델라웨어, 아이다호, 인디애나, 아이오와, 몬태나, 네브래스카, 사우스다코타, 텍사스, 버몬트, 와이오밍뿐이다(Multi-State Filer Project 2017). 연방정부 역시도 자선단체의 모금활동에 제약을 두고 있다. 연방정부는 자선단체로 하여금 정말로 면세 혜택을 받을 자격이 있는 기부금에 대해 사실대로 보고할 것을 요구한다. 뿐만 아니라 전문 모금활동가에게 지급한 비용과 전체 모집 비용, 고액 기부자 정보(부속서류 B를 사용해), 그리고 전문적인 모금활동 서비스에 관한 자세한 정보(부속서류 G를 사용해)를 매년 세무신고서에 기입해 보고하도록 규정하고 있다. 연방정부는 면세 지위 신청서를 제출하고 기준에 충족한 단체에 한해 세금 면제 및 공제 혜택을 준다(IRS 2015a).

최근 몇 년 사이 모금활동이 매우 정교하게 발전했다. 기술의 발달로 기부자와 직접 만나는 일은 크게 줄었다. 모금활동이 직업화되면서 자격증 제도 및 교육, 대학 과정이 생기고 모금활동의 효율성을 높이는 전문 소프트웨어 프로그램까지 등장했다(Grobman 2015a). 더불어 모금활동과 관련 있는 여러 가지 이슈를 다루는 윤리강령도 발전을 거듭해 왔다(10장 참조). 그러나 이 모든 변화에도 불구하고 여전히 어두운 측면이 있다. 비영리단체의 부정행위와 부실경영 사례들이 이목을 끌면서 기부금을 내면 정말로 자선사업에 쓰일지 여부에 대한 대중의 회의가 더 심해진 것이다. 예를 들면 CNN의 드류 그리핀Drew Griffin 기자가 1년간 취재한 결과 미국의 50개 자선단체가 '모금한 기부금 중에 현금으로 지원하는 비율이 4% 미만'인 것으로 확인됐다. "한 당뇨환자 지원 단체는 10년간 1,400만 달러 가까이 모금했지만 환자에게 지급된 금액은 약 1만 달러에 불과했다. 목적에 맞게 사용한 현금이 전혀 없는 단체도 여섯 곳이나 됐다"(Hundley & Taggart 2013). 〈시카고 트리뷴〉은 아동구호 사업을 펼치는 '세이브더칠드런 연맹'의 괴상한 행태를 폭로하기도 했다. 장기 후원 프로그램에 참여한 기부자들에게 후원을 받던 아동이 이미 5년 전에 사망했음에도 그 사실을 알리지 않은 것이다(Anderson 1998).

비영리단체가 지켜야 할 윤리 중에서 특히 모금활동과 관련성이 높은 것들을 살펴보자.

(1) 모금활동을 할 때는 모든 법과 규정, 규제를 준수해야 한다

미국 연방정부는 모금활동 내역 공개 및 증빙, 기록 관리를 법으로 규정하고 있다. 39개 주와 컬럼비아 특별구District of Columbia 역시 등록 및 신고를 요구한다. 전화 권유 횟수와 방문 권유, 공공장소나 사유지에서 주인의 허락 없이 모금활동을 펼치는 것을 제한하는 지역정부도 있다. 모든 단체는 '권유 사절'이라고 적힌 게시물이나 팻말을 존중해야 하며, 모금활동 담당자들이 이러한 규정을 잘 알고 준수하도록 지도해야 한다. 뿐만 아니라 규정을 위반할 시에는 설령 단체에 보탬이 되고자 선의로 그랬더라도 징계를 받게 될 것임을 철저히 강조해야 한다. 또한 직원들에게 법은 물론이고 단체 내부 규정을 위반하는 행위를 발견하면 반드시 보고하도록 적극 권장함으로써, 다른 동료들이 불법 혹은 비윤리적인 행동으로 그 단체와 비영리 분야 전체의 명성을 해칠 때 외면하지 않도록 해야 한다.

(2) 사생활과 기밀은 반드시 보호되어야 한다

비영리단체는 익명을 조건으로 기증품이나 기부금을 제공한 기부자의 신원을 보호해야 한다. 신용카드 정보(지불카드 업계의 정보 보안 기준은 https://en.wikipedia.org/wiki/Payment_Card_Industry_Data_Security_Standard 참조)와 사회보장번호, 이메일주소, 그리고 단체에서 작성한 기부전망 보고서까지 보안을 유지해야 한다. 이 정보를 알아야 할 합법적인 이유가 있거나, 기부자가 동의한 경우를 제외하고는 누구에게도 공개하면 안 된다. 또한 기부자는 자신의 주소와 이메일주소 등이 다른 비영리단체나 영리업체에 공유되는 것을 거부할 수 있는 선택권을 보장받아야 한다. 모금활동과 기부물품 처리, 데이터 관리 및 분석

등을 제3자에게 맡겨 민감한 정보를 외부로 내보내야 하는 단체는 서비스를 계약할 때 기부자의 사생활 및 기밀정보 보호 의무를 반드시 명시해야 한다.

(3) 단체는 기부자가 정한 기부금 사용 제한을 지켜야 한다

단체의 관점에서 보면, 기부금이 사용되는 방식에 어느 정도 융통성이 개입되는 것은 충분히 있을 수 있는 일이다. 설령 그 방식이 기부자가 정해 놓은 목적에 그다지 부합하지 않더라도 말이다. 하지만 기부자의 분명한 허락 없이 기부자가 예상한 것과 다른 목적으로 기부금을 사용하는 것은 윤리적으로 옳지 않다. 단체에 더 이익이 될 것이라는 확신이 들어 기부자에게 다른 대안이나 연관된 사용처를 제안해 보는 것은 전혀 문제가 되지 않는다. 용도 제한 없이 사용할 수 있는 기부금을 권유할 때는 기부자에게 그 의미를 명확하게 설명해야 한다. 목적이 한정된 기부금을 관리, 기록하고 보고하려면 비용이 들기 때문에, 많은 단체들이 그렇게 용도를 지정할 수 있는 기부금에 대해서는 수령 가능한 최소 금액 기준을 정해 놓는다. 이 같은 기부 수령 정책에 따라 소액 기부금은 단체가 알아서 도움이 가장 절실한 곳에 사용한다.

(4) 공식적인 기부 수령 정책이 있어야 한다

받을 수 없는 기부(돈과 물건 모두)와 이의 심사 절차에 관한 규정이 문서로 정리되어야 한다. 단체의 기부 정책에 부합하지 않는 가치를 추구하는 사람의 기부는 받으면 안 된다. 기부 수령 정책에는 다음과 같은 내용이 포함되어야 한다.

- 심각한 범죄로 유죄 판결을 받은 사람의 기부
- 기증품이 단체에 아무런 쓸모가 없을 것 같을 때
- 기부자가 원하는 기부금 사용 목적을 단체가 받아들일 수 없을 때
  (예컨대 불법 혹은 비윤리적인 목적으로 사용되길 요구할 때)
- 기부자가 자선단체의 브랜드를 활용하려는 의도가 있으며, 그 정도가 지나쳐 자선단체가 수용할 수 없는 수준이고 자선단체에 도움도 안 될 때

기부 수령 정책 예시는 신시내티 지역을 대표하는 비영리재단 '그레이터 신시내티Greater Cincinnati Foundation' 웹사이트를 참고하면 좋을 것이다.

(5) 모금활동가에 대한 보상이 모금액을 기준으로 이뤄져서는 안 된다

모금활동 분야의 대표자들은 모금활동가에게 그들이 모금한 금액을 기준으로 비용을 지급하는 것에 사실상 한목소리로 반대해 왔다. 중개수수료(기부를 성사시킨 제3자에게 지급하는 비용. 기부가 실제로 이뤄진 경우에만 지급)나 대행수수료, 성공사례금, 모금액의 일정한 비율을 지급하는 방식 모두 반대한다(AFP 2001). 한 가지 이유는 그럴 경우 모금활동가들이 자신의 이익을 위해 단기간에 더 많은 기부금을 모을 수 있는 방법을 시도하도록 자극한다는 것이다. 그 방법이 비윤리적이고 부적절할 뿐만 아니라 단체에 도움이 되지 않는다 하더라도 개의치 않게 된다. 또 다른 이유는 그런 식으로 보상을 하면 자선사업을 목적으로 기부된 돈이 곧장 개인의 이익을 위해 사용된다는 인상을 준다(미국 모금전문가협회 윤리위원회가 작성한 모금액 기준 보상에 대한 의견서, AFP 2001 참조). 주목할 것은 모금 실적을 바탕으로 한 보너스

지급은 용인된다는 점이다. 다만 모금 액수를 근거로 한 것이 아니라 목표를 달성하거나 초과했을 때 지급하는 방식이어야 한다. 모금활동 가가 아닌 직원들도 실적에 기반한 보너스를 받을 수 있을 때는 특히 그렇다.

(6) 비영리단체는 모금활동과 관련된 비용을 투명하게 공개해야 한다

비영리단체는 기부를 고려하고 있는 사람이 요청할 경우 기부금 중에 모금활동에 사용되는 금액이 대략 얼마인지를 성실하게 알려 줘야 한다. 어느 한 사람의 기부금으로 계산하는 것이 현실적으로 어렵다면 가장 최근 회계연도 자료를 바탕으로 추정해서 알려 줘야 한다. 제3의 모금활동가를 활용하는 것에 대해서도 투명하게 공개해야 한다. 미국의 많은 주에서는 자선단체와 외부 모금활동가 사이의 계약 내용을 관계 기관에 제출하도록 요구하며, 그 내용을 누구나 볼 수 있게 공시하는 주도 있다는 점에 주의하라. 뿐만 아니라 전문적인 모금활동 서비스에 드는 비용이 연간 1만 5천 달러를 초과할 경우 해당 단체는 모금활동 서비스 단체와의 관계를 양식 990 세무신고서의 부속서류 G에 공개해야 한다.

(7) 기부자들은 기부의 대가로 단체에 부당한 영향력을 행사하거나 부당한 혜택을 받으면 안 된다

기부금에 대해 세금 감면 혜택을 주는 배경에는 기부자가 물질적인 가치를 지니는 그 어떤 것도 받지 않고 무상으로 기부한다는 전제가 깔려 있다. 하지만 이런 원칙을 무시하고 단체에 특이하고 부적절한 요구를 하는 기부자들이 적지 않다. 기부를 권유할 때는 누구에게나 제공되는 것 이상의 어떤 구체적인 혜택과 결부시키면 안 된다. 물론 합리적인 수준의 감사 표시는 예외일 수 있다. 예를 들어 기부를 권유하거나 확정할 때 기부금의 대가로 미국 국세청이 허용하는 범위를 넘어서는 수준의 특혜(대학 우선 입학이나 건강관리시설 이용권 등)를 제공하면 안 된다. 거꾸로 이런 특혜를 받는 조건으로 기부금을 요구해서도 안 된다. 이런 방식은 각종 혜택에 대해 비용을 지불하는 것이지 무상 기부가 아니다. 따라서 세금 감면 혜택을 받을 수 있는 조건이 안 된다. 어떤 건물에 자신의 이름을 붙이는 조건으로 거액을 기부하는 경우도 사실상 무상 기부가 아니기 때문에 세금 감면 혜택을 받으면 안 된다고 주장하는 사람도 있을 수 있다. 많은 기업들이 스포츠경기장이나 그런 공간에 기업의 이름을 사용하는 조건으로 수백만 달러를 지불하는 것과 같이 기부가 아니라 일종의 서비스 이용료를 지급하는 것에 불과하다는 논리다(Drennan 2012).

(8) 단체는 기부자들이 단체의 프로그램과 활동에 지나친 영향력을 행사하는 것을 거부해야 한다

고액 기부자들이 자신의 기부금으로 운영되는 프로그램에 관여하고자 하는 것은 흔히 벌어지는 일이다. 이따금 그런 관심이 도를 넘어 프로그램의 세세한 부분까지 자신의 영향력을 행사하고 프로그램을 기부자 개인의 관심사 쪽으로 확대하기도 한다. 단체 직원들이 프로그램 수혜자가 아니라 기부자의 요구에 따라 움직이게 만들기도 한다. 따라서 단체는 기부자가 단체의 정책과 프로그램에 함부로 관여할 수 없다는 것을 분명히 밝혀야 한다. 다만 이른바 '벤처 기부'라고 하는 방식처럼 기부자가 경영기법을 전수할 목적으로 자금을 지원했을 때는 예외다(Blodget 2006). 이런 경우 투자를 받기 전에 조건을 명확히 해 둘 필요가 있다.

(9) 모금활동가는 기부자와 일정한 거리를 유지해야 한다

모금활동가와 기부자 사이에 개인적인 친분이 쌓이는 것은 충분히 있을 수 있는 일이다. 하지만 모금활동가들이 간혹 이런 친분 관계를 이용해 사익을 취할 때가 있는데, 이는 엄연히 비윤리적이고 적절치 못한 행위다. 예컨대 기부자가 유언장에 모금활동가의 이름을 포함시키려고 할 경우 모금활동가는 이를 절대 허락해서는 안 된다. 기부자로부터 값비싼 선물을 받거나, 기부자와 연애 관계가 되어서도 안 된다.

(10) 기부 전망 조사는 정당한 목적을 위해서만 해야 한다

기부 전망 조사는 모금활동가가 고객의 기부 능력과 관심사, 기부를 권유하기에 가장 적절한 직원 등에 관한 정확한 정보를 수집하는 활동이다. 그런데 간혹 윤리적인 선을 넘는 방법이 동원되기도 한다. 기부자에게 협박이나 강요 비슷한 영향력을 행사하기 위한 목적으로 민감한 개인정보를 찾고, 수집해서 분류하는 것은 절대 하지 말아야 한다. 기부자에 관한 민감한 정보를 얻기 위해 아무 권한도 없는 데이터베이스에 다른 사람인 척 접근하거나 컴퓨터 해킹을 시도하는 일도 없어야 한다. 민감한 개인정보를 빌미로 간접적으로든 직접적으로든 기부자에게 더 많은 금액을 기부하도록 협박하면 안 된다.

(11) 단체는 재무자료를 투명하게 공개해야 한다

단체는 규제당국과 보조금 제공 기관이 요구하는 회계 원칙에 맞게 프로그램 운영비와 모집 비용을 철저히 구분해야 한다. 그리고 이 자료를 규제당국과 보조금 제공 기관에 성실히 공개해야 한다. 모금액에 비례하는 불합리한 금액을 보상으로 요구하는 제3의 모금활동가와는 계약을 맺지 말아야 한다. 그렇게라도 하는 편이 모금을 한 푼도 못하는 것보다는 이익이라는 생각이 들더라도 그런 계약은 하면 안 된다.

(12) 모금활동가는 기부를 권유할 때
상대방을 괴롭히거나 과도한 압박을 가하면 안 된다

모금활동가는 기부자를 절대적으로 존중하고 기부금에 대한 기부자의 바람을 헤아려야 한다. 상대방이 더 이상 권유하지 않았으면 좋겠다고 표현하면 기꺼이 권유를 중단해야 한다. 기부를 권유한 단체에 기부할 뜻이 없어 보이면 그 또한 거절로 받아들여야 한다. 기부를 권유할 때는 상대방이 원하는 연락 방식을 존중해야 한다. 연락 횟수를 줄여 달라거나 특정한 채널로만 연락해 달라고 할 때도 요구에 따라야 한다(전화하지 말고 이메일로만 연락하라거나 아예 연락하지 말라고 할 수도 있다).

(13) 모금활동가는 상대방의 낮은 지적 능력을 이용해
기부금을 받거나 기부금을 늘리면 안 된다

모금활동가는 18세 이하의 미성년자에게 부모나 후견인의 동의 없이 기부를 권유하면 안 된다. 기부와 기부 약속의 결과를 완벽하게 이해할 수 없을 정도로 몸이 아프거나 불편한 사람을 상대로 기부를 권유하는 것도 안 된다.

(14) 모든 자료와 정보는 정직하고 정확하며 가장 최근 것이어야 한다

모금활동가는 기부금이 전달될 자선단체의 이름과 위치를 정확하게 밝혀야 한다. 만약에 자선단체에 소속되지 않은 모금활동가라면 자신의 소속과 역할도 공개할 필요가 있다. 기부금을 사용하게 될 자선단체의 사명과 모금의 목적을 설명하고, 자선단체의 공식 재무정보를 확인할 수 있는 방법도 알려야 한다. 뿐만 아니라 단체에 관해 궁금한 점이 있으면 물을 기회를 주고, 질문에 솔직하게 답해야 한다.

(15) 모집 비용이 지나치면 안 된다

비록 대법원은 비영리단체의 모집 비용을 법적으로 제한할 수 없다고 판결했지만, 자선단체가 과도한 비용을 들이면서까지 모금활동을 하는 것은 윤리적으로 문제가 있다. 물론 여기서 '과도한'이라는 것이 무엇을 의미하는지를 단정 짓기는 쉽지가 않다. 단체의 유형과 사명, 성장 단계에 따라 다를 수 있기 때문이다. 비영리단체의 사업 비용과 모금 비용의 적절한 기준에 대해서는 수년 간 많은 논의가 있었다. 비영리업계의 표준으로 보이는 최소 기준 중 하나는 단체의 3개년 평균 연간 지출의 65% 이상은 사업을 운영하는 데 직접적으로 사용되어야 한다는 것이다(Charities Review Council 2014). 그렇다면 CNN이 보도한, 퇴역군인을 위한 신생 '자선' 단체 사례는 확실히 윤리적으로 문제가 있다(Fitzpatrick & Griffin 2012).

(16) 온라인으로 기부를 권유할 때는 잠재 기부자에게 온라인과 오프라인 연락처를 모두 알려야 한다

연락처를 제공할 때는 자선단체와 자선단체가 고용한 전문 모금활동가, 그리고 결제처리회사의 관계를 명확히 구분해야 한다. 또한 기부금 전액이 자선단체로 전달되지 않고 일부가 면세를 받지 않는 다른 제 3자에게 제공된다면, 전체 기부금 중에 얼마가 세금공제 혜택을 받을 수 있는지도 기부가 이뤄지기 전에 정확히 알려야 한다.

토론해 봅시다

1. '자선 가로채기|charity jacking'라는 말이 있다. 일부 단체가 "다른 단체가 진행한 모금캠페인 주제나 아이디어를 모방해, 사람들로 하여금 처음 그 캠페인을 시작했던 자선단체인 줄 알고 기부하도록 유도하는 방식"(Kanter 2014)을 뜻하는 신조어다. 이런 방식이 용인될 수 있을 것 같은 경우와 윤리적으로 문제가 되어 보이는 경우를 이야기해 보자.

2. 어떤 프로그램 전체 비용을 지원하는 기부자에게 그 프로그램 운영에 관한 모든 의사결정권을 주면 안 되는 이유를 말해 보자.

3. 어떤 사람이 건물 신축 비용을 기부하면서 그 건물에 자기 이름을 붙여 달라고 조건을 내건다면, 그 기부금은 전액 세금공제를 받을 수 있는지 이야기해 보자.

활동해 봅시다

1. 모금활동과 관련된 부정행위를 취재한 CNN 보도(*CNN* 2013)를 찾아보고 이런 부정행위를 막기 위해 주정부와 연방정부 차원에서 법과 규제를 어떻게 바꿔야 할지 이야기해 보자.

2. 워싱턴 D.C. 외곽에 있는 자선단체들이 컬럼비아 특별구에서 정한 모금활동 관련 법과 규제를 준수하기 위해 따라야 할 절차가 어떤 것들이 있는지 조사해 보자. 특별구에서 정한 요건이 너무 부담스럽고, 부정한 모금활동을 막는 것과 무관한 장치들이며, 어떤 경우 특별구에서 실제로 모금할 수 있는 금액보다 등록 비용이 더 크다며 자선단체들이 관련 법과 규제 준수를 거부한다면 과연 정당화될 수 있을지 의견을 나눠 보자.

제 6 장

거버넌스 윤리

2011년 초 밀튼허쉬학교 재단Milton Hershey School Trust 이사회의 너무나 충격적인 행태가 미국 내 주요 언론에 크게 보도됐다(Associated Press 2011). 불만을 품은 한 이사가 폭로한 이 재단 이사회의 모습은 최근에 접한 비영리단체 이사회의 비리 중 가장 심각했다. 유명 초콜릿 회사 '허쉬'를 창업한 밀튼 허쉬의 기부로 1909년에 설립된 허쉬학교는 2015년 기준 80억 달러의 기금을 보유한 기숙학교다. 유치원부터 초·중·고등학교 과정이 다 있다. 미국 국세청과 펜실베이니아주 검찰은 허쉬학교 재단 이사회의 비리를 20년 전부터 알고 있었을 것으로 짐작되지만 그동안 아무런 조치도 하지 않았다. 간간이 언론에서, 특히 지역신문인 〈필라델피아 인콰이어러The Philadelphia Inquirer〉를 통해 이사회의 의무 소홀과 불법행위에 대한 의혹이 꾸준히 제기됐었다. 이사 개개인에게 유리한 방향으로 이사회 규정을 채택하는 식의 단순 부패행위가 보도된 적도 있다. 하지만 수년간 〈해리스버그 애국신문Harrisburg Patriot-

News〉 같은 지역신문만 본 주민들은 희한하게도 허쉬학교를 열렬히 옹호하는 기사밖에 보지 못했다. 어떻게 그럴 수 있었을까? 그 신문 발행인이 허쉬학교 재단의 이사였다(Eisenberg 2011)! 허쉬학교 재단 이사진은 대부분이 서로 정치적 관계를 맺고 있었으며, 그들은 이사회 활동에 필요한 배경이나 연관성이 전혀 없거나 있더라도 아주 미미했다. 허쉬학교 재단 이사회에 제기된 혐의는 다음과 같다.

- 이사들은 이사회에 참석한 것 말고는 한 일이 거의 없음에도 수십만 달러의 보상을 받았다.
- 이사회는 한 이사가 지분을 갖고 있는 골프코스를 감정가의 4배인 1,200만 달러에 구입하기로 의결했다. 이사들에겐 골프장 무료 이용권이 제공됐다.
- 이사회는 자신들이 무료로 숙박할 수 있는 허쉬호텔에 7천만 달러를 들여 불필요한(호텔 경영진에 따르면) 개선작업을 하도록 승인했다.
- 이사 한 명이 재단 소유의 건물에서 정치후원금 모금행사를 주최해 재단의 자회사가 식사를 제공했지만, 관련 정당의 위원회는 아무런 비용을 지불하지 않았다.
- 재단은 이사 한 명의 권유로 개인퇴직계좌를 공동기금에 연결시키도록 허락했다. 당초 이 이사는 그렇게 하는 것이 불법임을 알고 있었음에도 개인의 이익을 위해 밀어붙였다. 결국 재단은 1,100만 달러가 넘는 소송 비용을 부담해야 했다.

자선 관련 전문지 〈필랜스로피 크로니클〉은 허쉬학교 재단 이사회가 유명 정치인을 자처하는 사람들로 구성되어 학생보다 자신들의 이익을 앞세우는 방식으로 재단을 운영했다고 지적했다.

필라델피아주 검찰이 이해관계 충돌 방지법을 집행하는 방식은 또 다른 문제다(Smith 2013). 허쉬학교의 자산을 흥청망청 써 버린 이사들은 감옥살이를 하게 될 수도 있고 그렇지 않을 수도 있다. 그들에게 제기된 범죄 혐의가 인정되어 재판을 받게 될는지 또한 아직 미지수다. 하지만 이런 혐의가 사실이라면, 합리적인 사람들은 허쉬학교 재단 이사들의 행동이 비윤리적이라는 데 분명 동의할 것이다.

허쉬학교 재단 이사회에 제기된 의혹들은 지금까지 접한 제멋대로 이사회 중에서도 최악의 모습을 보여 준다. 그럼에도 이사회가 책임 있게 조치하지 않은 것은 단지 비윤리적일 뿐만 아니라 미국의 거의 모든 주에서 범죄에 해당된다. 가장 부지런하고 윤리적인 이사들도 뭐가 적절하고 부적절한 행동인지 불분명한 상황에 처할 수 있다. 비영리단체 이사들에겐 단체의 자원이 정직하게 관리되도록 보장해야 하는 윤리적 책임이 있다. 그들은 단체의 공식 사명을 완수하기 위해 노력해야 하며 이해관계자들의 정당한 요구에 부응해야 한다.

이 장에서는 비영리단체 이사회에서 일어날 수 있는 몇 가지 일반적인 상황을 제시하고 이런 상황에 윤리적으로 대처하는 방법을 살펴보겠다. 일부 의견에 대해서는 동의하지 못하는 사람들도 있을 수 있다. 그 내용이 학교 교실이나 직장에서 활발한 토론을 끌어내기를 바란다.

비영리단체 관리의 윤리적 쟁점

(1) 이사회는 독립적인 판단 능력을 가진 사람들로 구성되어야 한다

법으로 정한 관리 의무를 완수할 수 있도록, 비영리단체의 이사는 독립적으로 판단할 수 있어야 한다. 따라서 비영리단체 설립자가 단체를 독단적으로 운영할 목적으로 자기 가족과(이나) 친구들을 이사로 선임하는 것은 부당하고 비윤리적이다. 그렇게 구성된 이사회는 설립자가 윤리적으로 문제가 있거나 불법적인 결정을 내려도 아무런 조치를 취할 수 없거나 그럴 의지가 없을 가능성이 높다. 자신들을 이사로 선임한 설립자의 결정에 도장만 찍어 주는 그런 엉터리 이사회는 비영리단체가 이사회를 갖는 목적을 해치는 것이다.

(2) 가능하면 이사회는 인구통계학적 다양성을 확보해야 한다

연령과 인종, 성별, 종교, 정치적 성향, 소득 수준에 있어서 특히 그렇다. 다양성이 확보된 이사회는 획일적이지 않은 관점을 제공하기 때문에 폭넓은 이해관계와 각계각층의 고객들을 세심하게 배려하는 의사결정을 내릴 수 있다. 이사회는 구성원의 다양성을 존중하여 모든 구성원이 편안하게 활동할 수 있도록 운영되어야 한다. 예컨대 이사회 일정을 종교 기념일에 잡지 않도록 주의하고, 이사회와 단체 행사에 제공되는 음식 또한 특정 종교의 규율을 위반하지 않는 것이어야 한다.

(3) 비영리단체는 선의와 정직, 성실, 배려와 능숙함으로 관리되어야 한다

이사들은 개인의 이익이 아니라 공공의 이익을 대변하기 위해 이사회에서 활동하는 것임을 명심해야 한다. 따라서 사적인 이해관계가 의사결정에 영향을 미치거나 이사회 활동을 통해 알게 된 기밀정보를 활용해 사익을 취하는 것은 비윤리적인 행위다. 또한 개인적인 목적을 위해 거짓말을 하고, 이사회가 고민하는 사안에 대해 충분히 학습하지 않는 것, 의무를 완수하는 데 기본적으로 필요한 전문성 계발에 소홀한 태도 역시도 비윤리적이다. 예컨대 경영진이 보여 주는 재무제표와 예산안을 이해하지 못해서 경영진에게 아무런 질문도 하지 못한다면 이사의 의무를 제대로 수행하고 있다고 볼 수 없다. 법적으로나 윤리적으로 문제가 있는 정책 제안에 이의를 제기하지 않는다면 그 또한 의무를 위반하는 행위다.

(4) 이사 개개인의 의사결정은 반드시 법에 어긋나지 않아야 하며, 이사회는 경영진이 모든 법을 준수할 것을 요구해야 한다

행여 법을 어기더라도 적발될 가능성이 낮으니 오히려 법을 피해 가는 편이 효율적이라는 압박이 느껴져도 이 원칙은 꼭 지켜야 한다. 세금 감면과 같이 비영리법인에만 특혜를 주는 법이 존재하는 이유는 영리법인과 달리 비영리법인에게만 요구되는 의무가 있기 때문이다. 예컨대 비영리법인은 단순히 이익을 내는 것이 아니라 공공의 이익을 도모하는 고유의 사명을 추구해야 한다. 비영리법인이 지켜야 할 법으로는 모금활동 제한, 등록 요건, 재무정보 공시, 세무신고서 제출 및 공시, 사사로운 이익 추구 제한, 이해관계 충돌 방지 등이 있다. 게다가 모든 법인에 공통적으로 적용되는 법도 많다. 모든 법을 준수해야 하는 중요한 이유는 민·형사상의 처벌과 함께 그로 인한 혼란(혹은 조직의 와해 위험)을 피하고 대외 이미지 타격을 막기 위해서다. 그러나 그 모든 이유를 차치하더라도, 이사가 법을 어기거나 조직 내에 불법을 용인하는 분위기를 조성하는 것, 혹은 그런 문화를 만드는 데 일조하는 행위는 윤리적으로 옳지 않다.

(5) 이사회는 단체 전반에 윤리적인 문화를 장려하는 정책을 수립해야 한다

비영리단체 이사회에 주어지는 가장 중요한 책임은 단체의 사명에 충실하고, 단체가 윤리적으로 운영될 수 있게 관리하는 것이다. 이러한 책임을 다하려면 윤리강령과 함께 이해관계 충돌 방지 제도, 그리고 그에 수반되는 모든 경영진에 대한 정보 공시(연례) 등을 승인해야 한다. 뿐만 아니라 내부고발자 보호 규정을 지지하고 윤리적 경영을 최우선으로 여길 최고경영자를 고용해 윤리적인 의사결정을 내리는 직원에게 징계가 아닌 보상을 주게 해야 한다. 또한 이사회와 직원들을 위한 윤리 교육의 필요성을 인정해야 한다. 비영리단체나 관련 직종의 윤리강령 첫 번째 조항이 대개 '법 준수' 혹은 그에 상응하는 내용으로 시작하는 데는 그만한 이유가 있다.

(6) 이사회는 단체에 비리가 발생하면 경영진과 함께 자신들에게도 책임을 물어야 한다

설령 비리가 폭로되어도 단체에 책임을 묻기 어려울 것 같고(앞에서 살펴본 허쉬학교 재단 사례처럼), 법을 위반하는 편이 오히려 단체에 이익이 될 것처럼 보여도 이사회는 그 상황을 외면하거나 용납하지 말아야 할 책임이 있다. 이사에겐 법을 위반하는 정책 제안에 대해 적극적으로 강경하게 거부할 의무가 있다.

(7) 이사는 이사회 활동을 통해 알게 된 기밀정보를 정당한 사유가 없는 사람들과 공유하지 말아야 한다

비영리단체 이사회는 거의 대부분 자원봉사자들로 이뤄진다. 따라서 그들에겐 이사회 활동 외에도 다른 직업적·개인적 이해관계가 있다. 이사회 활동을 하다 보면 제3자에게 금전적 가치를 지닐 만한 정보 혹은 정치적으로 민감한 정보, 개인정보, 누군가 부당하게 이용할 수 있는 정보 등을 접할 기회가 생긴다. 마케팅 계획과 전략, 영업 비밀, 인사 정보, 컴퓨터 비밀번호 등이 이런 정보에 포함될 것이다. 사생활 보호를 명쾌하게 규정한 법(미국의 〈의료정보보호법Health Insurance Portability and Accountability Act, HIPAA〉 등)이 있기 때문에, 사생활 정보를 무단으로 유출하는 이사는 소송에 휘말릴 수 있다. 그러나 법적 책임을 넘어서, 그 단체와 경영진이 비밀로 유지하고자 하는 정보를 보호하고, 이사회의 공식적인 임무 수행을 목적으로 할 때만 공개하는 것은 윤리적으로 중요한 개념이다. 일부 단체는 이사들로부터 기밀유지협약에 서명을 받기도 한다. 기밀유지협약 샘플은 온라인 문서 공유 사이트 스크립드(https://www.scribd.com/doc/52716944/Sample-Confidentiality-Agreement-for-Non-profits)를 참조하라. 어떤 경우든, 이사는 이사회 활동 중에 습득한 정보를 단체의 이익 증진을 위해 사용해야지 개인의 이익을 위해 활용하면 안 된다.

(8) 이사는 사익보다 단체의 이익을 최우선으로 하는 의사결정을 해야 한다

다시 말하면 비영리단체 이사는 이해관계의 충돌을 피하고 단체에 대한 충실 의무를 다해야 한다. 이사라면 이해관계의 충돌처럼 보이는 행위마저도 피해야 할 윤리적 책임이 있다. 비영리단체 이사가 이사회 활동을 통해 경제적으로 부유해지는 것이 비윤리적이라는 것은 기본적인 원칙이다. 미국의 모든 주에 이와 관련된 법이 있다. 허쉬학교 재단 이사회에 아무런 형사 조치를 취하지 않았던 펜실베이니아주도 비영리재단을 설립해 사익을 추구하는 데 활용해 온 주의회 의원들에 대해서는 수사에 착수했다. 연방정부 또한 연방소득세 면제 혜택을 받는 단체들에 대해 이해관계의 충돌을 제한하고 있다. 실제로 이사회에서 현직 이사와 관계된 사업을 논의할 경우 해당 이사는 이해관계가 충돌하는 상황임을 밝히고 의사결정에 참여하지 말아야 한다.

그러나 현실적으로 이해관계가 충돌하는 상황임을 밝히고 의사결정에 참여하지 않는다고 해서 크게 달라지는 것은 없다. 의사결정에 직접 참여하지 않아도, 이사회 활동을 하지 않는 다른 사람들보다 그 이사가 불공평하게 유리하다는 점은 명백하다. 만약에 모든 이사가 자신이 제공하는 서비스로 금전적 이득을 거둘 수 없다는 것이 이사회의 방침이라면, 이사와 단체 사이의 모든 '비즈니스' 관계는 무료 봉사를 기본으로 해야 한다. 따라서 이사회는 이사가 운영하는 회계사무소가 단체의 재무제표를 작성하게 하거나, 변호사인 이사에게 단체를 위한 변론을 의뢰하면 안 된다. 무료라면 상관없지만 '실경비'만 지급하는 것도 문제가 될 수 있다.

(9) 이사회는 단체의 직원과 장비, 시설, 혹은 서비스를 개인의 이익이나 제 3자의 이익을 위해 사용하면 안 된다

이 같은 원칙은 이 장에서 언급된 다른 모든 사람들에게도 적용되는 보편적 원칙이다. 이사는 단체의 사명을 실현하기 위해 봉사하고 그

대가로 불합리한 혜택을 받으면 안 된다. 직원에게 개인 심부름을 부탁해도 안 된다. 단체 사무실에서 개인적인 업무나 본업과 관련된 일을 하는 것도 안 된다. 단체 차량은 업무 용도로만 사용해야 한다. 단체의 자원을 이사회의 명시적인 허락 없이 다른 목적으로 사용하면 안 된다. 다른 비영리단체에 사용하는 것도 안 된다.

(10) 이사회 활동과 관련된 모든 문서와 물품은 단체가 보관한다

이사회 일원으로서의 임무를 완수한 뒤에는 이사회 활동과 관련한 모든 문서와 물품을 단체에 반납해 단체가 보관하도록 해야지, 밖으로 유출하는 것은 적절치 못하다. 직원이 단체를 그만두면 사용하던 컴퓨터와 사무실 열쇠를 반납하고, 컴퓨터 파일과 서류들, 그 밖에 단체의 자산들은 모두 두고 떠나야 하는 것처럼 이사에게도 그와 비슷한 윤리적 의무가 있다. 어떤 자료를 갖고 있어야 할 타당한 이유가 있다면, 이사장에게 서면으로 허락을 구해야 한다.

(11) 이사회는 한목소리를 내야 한다

어떤 정책에 대해 이사회가 결정을 내리면 이사는 그 결정을 공개적으로 비난하거나 깎아내리거나 방해하면 안 된다. 이사회의 의사결정이 매번 만장일치로 합의되는 것은 아니라는 점을 누구나 이해한다. 서로 다른 배경을 가진 데다 자기주장이 확실한 이사들이 저마다 다른 의견을 제시할 가능성이 높다. 이사회 구성원으로서 누군가로부터 질문을 받았을 때 자신은 이사회 결정에 동의하지 않았다고 솔직하게 말하고 그 배경을 설명하는 것은 전혀 문제되지 않는다. 재투표를 하자며 다른 동료들을 설득하는 것도 잘못된 것이 아니다. 하지만 의도적으로 다수의 결정을 깎아내리는 것은 애기가 다르다. 그것은 거버넌스(지배 관리) 절차를 훼손하는 행위다. 오늘 소수에 속했던 사람이 내일은 다수에 속할 수도 있다. 그럴 경우 이사 개개인이 이사회의 결정을 공개적으로 비난하는 것이 거버넌스 절차를 얼마나 약화시키는지를 더 잘 이해할 수 있을 것이다. 이사회가 다수결로 정한 사안에 대해 이사 몇 명이 존중하기를 거부하거나, 결정된 방침을 훼손하거나(예컨대 이사회의 결정과 다른 정책을 지지하는 신문 투고를 하는 것처럼), 단체 회원들을 동원해 이사회에 저항하는 모임을 조직하는 것은 비윤리적인 행위다. 만약에 어떤 결정이(불법적이거나 비윤리적인 것이 아닌데도) 감당하기가 너무 버겁다면, 이사직을 그만두는 것이 명예롭고 바람직한 방법이다. 이사는 전체 이사회에서 통과된 모든 결정을 지지하고 존중해야 한다. 만약에 비영리단체 이사로서 이사회의 결정에 끝내 동의하지 못한다면, 특히나 그 결정이 불법적이거나 비윤리적이라고 생각해서 그런 것이라면 그 이사는 자신의 반대 의견을 회의록에 공식적으로 기록해 달라고 요청해야 한다.

(12) 단체는 윤리적인 금품 수수 규정을 마련해야 한다

이사회는 제3자에게 상당한 수입(과 이윤)이 발생하는 결정을 해야 할 때가 자주 있다. 영리기업과의 거래는 물론이고 다른 비영리단체와의 통합이나 협업, 건물 신축이나 임대차 계약, 시설 관리/운영 업체와의 계약, 컨설턴트 계약 등도 모두 이사회의 표결을 거친다. 비즈니스 사회에서는 순수한 친목의 의미가 아니라 의사결정에 영향을 미치기 위해 금품을 제공하는 것을 묵인하는 문화가 있다. 직원들이 금품의 영향을 받아 의사결정을 내릴 경우 상당한 비용을 치러야 한다는 것을 의식한 많은 영리기업들은 금품 수수 규정을 마련한다. 비영리 분야에서는 이사든 직원이든 의사결정에 영향을 미칠 목적으로 제공된 금품을 받는 것이 훨씬 더 비윤리적일 수 있다. 금품의 영향을 받은 의사결정의 '비용'을 기업의 이해관계자가 아닌 대중이 감당해야 하기 때문이다. 따라서 모든 비영리단체는 금품 수수 규정을 마련해야 한다(샘플은 http://www.giftplanners.com/pdfs/understanding.pdf 참조). 기업으로부터 기업의 이름이 새겨진 20센트짜리 펜 한 자루 받는 것 정도는 괜찮지만, 기업 협찬으로 고급 리조트에서 열리는 콘퍼런스에 다녀오는 것은 비윤리적이라는 데 우리 모두 대체로 공감할 것이다. 문제는 이두 극단 사이에 있는 회색지대다. 금품 수수 규정이 명확하다면 어디까지 용인되고 어디부터 용인될 수 없는지를 정확히 알려 줄 것이다.

(13) 급여와 특전은 합리적이어야 하며, 대부분의 경우 이사회의 자격은 자원봉사자로 한정해야 한다

미국의 모든 주는 비영리단체 이사회가 단체의 순익을 자기 자신에게 배분하는 것을 금지한다(이런 규정은 연방법에도 있으며 연방소득세를 면제받는 단체에 적용된다). 이 같은 순익배분 제한은 비영리단체와 영리단체의 결정적 차이다. 하지만 이사회가 급여를 받는 것은 불법이 아니다. 다만 단체를 위해 일한 시간을 감안해 합리적인 수준이어야한다. 사실 의료제도와 같이 예산이 수십억 달러에 이르는 복잡한 비영리단체 업무를 관리하기 위해 상당한 시간을 할애할 의지와 전문성을 모두 갖춘 인물을 이사로 섭외하려면 합리적인 보상이 매우 중요할 수 있다. 하지만 비영리 분야에서는 나를 포함해 많은 사람들이 그런 특수한 경우가 아니면 이사에게 보상을 지급하는 것이 비윤리적이라고 생각한다. 미국 사회가 비영리단체에 여러 가지 특별한 혜택을 제공하는 이유 중 하나는 수많은 사람들이 자원봉사자로 참여하며, 그들 대부분이 (심리적 만족감 외에) 자원 봉사를 하지 않는 사람들에 비해 뭔가 더 혜택을 받고자 기대하지 않기 때문이다. 비영리단체 이사로 활동할 경우 공식 업무 수행과 관련 있는 제반 비용에 대해서는 적절한 보상을 받는다. 회의 참석에 필요한 교통, 숙박, 식사 비용과 그 밖에 단체를 위해 지출한 비용은 실비로 정산받는다. 단체 내부 임직원에게 제공하는 물질적 혜택과 관련해서도 법적·윤리적 한계가 있다는 사실을 기억하자(2장 참조).

(14) 이사는 이사회와 단체의 명성을 해칠 만한 행동을 자제해야 한다

이것은 유명 배우이자 코미디언이었던 빌 코스비Bill Cosby가 필라델피아 주립 템플대학교Temple University에 끼친 피해만 생각해 봐도 알 수 있다. 그 피해가 얼마나 컸던지 빌 코스비는 무려 32년간이나 지켜 온 템플대학교의 이사직을 사임했다(Raub 2014). 2014년, 그에게 성폭행 혐의가 제기된 다음의 일이다. 사이클 황제로 불렸던 랜스 암스트롱도 비슷한 일을 겪었다. 아직 범죄 혐의에 대해 유죄 판결이 나지 않은 상황에서 혐의만으로 이사를(또는 직원을 그 문제로) 단체에서 내보내는 것이 부당하다고 주장하는 사람도 있을 것이다. 하지만 이사회로서는 단체의 명성을 보호할 권리(와 의무)가 있다. 단체에 부정적인 영향을 미칠 수 있는 비행을 저질렀다고 믿을 만한 증거가 있다면, 해당 이사를 해임하는 것은 불가피하다. 비리 혐의를 받는 당사자가 보일 수 있는 윤리적 대응 또한 즉각 사임하는 것이다. 다만 그 혐의 제기가 근거 없는 것으로 판명 날 경우 이사회에 복귀하겠다는 조건을 달면 된다. 코스비는 모든 혐의를 부인했지만, 이사직에서 스스로 물러나는 것이 템플대학교를 위해 할 수 있는 최선의 조치였다.

(15) 이사는 봉사자이지 '보스'가 아니다

이사회가 승인하지 않는 한, 이사는 단체 직원에게 지시를 내릴 수 없다. 이사가 사무실에서 봉사자로 일할 때는 다른 봉사자들과 마찬가지로 최고경영자의 지시를 받아야 한다. 직원들은 이사회의 지시를 받는 것이지 이사 개개인의 지시를 받는 것이 아니다. 일반적으로 최고경영자와 경영 문제를 논의할 때 이사회의 규정을 설명하는 권한은 이사장에게 있다.

(16) 내규에 관련 조항이 있지 않는 한, 단체의 공식 정책을 이사회의 승인 없이 이사장이 함부로 뒤집는 것은 윤리적으로 옳지 않다

보통은 내규를 통해 단시간 내에 이사회를 소집하기 어려울 경우 공식적인 회의를 거치지 않고 집행위원회에 권한을 위임한다. 하지만 정책을 결정하는 이사회의 공식 표결 절차를 이사장이 임의로 없앨 수는 없다.

(17) 비영리단체 이사는 명예직이 아니다

이사회는 이사를 새로 선임할 때, 단순히 기부할 의사가 있거나 정치적 영향력이 있다는 이유로 이사회에 포함시키면 안 된다. 이사로 활동할 만한 충분한 자격을 갖추고, 주어진 법적 의무를 다할 의지가 있는 성실한 사람을 고집해야 한다. 뿐만 아니라 단체의 사명을 실현시킬 수 있는 이사회를 구성해야 할 윤리적 책임이 있다. 따라서 이사를 선정하는 요인에 어느 정도의 전문성(예를 들면, 재무 관리, 법, 모금, 인사 관리, 홍보, 대관對官 업무 등)이 반드시 포함되어야 한다. 이사회를 구성할 때 명심하면 좋은 말이 있다. 이사 각각이 세 가지 W 중에 적어도 한 가지는 기여할 수 있어야 한다는 것인데, 여기서 세 가지 W는 지혜wisdom, 부wealth, 노동work을 뜻한다. 이 세 가지를 더 많이 기여하는 이사회일수록 좋은 이사회다. 반면에 이 세 가지가 균형을 이루지 못하면 이사회는 단체를 제대로 관리하기가 어렵다. 이사가 되면 가능한 한 모든 회의에 참석하려고 노력해야 하며, 의사결정에 참여해 이사에게 주어진 법적 의무를 다해야 한다. 유명한 비영리단체 이사직을 요청받는 경우 어느 정도의 명예와 특권이 따르기도 하지만, 비영리단체 이사는 절대 명예직이 아니다.

(18) 비영리단체 이사는 자신의 의무를 윤리적으로 수행할 책임이 있다

이사가 되면 그 단체에서 어떤 차별이나 괴롭힘도 일어나지 않도록 하는 데 필요한 모든 조치를 취해야 한다. 뿐만 아니라 단체가 사명에 충실하고, 단체와 관계된 모든 사람들(이사와 직원뿐 아니라 외부 컨설턴트와 외주업자, 공급업자까지도)이 최상의 윤리 수준을 유지하도록 해야 한다. 또한 최고경영자를 공정하게 평가(하거나 필요한 경우 새로운 경영자를 고용)해야 한다.

(19) 이사회의 투자 정책은 단체의 가치를 높이는 것이어야 한다

이사회는 단체의 가치에 부합하지 않는 투자를 승인하면 안 된다. 미국 폐협회American Lung Association 이사회가 담배회사 주식에 투자하지 않을 것이라는 점은 누가 봐도 분명하다. 하지만 다른 투자엔 이보다 미묘

한 면들이 있다. 담배회사 말고도 비영리단체가 투자할 경우 논란이 될 만한 곳들이 더 있다. 총기제조업체, 의료용 마리화나·피임제품 취급업체, 동물생체실험을 하는 기업, 인권학대 혐의를 받는 기업, 여성이나 소수 인종, 성소수자를 차별한 적이 있는 기업, 임금을 체불하거나 환경을 오염시키는 기업, 지역사회에 피해를 주는 정책이나 안전하지 못한 작업 환경을 가진 기업, 술 관련 사업을 하는 기업 등이다. 단체의 사명에 부합하지 않는 제품을 만들거나 서비스를 제공하는 기업의 주식에 투자하는 것이 비윤리적이라고 느끼는 단체는 공식 투자 정책에 이 점을 분명히 밝혀야 한다. 새로 생긴 투자 펀드 중에는 최소한의 사회적 기준을 충족하지 못한 기업의 경우 예상 수익에 관계없이 투자 대상에서 제외시키는 상품도 있다. 이렇듯 개인과 기관 투자자들이 단순히 투자 수익을 극대화하기보다 사회적 요인을 고려해 투자하는 정책을 가리켜 사회책임투자socially responsible investing라고 한다.

(20) 모든 거래와 협업은 단체의 사명과 가치에 부합해야 한다

그것이 단체의 사명에 부합하지 않는다면, 이사회는 기부금을 받거나 거래나 협업(이를테면 공익연계 마케팅 협약)하는 것을 승인하면 안 된다. 단체의 사명과 맞지 않는 활동을 하는 기관에서 제공하는 보조금을 신청하는 것도 안 된다. 단체의 사명과 맞지 않는 기업의 주식에 투자하지 않는 것은 아주 쉽다. 그러나 기부금으로 단체의 정책에 영향을 미치려 하거나, 단체의 브랜드를 활용하고자 하는 영리기업이 건넨 거액의 수표를 거절하기란 참으로 어려운 일이다. 미국의 대표적인 흑인 인권단체NAACP가 정말로 탄산음료 회사로부터 거액을 받고 그 대가로 기업의 편에 서서 단체 구성원의 더 나은 건강을 위한 공공정책에 반대하기로 했다면 이는 비윤리적인 결정이다(https://nonprofitquarterly. org/2013/03/21/lessons-from-the-naacp-s-public-opposition-to-new-york-city-s-big-soda-ban/ 참조). 비영리단체에 필요한 공식적인 기부 수령 정책 마련에 대해서는 앞서 5장에서 살펴보았다.

(21) 비영리단체 이사는 자기 자신을 채용하면 안 된다

단체 임직원(특히 최고경영자)으로 채용될 가능성이 있는 이사는 향후 이사회에 참석하지 말고 채용 심사 절차를 통과해야 한다. 단체의 임직원이 사직하여 공석이 생긴 것을 이사회가 알게 되면, 봉사자로 활동하던 이사장이나 이사가 그 자리를 지원하는 일이 많다. 하지만 다른 적임자들이 지원할 수 있도록 지원자를 공개 모집하지 않고, 이사, 특히 이사장이 자신의 권위를 이용해 간단한 이사회 표결만으로 그 자리를 차지한다면 윤리적으로 문제가 있다. 해당 이사나 이사장은 내부 정보를 이용해 고용된 것이며 이사회로서는 그 자리에 가장 잘 맞는 최고의 적임자를 선택한 것인지를 알 길이 없다. 그 사람이 의사결정에 직접 참여한다면 그건 윤리적으로 훨씬 더 심각한 문제다.

활동해 봅시다

1. 급여가 적절한 수준인지를 판단하는 데 도움이 될 만한 온라인 자료나 협회 자료를 조사해 보자.

2. 허쉬 재단 이사회의 비리 사건에 대해 알아보고, 그 상황에서 여러분이 허쉬 재단의 이사였다면 어떻게 행동했을지, 만약에 담당 변호사였다면 이사회에 어떤 조언을 했을 것 같은지 이야기해 보자.

3. 과거에 비리가 폭로된 적 있는 비영리단체들의 목록을 만들고 각 단체의 이사회가 대중의 신뢰를 회복하기 위해 어떤 노력을 했는지 조사해 보자.

토론해 봅시다

1. 이사회를 다양한 인물들로 구성하는 것의 장점과 단점은 무엇일까?

2. 이사회의 결정 방식이 불법적이거나 비윤리적이라고 느끼는 이사가 있다면, 내부고발자가 되는 것이 적절한 대응일까 아니면 이사직을 사임하는 것이 적절한 대응일까? 각각의 대응 방식이 적절할 것 같은 상황의 예를 찾아서 이야기해 보자.

3. 비리 혐의를 받는 이사에 대해 공식적인 유죄 판결이 나기 전에 해임 조치를 내리는 것은 정당한 결정일까?

4. 과거에 비윤리적인 경영으로 피해를 입은 단체에 윤리적인 문화가 스며들게 하기 위해 이사회가 추진할 수 있는 전략으로는 어떤 것들이 있을까?

제 7 장

윤리적인 재무 관리

돈 거래가 일어나는 곳이면 어디나 윤리와 책임 문제가 따른다. 비영리 단체에서 낭비와 부정행위, 오용을 근절하는 것이 단순히 대외 이미지에 관련한 문제만은 아니다. 2008년에 벌어진 매도프 금융 스캔들로 수백여 곳의 비영리단체가 심각한 피해를 봤다. 아예 사라진 곳들도 있다. 최근 몇 년 사이 상이용사 프로젝트(Tacopino 2016), 중앙아시아협회 Central Asia Institute (Chan & Takagi 2011), 새 시대 자선사업 재단(Federal Bureau of Investigation n. d.), 유나이티드웨이 오브 아메리카(Charity Watch n. d.), 아동보호기관인 헤일 하우스Hale House (Evans 2008), 피드 더칠드런Feed the Children (Attkisson 2010), 아시아 인스티튜트Asia Institute (CBS *News* 2011), 에이콘ACORN, The Association of Community Organizations for Reform Now (Strom 2008), 아메리카대학교American University (Associated Press 2005), 유나이티드웨이 뉴욕(Strom 2006), 자원봉사자관리협회 Association for Volunteer Administration (AVA 2006) 등이 비리 혐의로 일간지 헤

드라인을 장식하며 미국 전역을 충격에 빠뜨렸다. 하지만 세간의 이목을 끈 이런 충격적인 사건이 아니더라도 비영리단체 안에서는 매년 부끄러운 범죄 사건과 비윤리적인 회계 관행이 수없이 일어나고 있을 것이다. 그리고 대부분은 아닐지 몰라도 상당수는 절대 외부에 알려지지 않을 것이다.

연방소득세를 면제받는 기관에 대한 한 가지 애매한 질문마저 없었더라면 수많은 거대 비영리단체의 재무 비리가 영영 세상 밖으로 드러나지 않았을지 모른다. 면세 혜택을 받는 비영리기관은 2008년부터 양식 990 세무신고서에 자산의 '상당한 유용significant diversions' 내역을 신고해야 한다. 신고서에는 다음과 같은 질문이 있다. "단체는 단체 자산이 상당히 유용된 그해에 그 사실을 인지했는가?"(Part VI, Line 5). 세무신고서에 있는 설명은 다음과 같다.

자산의 유용이란 단체의 자산을 함부로 전환하거나 당초 정해진 목적과 다른 용도로 사용하는 것을 뜻하며 횡령이나 절도도 포함된다. … 과세연도 기간에 드러난 전체 유용 금액(변제된 금액이나 보험금, 그와 비슷하게 회수된 금액은 제외)이 다음 세 가지 중 가장 적은 금액을 초과하면 상당한 유용으로 간주된다. ① 해당 과세연도의 단체 총수입의 5%, ② 해당 과세연도 마지막 날 기준 단체 총자산의 5%, ③ 25만 달러(IRS 2015b).

여기에 해당되는 단체는 자산을 유용하게 된 경위를 양식 990 세무신고서의 부속서류 O에 기술해야 한다(IRS 2015b 참조).

최근까지도 일반 대중이나 비영리 분야 모두 이 부분에 거의 주목하지 않았다. 2013년 10월에 〈워싱턴포스트〉가 양식 990 세무신고서의 바로 이 항목에 단체들이 어떤 내용을 신고하는지 취재해 보도한 이후로 사정이 달라졌다. 〈워싱턴포스트〉에 따르면 1천 개가 넘는 비영리단체들이 이런 '유용' 사실을 신고했지만, 많은 경우 자세한 내용까지 기록하지는 않았다. 상위 10개 사건만 합해도 절도와 사기, 횡령 등으로 인해 유용된 금액이 5억 달러가 넘었다. 그 전까지 외부에 전혀 알려지지 않은 사건이 대부분이었다. 관련 데이터베이스에는 미국에서 가장 유명한 자선단체들도 포함되어 있다(Stephens & Flaherty 2013). 전체 자료는 〈워싱턴포스트〉의 관련 기사(The Washington Post 2013)에서 확인할 수 있다.

법적인 문제는 제쳐 두더라도 비영리단체로부터 돈을 빼돌리는 것이 비윤리적이라는 데는 누구나 동의할 것이다. 금전적인 문제에 있어서 어떤 행동이 과연 윤리적인지가 그렇게 명확하지 않은 상황들도 아주 많다. 딱 잘라 불법이라고 말할 수 없는 행동일 때 특히 그렇다. 그럼에도 불구하고 비윤리적인 행동은(불법적인 행동은 물론이고) 그 단체와 직원들뿐 아니라 경영진과 기부자, 이용 고객, 그 단체가 속한 지역사회에까지 피해를 주며 비영리 분야 전체에도 좋지 않은 영향을 끼친다. 〈워싱턴포스트〉의 취재로 드러난 바와 같이 자선단체 임원들은 유용된 자금을 회수하는 데 집중하느라 자금을 유용한 당사자를 고발하는 일은 별로 중요하게 여기지 않는 듯 보인다. 더욱이 그러한 사실이 보도되면 사람들이 비영리단체의 자금 관리 책무성에 의심을 품게 된다. 그래서 비영리단체는 부정적인 사건이 널리 알려지면 기부자들이 기부를 더 안 하려고 할 것이라고 우려한다. 그렇다고 이런 사건들을 쉬쉬하고 잘못한 사람을 처벌하지 않으면 똑같은 일이 반복될 가능성을 높이는 것이다.

사회적으로 비영리단체 경영진은 어느 정도 신뢰를 받고 있다. 비영리단체 경영진이 각종 스캔들을 피하는 최선의 방법은 사람을 잘 뽑는 것이다. 그런데 비영리 분야에는 자금을 관리하던 직원이 조직의 신뢰를 저버리거나 다른 범죄를 저지르더라도 빼돌린 자금을 돌려주기만 하면 조용히 그만두게 하는 문화가 있다. 그럴 경우 문제를 일으켰던 사람은 그런 전력을 알지 못하는 다른 비슷한 단체에 다시 취직할 수 있다. 그 단체에서 그 사람의 이력 조회를 위해 성실히 노력했음에도 불구하고 알아내지 못했을 수 있다.

따라서 모든 비영리단체는 직원들을 어느 정도 신뢰해야 하는 동시에 단체의 자원을 불법적으로, 그리고 비윤리적으로 유용하는 것을 막기 위한 시스템을 갖출 필요가 있다. 우선 구직자들에 대한 이력 조회는 단순하고 형식적인 수준에 그치면 안 된다. 윤리강령과 규정도 마련해 직원과 이사회에 윤리 교육을 실시해야 한다. 무엇보다 윤리적 행동은 보상을 받고 비윤리적인 행동은 반드시 징계를 받는 문화를 조성하는 것이 중요하다.

절도를 묵인하는 조직 문화는 조직의 자원 손실로 이어지며 이는 경기가 어려울 때 특히 치명적일 수 있다. 사무실 비품을 개인적 용도로 사용하거나, 법인카드로 개인의 물품을 구매하는 행위, 사무실 복사기를 단체와 무관한 일에 사용하거나 업무용 휴대전화를 이용해 사적인 문자메시지를 보내는 일 등이 모두 포함된다. 구매담당자가 단체에게 가장 이익이 되는 방향으로 공정하게 판단하지 않고, 자기 친인척이나 친구에게서 물건을 구매할 경우 그 단체는 언젠가 숨겨진 '비용'을 지불하게 된다. 이사회와 경영진 모두에게는 개인의 이익보다 단체의 이익을 우선하고, 단체의 재무 관리를 빈틈없이 해야 할 신의성실 의무가 있다. 그렇지 않을 경우 장기적으로 조직의 건강에 해로울 뿐만 아니라 윤리적으로나 법적으로도 문제가 된다.

비영리단체에 주어지는 공식적인 혜택, 특히 세법 501 (c) (3) 에 따른 면세 지위 때문에 비영리단체는 영리조직보다 자금 관리에 대한 책임이 더 크다. 비영리단체는 사람들을 돌보는 일을 대신하는데 그 서비스를 받는 상당수가 취약계층이고 서비스 받을 단체를 직접 선택해 본 적이 없는 이들이다. 대중과 정부기관은 이런 비영리단체가 비슷한 일을 하는 영리조직보다 윤리 수준이 더 높을 것이라는 암묵적 믿음이 있다. 물론 그런 일을 하는 조직이라면 영리 분야, 비영리 분야 가릴 것 없이 윤리 수준이 높아야 한다고 주장하는 사람도 많을 것이다.

그런데도 미국에는 증권 시장을 관리 감독하는 증권거래위원회처럼, 비영리단체들의 재무 관리를 감시할 수 있는 연방 차원의 규제 기관이 없다. 수사 역량이 매우 제한적임에도 불구하고, 이해관계의 충돌 방지법을 위반한 비영리단체 경영진에 대해 수사할 수 있는 권한은 주 검찰에게 있다. 지역 신문에서 비영리단체 직원과 자원봉사자들이 기부금을 빼돌린 혐의로 체포되어 재판을 받았다는 기사를 자주 보게 되는 이유다.

내부 통제 시스템

비영리단체의 자원이 법적으로나 윤리적으로 정당하게 배분되도록 하려면 내부 통제 시스템이 꼭 필요하다. 2002년에 톰 맥러플린Tom McLaughlin이 쓴 《비영리단체 관리자를 위한 현실 재무 기초Streetsmart Financial Basics for Nonprofit Managers》를 보면 내부 통제 시스템이 갖춰야 할 여섯 가지 요소가 있다(Grobman 2015b).

(1) 통제 신호

통제 신호란 관리자와 경영진이 윤리적으로 적절한 행동을 명시적으로는 물론이고 은연중에도 알려 주는 것이다. 또한 책임감을 높이는 관리 규정으로 직원들을 교육시키는 것을 말한다.

(2) 규정 설명

윤리적인 문제와 책임에 관한 규정, 적당한 처리 절차를 문서로 정리해 알리는 방법이 있다. 그것이 안 되면 이메일이나 팩스, 음성메시지, 사내 메모 등을 통해 윤리적으로 용인되는 것과 안 되는 것을 직원들에게 알릴 수 있다.

(3) 업무 세분화

업무 책임을 세분화함으로써 한 사람이 재무시스템의 모든 과정을 완전히 장악하지 못하게 하는 것이다. 예컨대 물품이나 서비스를 주문할 때, 주문서를 작성하는 일과 수표를 끊는 일, 수표에 서명하는 일, 수표를 부치는 일, 주문한 물품을 받는 일을 각기 다른 사람이 하게 할 수 있다. 직원 수가 적은 단체의 경우엔 이렇게 하기가 어렵겠지만 직원이 한 명뿐인 단체라도 견제와 균형을 갖춘 시스템을 개발할 필요가 있다.

(4) 기록 관리

모든 금전 거래를 문서로 기록해 관리하는 것을 말한다. 비영리단체는 믿을 만한 급여지급 서비스를 이용하고 수납계정을 위탁 관리하며, 단체의 현금을 관리해 주는 금융기관을 이용함으로써 내부 비리 가능성을 최소화할 수 있다. 물론 이렇게 함으로써 단체의 자산이 외부 부정행위에 노출될 가능성이 높아지는 단점이 있다.

(5) 예 산

예산은 재무와 관련된 행위를 통제하는 최고의 전략이다. 예산에 할당된 자금이 없으면, 미리 승인을 받거나 계획하지 않은 지출이 일어나기 어렵다.

(6) 보 고

맥러플린은 다음의 "재무 보고서 다섯 가지만 있으면 일반적인 비영리법인을 확실히 통제할 수 있다"고 말한다. 대차대조표, 수입·지출 보고서, 수납명세서, 현금유동성전망 보고서, 활용 보고서(보통 얼마나 많은 사람들이 그 단체의 서비스를 어느 정도로 이용하고 있는지를 보여 주는 보고서)다. 관리자는 이 보고서들을 자주 들여다봄으로써 문제점을 확인할 수 있다.

보통은 이러한 재무 관리 업무를 한 사람이 맡아서 하면 더 효율적이라고 여긴다. 비교적 규모가 작은 단체에서는 최고경영자가 이 모든 업무를 책임진다. 하지만 비교적 규모가 큰 단체에서는 이런 업무를 책임질 사람을 따로 둔다(최고운영책임자 혹은 최고재무책임자라는 직함을 갖는다). 후자의 경우, 영리 분야에서 벌어진 충격적인 민·형사 사건들이 보여 주듯 최고경영자와 최고재무책임자 혹은 그런 역할을 담당하는 임원 사이에 충분한 소통이 이뤄져야 한다. 조직의 건전성은 궁극적으로 최고경영자에게 책임이 있다. 따라서 단체의 일상적인 재무 업무는 부하 직원들이 관리하더라도 재무 상태를 꼼꼼히 감독하는 것이 최고경영자의 윤리적 의무다. 물론 이사회와 각종 위원회에도 재무 관리를 감독해야 할 책임이 있다.

낭비와 부정행위, 오용을 막기 위한 방법

비영리단체에서 자금의 낭비와 부정행위, 오용을 막기 위해 사용하는 시스템은 보통 두 가지로 분류된다. 하나는 그런 일이 발생하기 전에 예방하는 장치이고, 다른 하나는 그런 일이 발생했을 때 신속하게 발견하기 위한 장치다(Grobman 2015b). 자금의 낭비와 부정행위, 오용을 예방하는 전통적인 방법부터 살펴보자.

(1) 연례 외부 회계감사 및 경영 건의서 활용

경영 건의서management letter는 외부 회계감사인이 감사 과정에서 발견한 단체 운영 방식의 문제점들을 경영진에게 지적할 수 있는 기회다. 주로 재무 책무성과 윤리를 훼손할 수 있는 문제점들에 대해 개선을 권유한다. 내부 통제에 문제가 있다고 상세히 설명한 건의서를 받으면 가능한 한 신속하게 문제를 처리할 필요가 있다. 먼저 외부 회계감사인이 수용할 만한 시정조치 계획을 세워 이사회의 승인을 받은 후 시행해야 한다.

(2) 조직 내부 통제 장치

자산을 관리하는 사람에게는 언제나 합당한 책임이 따르도록 하는 견제와 균형 시스템을 갖춰야 한다. 모든 지출은 정해진 지급 관련 규정에 따라 담당 관리자의 승인을 받은 뒤에 이뤄져야 하며, 모든 지출

내역은 회계담당자가 문서로 정리해야 한다. 회계담당자는 지출과 관련해 의문이 드는 점은 무엇이든 물어볼 의무가 있다. 모든 구매 주문은 사전 검토를 받아야 하며, 결제하기 전에 구매 요청을 한 당사자 이외의 누군가가 다시 한 번 점검하거나 승인을 해야 한다. 물품과 서비스를 주문한 사람과 그것을 받는 사람을 구분하고, 분할 결제를 하는 것이 좋다. 개인적인 비용을 단체가 부담하지 않기 위해 신용카드 거래내역과 장거리통화요금 청구서, 휴대전화 사용내역 등을 수시로 살펴보는 방법도 있다.

(3) 물품 및 서비스 대량 구매 시 입찰 의무화

이를 위해서는 구매담당자가 주문을 조금씩 나눠서 하지 못하도록 하는 관련 규정도 필요하다. 이런 행위는 규정 자체의 기반을 약화시킨다. 그렇다고 대량 구매를 할 때마다 공식적인 입찰제안 요청서를 준비해야 하는 것은 아니다. 다만 여러 판매자와 도급업자로부터 견적을 받아 보고 구매를 결정해야 한다는 뜻이다.

(4) 조직 자원에 관한 윤리 규정

법인카드와 복사기, 전화기, 인터넷 계정, 휴대전화, 노트북, 태블릿, 업무용 차량 등에 적용되는 규정을 말한다. 구매 권한이 있는 담당자는 판매자와 일정한 거리를 두고 공정성을 유지할 필요가 있다. 이 윤리 규정엔 금품 수수에 관한 규정도 포함될 수 있다. 예를 들어 기업으로부터 물품을 구매하는 담당자는 판매자로부터 달력과 같이 최소한의 선물 외에는 받을 수 없도록 금지하는 것이다. 쿠키상자처럼 더 큰 선물일 경우 조직 내 모든 사람들과 함께 나눠야 한다. (판매자가 감사의 뜻으로

라스베이거스에 공짜로 보내주겠다고 한다면 당연히 거절해야 한다.) 윤리 규정엔 서비스를 제공받는 고객들이 직원들에게 주는 선물에 관한 규정도 있어야 한다. 모든 윤리 규정은 최소 일 년에 한 번은 다시 검토하여 적절히 개선하고 조직 내 모든 구성원에게 설명해야 한다.

(5) 모든 직원에 대하여 자원의 낭비와 오용, 부정행위 근절 방법 교육

이러한 교육이 필요한 이유는 직원들이 어떤 상황에서 어떻게 행동하는 것이 옳은지를 명확히 알지 못하면 '잘못된' 행동에 적절히 대처하기가 어렵기 때문이다. 이 같은 교육을 할 때는 불법 혹은 비윤리적인 행동으로 의심되는 사례를 보고하는 절차도 함께 알려야 한다.

(6) 규정 위반에 대한 엄격한 처벌

이를 위해서는 단체의 윤리 기준과 규정을 위반한 경우, 필요하면 해고와 함께 사법당국에 신고하고, 위반 행위가 불법인지 여부가 모호할 때는 문책이나 정직 등의 징계를 받도록 한다는 내용을 문서화해야 한다.

(7) 모든 자산에 대한 기록 및 주기적인 물품 목록 작성

이것이 중요한 이유는 무엇인가(노트북 등) 사라졌을 때 신속하게 조사에 착수할 수 있기 때문이다. 물품 관리를 쉽게 하기 위해 조직 내 모든 물품에 바코드를 부착하는 단체들도 많다.

(8) 기록을 전자 파일로 만들어 보호

화재나 홍수로 인해 종이 문서들이 훼손될 우려가 있기 때문에 각종 기록을 전자 문서로 백업해 둘 필요가 있다.

다음으로, 부정행위가 발생했을 때 그 사실을 신속하게 알아채기 위한 방법들을 살펴보자.

- 갑자기 소득에 비해 너무 고급스러운 생활을 하는 직원이 있으면 언제부터 그랬는지 알아본다.
- 구매담당자가 친구나 친척과 주로 거래하거나 공급업자로부터 값비싼 선물을 받은 것으로 의심되면 조사해 본다.
- 사라진 문서가 있거나 수표가 '분실'됐을 때, 혹은 기록에서 누락된 거래가 늘어날 경우 신속하게 조치를 취한다.
- 신용카드 거래내역과 휴대전화 및 인터넷 사용료 청구서를 수시로 검토하여 개인적인 비용이 단체에 청구되는 일이 없는지 확인한다.
- 어떤 비용이 과거에 비해 너무 높지 않은지 살펴보고, 특히 그 이유를 합리적으로 설명하기 어렵다면 주목할 필요가 있다.

윤리적 비용 상환 제도

비용이 발생할 경우 대부분은 수표로 편리하게 결제할 수 있다. 신용카드를 이용할 수도 있는데, 특히 여행 경비를 결제할 때 편리하다. 비교적 최근에 생긴 단체들은 안전한 재무 관리를 위해 수표에 두 개의 서명을 요구한다. 월급과 임차료, 주요 장비 구매 비용과 세금 등 정기적으로 나가는 비용은 미리 처리해 놓을 수 있기 때문에 그렇게 해도 불합리하지 않다.

하지만 두 개의 서명을 받는 것이 간혹 문제가 될 수도 있다. 작지만 꽤 괜찮은 뭔가를 즉석에서 구매할 때다. 비용 상환 제도는 어느 한 사람이 일방적으로 변덕스러운 소비를 하지 못하게 설계되어야 하지만, 25달러짜리 사무실 비품을 구입하는 것조차 주저하게 만들지는 않을 정도의 유연성 또한 필요하다.

한 가지 방법은 '선불금 계좌'를 개설해 한 사람만 서명하면 사무실의 일상적인 비용을 결제할 수 있도록 하는 것이다. 권한을 가진 관리자(최고경영자 등)는 이 계좌에서 일정한 금액을 지출할 수 있으며, 이 계좌는 단체의 '모master' 계좌와 분리된 별도의 계좌다. 선불금 계좌는 모계좌에 있는 자금으로 일정액이 다시 채워진다. 이때는 두 개의 서명이 필요한 수표를 사용하며, 이사장이나 회계담당자(혹은 두 사람 모두)가 지출내역(영수증과 같은 증빙자료를 포함해)을 검토한 뒤에 수표를 발행한다. 이 계좌에는 그 달에 필요한 경비뿐 아니라 다음 달 초 며칠 동안 쓸 비용까지 있어야 한다. 지출 보고서를 처리하는 데 며칠에서 몇 주가 걸리기 때문이다.

경영진은 어떤 유형의 지출이 상환을 받을 수 있으며 어떤 지출은 직원들이 직접 내야 하는지에 관한 일반적인 가이드라인을 제시해야 한다. 예를 들어 어느 도시를 가든 호텔 숙박비는 1박에 최소 60달러에서 최대 300달러까지 다양하다. 저녁 식사 또한 5달러에 해결할 수도 있고, 75달러짜리를 먹을 수도 있다. 그래서 많은 단체들이 각각에 대해 적정 금액을 정하는 대신에 하루 단위로 출장비를 지급한다. 하루 여행하는 데 합리적이라고 예상하는 금액을 정해서 일정하게 지급하는 것이다. 그 금액을 초과하는 비용은 직원이 부담해야 한다.

지출과 관련해서는 이사회의 방침을 필요로 하는 많은 문제들이 더 있다. 자동차 주행거리에 대해서는 직원에게 얼마를 보상해 줘야 하는가? 직원의 배우자가 직원과 함께 콘퍼런스에 참석해 비용이 더 많이

들었다면 어떻게 해야 하는가? 팁이나 주차요금 징수기를 이용한 경우처럼 영수증으로 증빙하기 어려운 지출은 어떻게 변제가 될까?

이 모든 문제는 그때그때 상황에 따라 해결될 수 있지만, 문제가 발생하기 전에 비용 상환의 본질에 대해 먼저 생각해볼 필요가 있다. 지금껏 많은 단체들이 실패한 이유는 아무런 지출 규정 없이 임의로 지출하다 보니 예산이 고갈되었기 때문이다.

윤리적 재무 관리 원칙

이제부터는 비영리단체에서 흔히 발생하는 윤리적 이슈 중에서 재무 관리와 관련된 것들을 나의 개인적인 견해와 함께 살펴보려고 한다.

(1) 비영리단체는 법을 준수해야 한다

재무 관리와 관련 있는 모든 내용을 '기록'으로 남겨야 한다는 뜻이다. 예컨대 컨설턴트에게 몰래 사례를 하거나 국세청 규정에 따라 법적으로 직원에 해당되는 사람을 외부 컨설턴트로 표기하면 안 된다는 얘기다. 법적으로 요구되는 모든 세무신고와 모금단체 등록, 각종 보고를 성실히 이행해야 한다. 또한 세금이 면제되는 자선사업 이외의 매출이 일정 금액을 초과할 경우 그에 대한 소득세 신고를 해야 한다(양식 990).

(2) 단체의 자원을 개인의 이익을 위해 사용하면 안 된다

이를 위해 비영리단체에서는 직원들에게 제공되는 자동차와 설비, 컴퓨터, 태블릿, 휴대전화가 어디까지나 단체의 자산이며, 따라서 알고도 혹은 모르고 다른 사람에게 넘겨주면 안 된다는 것, 그리고 단체를 떠날 때는 반드시 반납해야 한다는 것을 명확히 밝힌 규정을 마련해야 한다. 단체의 비품이 단체의 사명을 실천하고 공식 임무를 수행하는 것 이외에 다른 용도로는 사용되지 않아야 한다는 것도 명시해야 한다. 복사기의 경우 비용 상환에 대한 규정이 따로 마련되지 않는 한 단체의 업무를 위해서만 사용되어야 한다. 단체의 용품이나 자금이 사라진 것을 발견했을 때 경영진은 그냥 넘어갈 것이 아니라 범죄 신고를 하는 등 적절한 조치를 취해야 한다.

(3) 비영리단체는 금품 수수 규정을 마련해야 한다

비영리단체는 이사회와 직원들이 자신이 내리는 결정으로 혜택을 받을 수 있는 외부인으로부터 값비싼 선물을 받지 못하게 하는 금품 수수 규정을 마련해야 한다(6장 참조).

(4) 비영리단체는 이사진에 융자를 제공하면 안 된다

텍사스를 비롯해 미국의 여러 주에서는 이사들에 대한 대출을 금지하고 직원들에 대한 대출도 제한한다(Texas Business Organizations Code 2006). 단체가 이사에게 돈을 빌려주는 것이 정당화될 만한 상황을 떠올리기는 어렵지만, 직원의 경우에는 어느 정도 납득할 만한 상황들이 있다. 예컨대 신입 직원이 직장 근처로 이사를 해야 할 경우 가불이나 융자가 필요할 수 있다. 다만 단체는 돈을 빌려줄 때 그것이 진정으로 단체에 도움이 되며 단체의 사명을 실천하는 데 기여하는지 여부를 신중하게 따져 봐야 한다. 뿐만 아니라 모든 대출이 미국 국세청에서 규제하는 '초과편익'에 해당되지 않도록 주의해야 한다. 대출 이자가 사설 대출기관보다 낮을 때는 특히 그렇다. 법적인 고려는 제쳐 두더라도, 비영리단체가 대출을 해 준다는 것은 윤리적으로 아주 많은 우려를 낳기 때문에 대출을 제공하지 않는 편이 가장 깔끔하다.

(5) 경영진은 승인된 예산을 지키려고 성실히 노력해야 한다

이사회가 확정한 예산은, 법적인 구속력은 없지만 경영자들이 최선을 다해 따라야 하는 하나의 공식적인 청사진이다. 경영진이 예산 확정 절차를 단순히 거쳐야 할 과정으로 여기거나 이사회에서 통과시킨 예산을 하나의 권고로만 받아들이는 것은 윤리적으로 문제가 있다. 물론 예산 항목을 그대로 따르는 것이 말이 안 될 때도 분명 있다. 더욱이, 합리적인 사람이 봤을 때 낭비이거나 불필요하다고 생각할 만한 지출 항목이 예산에 포함되어 있다면 그것은 윤리적으로 문제가 있다. 이럴 때 관리자는 일방적으로 예산을 무시하기보다 이사회가 승인한 예산에서 수정할 부분을 찾아내 경영진이 그렇게 생각하는 이유를 이사회에서 검토하고 공식적으로 수정할 수 있도록 적절하게 조치해야 한다. 또한 예산에 포함되어 있다고 해서 무조건 지출하거나, 예산을 남겨 두면 향후 예산이 줄어들 것이라는 현실적인 혹은 막연한 우려 때문에 비용을 써 버리는 것은 비윤리적이다. 비영리 분야는 물론이고 영리 분야와 정부에서도 이런 관행이 만연한 탓에 소중한 자원이 낭비된다. 불필요한 지출을 자제하는 관리자들에게 징계가 아닌 보상을 주는 등 지출 관행을 개선할 유인책이 필요하다.

(6) 단체의 잉여금은 합리적인 수준이어야 한다

자선사업을 목적으로 모금을 하는 비영리단체는 어느 정도의 잉여금을 축적하는 것이 합리적인 수준일까? 자선단체 모니터링 기관인 와

이즈 기빙 얼라이언스는 당해 지출의 세 배 혹은 내년도 예산의 세 배 중 더 큰 금액을 초과하면 안 된다고 주장해 왔다(Wise Giving Alliance n. d.). 단체는 잠재적 기부자들에게 잉여금으로 축적될 금액을 밝히는 것이 적절한 상황에 대해서도 생각을 해 봐야 한다. 만약에 기부를 권유하는 주된 목적이 잉여금을 조성하기 위해서라면 그 사실을 반드시 알려야 한다.

(7) 잉여금과 당장 필요하지 않은 다른 소유물도 여전히 단체의 자산이다

단체의 모든 자산의 현황을 놓치지 않고 파악해야 한다. 유동자산의 배치를 꼼꼼하게 기록하고, 판매 혹은 폐기 처리하여 더 이상 관리하지 않는 자원에 대해서도 어떤 조건으로 그렇게 했는지를 기록으로 남겨야 한다. 단체에서는 정기적으로 컴퓨터와 가구, 자동차를 새로 교체한다. 이때 전에 사용하던 물품들도 여전히 단체의 자산이다. 그 물품들이 더 이상 쓸모가 없더라도 그냥 버리거나 직원들에게 나눠 주면 안 된다. 예컨대 자선모금을 위한 5킬로미터 달리기 대회를 진행한 비영리단체 책임자의 경우 기증받은 간식이 남았다고 해서 그것을 집으로 가져가면 안 된다. 일부 비영리단체는 매년 바자회를 열어, 더 이상 사용하지 않는 비품이나 낡은 컴퓨터(하드드라이브의 데이터를 삭제한 다음에), 남는 가구 등을 판매하기도 한다.

(8) 단체의 자원은 기부자나 양도인, 혹은 이사회가 정한 목적 이외에 다른 용도로 사용되면 안 된다

비영리단체 경영진에게는, 단체의 핵심 사명을 실천하기 위해 기부받은 자원을 오직 그 사명에 부합하는 방식으로 분배하여 기부 목적에 맞게 사용되도록 해야 할 윤리적(또한 법적인) 책임이 있다. 절대 개인적인 용도로 사용되면 안 된다. 이러한 자원을 다른 단체로 넘기는 것 또한 비윤리적이다. 그렇게 해야만 하는 정당한 이유가 없다면 특히 그렇다. 예컨대 비영리단체 직원이 그 단체와 전혀 관계없는 다른 단체를 위해 자선모금 달리기 대회를 기획하면서 자신이 속한 단체의 자원을 사용하는 것은 비윤리적이다. 그 직원이 개인적으로 혜택을 보는 것이 전혀 없고 모든 자원이 자선사업에 쓰인다고 하더라도 마찬가지다.

(9) 비영리단체가 포함된 모든 금전 거래는 법적으로 요구되는 양식에 맞게 기록되어야 한다

직원이 지출한 경비를 빠르고 간편하게 변제하기 위해서는 기부금을 받는 즉시 그 직원에게 넘겨주는 것이 '효율적'일지 모른다. 하지만 기부자가 건넨 수표는 반드시 단체의 계좌에 입금하고, 비용 변제용 수표는 별도로 끊어야 한다. 모든 금전 거래는 빠짐없이 올바른 방법으로 기록되어야 한다. 만일의 경우를 대비해 재난이 일어나도 재무관리 시스템을 이용하는 데 문제가 없도록 종이 서류와 전자 기록 모두에 대해 충분한 백업을 해 두어야 한다.

(10) 비영리단체 임직원과 이사회는 이해관계의 충돌을(그러한 모양새까지도) 피해야 한다

이사회와 임직원(혹은 그들의 친인척)이 단체의 회계감사인이 되면 안 된다. 직원들은 단체의 사업을 이사나 임직원(혹은 그들의 친인척), 아니면 그들을 고용할 수 있는 누군가에게 유리한 방향으로 유도하면 안 된다. 단체를 대표하여 의사결정을 내릴 때 직원 개인에게 이득이 되는 결정을 내리는 것도 안 된다. 비영리단체 이사회와 임직원은, 단체에서 의사결정을 내릴 때, 자신이 속한 또 다른 조직을 개입시킬 경우 이해관계의 충돌 가능성 때문에 문제가 될 수 있음을 명심해야 한다(이해관계의 충돌 방지 규정 샘플은 IRS 2016 참조). 주의할 점은 이해관계의 충돌 사례 중에 불법은 아니지만 국세청 규정에 어긋나기 때문에 그들이 받은 혜택에 대해 민·형사상의 책임을 물을 수 있는 경우가 많다는 것이다. 윤리적으로 생각해 보면 단체에 속한 사람들은 단체의 의사결정에 참여하지 못하는 일반 시민보다 그 어떤 혜택도 더 누리면 안 된다. 이해관계의 충돌이 일어날 것 같다고 판단한 단체 임직원이나 이사가 그 사실을 공개하고 의사결정에 참여하지 않는다고 해도 윤리적인 문제가 완전히 해소되는 것은 아니다.

(11) 수입과 지출에 관한 모든 업무를 한 사람이 통제하면 안 된다

앞서 설명했듯이 '업무 세분화'를 하면 부정행위에 노출될 가능성을 최소화하지만 그 가능성을 완전히 없애지는 못한다. 직원이 단체의 공금을 마치 개인용 현금자동입출금기ATM처럼 사용하고, 단체의 자금으로 개인의 물품을 구매하는 일을 막으려면 '견제와 균형'을 갖춘 시스템이 필수적이다.

(12) 비영리단체는 윤리적인 투자 정책이 필요하다

단체의 가치나 목적에 어긋나는 방식으로 운영되는 사업에 투자하는 것을 철저히 금지하는 투자 정책을 마련해야 한다. 이사회에 적용되는 투자 관련 정책(6장 참조)은 직원들에게도 똑같이 적용된다. 예컨대 단체의 최고재무책임자는 자기 배우자의 자산관리회사에 투자를 맡기면 안 된다. 야구 카드 수집가인 최고경영자는 단체를 위한 투자의 한 방법으로서 야구 카드를 구매하려고 해서는 안 된다. 그 카드를 소유할 목적이 아니더라도 문제가 될 수 있다. 이 같은 행동이 반드시 불법은 아니지만, 단체의 임직원이 자신의 지위를 이용해 개인적인 이익을 도모했다는 점에서 비윤리적이라고 생각된다. 금전적인 '이득'을 볼 의도가 전혀 없더라도 말이다.

(13) 급여와 혜택, 각종 특전은 합리적인 수준이어야 한다

적절한 임금 체계를 결정한다는 것은 어쩌면 비영리 분야에서 가장 난해한 윤리 문제일지 모른다. 봉급이 너무 높아도 문제가 되고, 너무 낮아도 윤리적으로 문제가 된다. 재단이나 기업으로부터 보조금을 받거나 정부와의 계약으로 자금을 지원받는 단체의 경우, 자금을 제공하는 기관에서 과도한 급여에 제한을 둘 수 있다. 하지만 주로 개인의 기부나 서비스 이용료에 의지하는 단체의 경우(아마도 국세청의 중간적 제재 말고는) 그런 제한을 전혀 받지 않는다. 만약에 이사회가 단체의 목적을 얼마나 잘 실현했는지 여부가 아니라 총수입금을 기초로 최고경영자에게 보상을 지급한다면 윤리적 함정에 빠지는 것이다. 최고경영자의 급여를 정할 때 이사회가 고려할 수 있는 기준은 여러 가지가 있다. 단체의 규모와 복잡성, 다른 비슷한 단체의 최고경영자가 받는 급여 액수, 그 급여가 대중으로부터 정당성을 인정받을 수 있는지 여부 등이다. 일부 비영리단체는 임금 체계에 비례원칙을 둠으로써 단체 내 최저 임금으로 최고 임금을 제한하기도 한다(예컨대 최고 임금이 최저 임금의 세 배를 초과할 수 없다). 윤리적 차원에서의 제한에 더해, 〈납세자권리보장법 2〉의 제정으로 이제는 법적으로도 과도한 보상 지급에 제한이 있다. 윤리적인 직원 관리란 각각의 직원을 존엄하게 대하고 존중하며 품위 있는 생활을 할 수 있는 임금을 제공하는 것이다. 뿐만 아니라 건강보험을 포함한 기본적인 혜택을 보장해야 한다. 사회적 가치를 확산하기 위해 일하는 자선단체에서 그 가치에 반하는 형태로 직원을 대할 경우 심각한 갈등이 생길 수 있다.

(14) 법인카드는 법인카드를 써야 하는 타당한 이유가 있는 사람에게만 지급해야 한다

법인카드는 그 편리성에도 불구하고 함부로 사용하거나 부정하게 사용될 위험이 큰 만큼 각별한 주의가 필요하다. 신용카드 거래내역은 기존의 상품거래명세서에 비해 훨씬 단순하다. 신용카드로 ATM 기기에서 현금도 인출할 수 있는데, 거래내역만 봐서는 어느 직원이 인출했는지를 알 수 없다. 가장 좋은 방법은 신용카드를 필요로 하는 직원에게 적절한 한도의 신용카드를 개별적으로 발급해 주고, 다른 직원들과 카드를 공유하지 못하도록 금하는 것이다. 단체는 카드 사용내역서를 꼼꼼히 살펴 부정하게 사용된 사례가 없는지 확인해야 한다. 뿐만 아니라 모든 카드 구매내역에 대해서는 근거 자료를 요구하고, 부정하게 사용한 경우엔 합당한 조치를 취할 수 있는 시스템을 갖춰야 한다.

(15) 비영리단체는 영리단체와 다른 대우를 받는 정당한 이유를 명심하며 공공의 이익을 위해 일해야 한다

병원, 요양원, 대학, 헬스클럽 등은 영리 시설일 수도 있고 비영리 시설일 수도 있다. 밖에서 보면 겉모습도 똑같고 제공하는 서비스도 거의 비슷하다. 둘의 분명한 차이는 운영 목적에 있다. 비영리단체, 그중에서도 연방정부로부터 세금을 면제받는 비영리단체가 상당한 혜택을 받는 이유는 그들이 가능한 한 많은 이익을 거두려고 하기보다 공익에 기여하려는 목적을 위해 노력할 것으로 기대하기 때문이다. 그러나 비영리단체가 프로그램을 운영하고 직원들에게 임금을 지급할 충분한 수입을 확보하지 못한다는 것은 곧 단체가 장기적으로 지속되기 어렵다는 뜻인 만큼 모든 비영리단체는 재무 상태에 민감할 수밖에 없다. 아직은 비영리단체들이 가능한 한 수입을 늘리는 데 집중하고 수익성이 좋지 않을 것 같은 사업은 희생시키는 일이 비일비재하다. 비영리단체가 본래의 사명을 망각하고 가능한 한 많은 수입을 올리는 방향으로 운영되는 것은 윤리적으로 문제가 있다. 그렇게 거둔 순이익을 이사회 구성원들끼리 나눠 갖지 않더라도 말이다(혹시라도 그런다면 이는 불법이다).

(16) 비영리단체는 단기적 수익 때문에 장기적 수요를 포기하면 안 된다

단체는 특정 임직원이나 이사가 활동하는 기간보다 오랫동안 안정적으로 운영되어야 한다. 비영리단체는 장기적인 관점에서 관리되고 운영되어야 할 윤리적 책임이 있다. 단체의 장기적 생존을 방해할 수 있는 문제가 발생한다면 어떻게 대처할지에 대해서도 생각해 봐야 한다. 경영진은 단기적으로 조직에 이익이 될 것 같은 결정을 내려 관리자나 최고경영자가 좋은 평가를 받고 재계약 협상에 유리해지는 것이 비윤리적이라는 사실을 명심해야 한다. 그러한 결정은 장기적으로 조직에 해가 돼, 훗날의 관리자나 최고경영자가 그 부담을 안게 된다. 이것은 아메리카 원주민 이로쿼이족Iroquois의 윤리 개념과도 맥을 같이한다. 이로쿼이족은 어떤 결정을 내릴 때, 그 결정이 앞으로 일곱 세대 이후를 살아갈 이들에게 미칠 영향을 고려해야 한다고 강조한다(*Yahoo.com* n. d.).

활동해 봅시다

1. 인터넷에서 실제 비영리단체의 내부고발자 보호 정책을 찾아보자. 만약 여러분이 일하는 비영리단체 곳곳에서 횡령이 일어나고 다른 비리도 있다는 것을 알게 됐다면, 마음 편히 내부고발자가 될 수 있을 것 같은지 이야기해 보자.

2. 비영리단체가 연루된 실제 사기 사건을 조사해 보고 그런 비리를 막거나 조금 더 빨리 발견하는 데 도움이 될 만한 정책의 초안을 만들어보자.

3. 〈사베인스 옥슬리 법〉 전문을 읽고, 비영리단체에게는 의무가 아니지만 비영리단체에 똑같이 적용되면 훌륭한 공공정책이 될 조항을 찾아 보고서를 작성해 보자.

토론해 봅시다

1. 비영리단체의 직원이 한 명뿐이라면 자금의 낭비와 오용, 부정행위를 최소화하기 위해 어떤 통제 장치를 도입해야 할까?

2. 비영리단체 직원이 업무용 전화기를 사적인 통화에 사용한 사실을 적발할 경우 어느 정도의 통화료가 발생했을 때부터 징계를 내려야 할까?

3. 비영리단체 임원들이 단체의 목적을 위해 기금을 사용할 수 있는 권한에 대해 이사회는 어떤 통제를 해야 할까? 달라진 상황에 대처하기 위해 임원이 이사회의 승인을 받지 않고 예산을 수정할 수 있는 유연성은 어느 정도로 허용되어야 할까?

4. 지금이 2014년 여름이고, 여러분은 미국루게릭병협회ALS Association 최고재무책임자라고 상상해 보자. '아이스버킷 챌린지' 덕분에 한 달 뒤면 예상치도 못했던 1억 달러 넘는 기부금을 받게 된다는 사실을 알았을 때 재무 관리에 어떤 변화가 필요하다고 생각하겠는가? 기부자 한 명이 한 번에 1억 달러를 기부할 때와 비교하면 어떤 차이가 있을까? 이런 예상치 못한 기부금을 시의적절하면서도 책임감 있게 사용하려면 어떤 윤리적 대응이 필요할까?

제 8 장

윤리적인 보조금 관리

보조금은 비영리단체가 임금을 지급하고, 단체의 사명에 부합하는 재화와 서비스를 제공하며, 최소한 '현상 유지'라도 할 수 있게 하는 데 중요한 역할을 한다.

보조금 관리도 모금 관리만큼이나 윤리적으로 문제가 많을 수밖에 없다. 서로에 대한 높은 신뢰를 전제로 거래가 이뤄질 때가 많고, 그 돈이 어떻게 쓰이는지에 대한 아주 형식적인 설명만으로 거액이 오가기도 한다. 그렇다 보니 정직하지 못하게 만드는 요인이 구조적으로 내재되어 있다. 담당자가 정직이라는 기본적인 윤리 원칙을 위반할 때 아무런 사심 없이 그렇게 행동하고, 진심으로 개인의 이익보다 공공의 이익과 단체의 이익을 높이기 위해 노력하고 있다고 느끼더라도 말이다. 그것이 사실일 수도 있지만, 그 당사자는 어쩌면 자신의 부도덕함을 어설프게 합리화하며 스스로를 속이고 있는 것인지도 모른다.

보조금과 관련된 윤리적 이슈는 앞서 다뤘던 모금 윤리와 완전히 똑같진 않지만 상당히 유사하다. 보조금만의 특징도 몇 가지 있다. 공통점은 돈을 다루는 일이다 보니 비리가 일어날 수 있다는 점이다. 사회적으로 용인되지 않는 방식, 심지어 불법적이거나 비윤리적인 방법까지 동원해 돈을 타 내려는 사람들이 늘고 있다.

보조금을 신청한 사람이 보조금을 받아 개인 계좌에 넣거나 사적으로 유용하는 것은 법적으로나 윤리적으로 문제가 있는 행동이라는 데 모두 동의할 것이다. 하지만 윤리적으로 판단하기 애매한 행동들도 많고 그중엔 돈과 직접적으로 관련 없는 것들도 있다.

이 장에서는 보조금 관리와 관련 있는 주요 윤리적 이슈를 보조금을 제공하는 쪽과 제공받는 쪽의 관점에서 모두 살펴보겠다. 또, 몇 가지 행동이 적절한지 여부를 논의해 보고자 한다. 대부분 회색지대에 속하는 애매한 행동들이다. 구체적인 사실과 상황에 따라 판단이 달라질 수 있어서 어떤 경우에도 무조건 잘못된 행동 같은 것은 예상하기 어렵다.

미국에는 정부부처나 기업 등에 보조금을 신청하는 사람들을 대변하는 단체가 두 개 있다. 미국보조금신청인협회American Grant Writers' Association (AGWA 2015) 와 보조금전문가협회Grant Professionals Association (GPA n. d.) 다. 두 단체 모두 회원들이 지켜야 할 윤리강령이 있는데, 몇 가지 공통된 특징이 보인다. 두 단체의 윤리강령에 언급된 이슈와 함께, 보조금을 신청해 본 당사자로서 내가 직접 경험한 몇 가지 이슈도 덧붙여 살펴보고자 한다.

(1) 보조금 신청인은 최종 수령한 보조금의 일정 비율을 사례비로 받으면 안 된다

보조금 신청인은 일정한 급여나 고정 수수료, 혹은 보조금을 신청할 때마다 시간제로 비용을 받아야 하며, 보조금 수령을 조건으로 보상을 받으면 안 된다. 그 이유는 모금 전문가의 경우와 비슷하다(11장 참조). 이 문제에 대한 자세한 논의는 미국 워싱턴주를 대표하는 보조금 전문가 단체 푸젯사운드 보조금신청인협회Puget Sound Grantwriters Association 웹사이트를 참조하라.

(2) 보조금 신청인에 대한 보상을 숨기기 위해 보조금 예산의 다른 항목에 포함시키면 안 된다

가능하면 보조금 신청인의 서비스 비용을 예산의 별도 항목으로 만들거나, 단체 예산의 보조금 신청 혹은 행정 비용 항목에 포함시켜야 한다. 그렇지 않으면 예산과 관련해 보조금 제공 기관을 속이는 것이다.

(3) 보조금 신청인이나 보조금을 받고자 하는 단체는 중개수수료나 정률 수수료, 소개료 등을 지불하면 안 된다

(4) 보조금 신청인은 비밀을 보장해야 한다

보조금에 포함된 정보는 민감한 것일 수 있다. 보조금 신청인에게 비용을 지급하고 나면 보조금 신청서는 서비스를 의뢰한 단체의 소유가 된다. 따라서 보조금 신청인은 단체의 허락 없이 신청서에 포함된 자료를 다른 목적으로 사용하면 안 된다. 이 원칙은 기부자 및 기부 전망 보고서에도 똑같이 적용된다.

(5) 보조금 신청인은 서비스를 의뢰한 단체에 반드시 알리고 허락을 받은 다음에 보조금을 신청해야 한다

단체가 특정 보조금을 신청하지 않는 데는 나름의 이유가 있게 마련이다. 그 보조금이 단체의 목적과 맞지 않거나 보조금을 제공하는 기관과 관계 맺기를 원치 않을 때 특히 그렇다. 그런데도 단체에 전혀 알리지 않고 임의로 보조금을 신청하는 것은, 사전에 그래도 된다는 허락을 받은 것이 아니라면 윤리적으로 문제가 있다.

(6) 특정한 목적을 위해 신청되고 그 목적을 위해 제공된 보조금은 제공 기관의 동의 없이 다른 목적으로 전환해 사용하면 안 된다

보조금을 수령한 단체는 보조금이 지급된 목적에 맞게 보조금을 사용할 의무가 있다. 보조금을 다른 목적으로 사용하는 것이 충분히 납득이 되는 상황이 있을 수 있지만 보조금을 제공한 기관에 알리지 않고 허락도 받지 않은 채 그렇게 하는 것은 윤리적으로 문제가 있다.

(7) 보조금을 신청할 때는 이해관계의 충돌을 유의해야 한다

보조금을 신청할 때 이해관계의 충돌이 우려되면 보조금 신청인은 그 사실을 반드시 공개하고 언제나 개인의 이익보다 자선사업의 목적을 우선해야 한다. 보조금의 일부가 보조금 신청인이 운영하는 사기업 등에 금전적 혜택을 주는 방향으로 사용되는 경우가 있을 수 있다. 이런 일은 피하는 것이 최선이지만, 불가피하다면 최소한 이해관계가 충돌한다는 사실을 미리 공개해야 한다.

(8) 보조금 신청서의 모든 정보와 자료는 정확하고 정직해야 한다

주요 직원 이름과 역할, 경력은 물론이고 신청서 내용을 뒷받침하는 근거 자료, 보조금 사용 목적과 계획 등, 보조금 신청서에 포함된 모든 정보와 자료는 정확하고 믿을 수 있는 것이어야 한다. 보조금 신청서를 작성할 때면 신청서를 더 매력적으로 보이게 하기 위해 지역사회의 요구와 성과, 예산 정보, 지역사회 지도자들의 지원, 단체 경영진과 직원들의 전문성과 교육 수준 등을 과장하고 싶은 충동을 느낄 수 있다. 그러나 어떤 이유로든 정보를 부풀리는 것은 비윤리적일 뿐만 아니라, 정보를 제공받은 쪽에서 정보가 부정확하고 신뢰할 수 없다고 판단할 경우 단체의 명성이 훼손될 수 있다.

(9) 보조금 신청서의 정보와 관련해 변화가 생기면 이를 보조금 제공 기관에 알려야 한다

보조금이 승인되기 전이든 후든 보조금 신청서에 기입한 정보와 다른 상황이 벌어지면, 보조금을 제공하는 기관에 그 사실을 신속하게 알려야 한다. 예컨대 보조금과 연계된 활동을 책임지는 핵심 직원이 사직하는 경우 보조금 제공 기관에 곧장 알려야 한다.

(10) 보조금 신청인은 '복제된' 신청서를 제출하면 안 된다

복제된 신청서란 서비스를 의뢰한 단체에 맞게 새로 작성한 신청서가 아니라 어느 단체가 서비스를 의뢰하든 매번 거의 동일하거나 비슷하게 작성하는 신청서를 의미한다. 복제된 신청서가 왜 비윤리적인지에 대해서는 http://grantresults. wordpress. com/tag/ethics를 참조하라 〔형식만 바꾸고 내용은 거의 똑같은 신청서를 각기 다른 단체의 이름으로 제출할 경우 심사 단계에서 적발되면 보조금을 유치하는 데 불리할 뿐 아니라 단체의 명성에도 해가 되는 만큼 윤리적으로 문제가 있다고 지적한다 ― 옮긴이).

(11) 단체의 직원은 보조금 제공인과 이중관계를 맺지 않아야 한다

다시 말해, 단체의 직원은 보조금을 제공하는 당사자나 보조금을 제공하는 기관의 관계자와 사적으로 부적절한 관계를 맺으면 안 된다. 이중관계를 맺게 될 경우 철저해야 할 업무 관계를 흩뜨릴 수 있다. 같은 이유로 보조금 신청을 담당하는 직원도 보조금과 관련된 의사결정에 영향을 미칠 수 있는 이중관계 형성을 피해야 한다.

(12) 보조금 신청인과 보조금 제공인, 보조금 심사인은 각자의 전문 역량을 벗어나는 활동에 참여하면 안 된다

뿐만 아니라 자신이 속한 분야의 발달에 뒤처지지 않도록 능력 개발을 위해 노력해야 한다(계속해서 교육을 받고, 콘퍼런스에 참석하고, 동료들과 교류하고, 전문가 협회 활동에 참여하는 방법 등을 통해). 보조금전문가협회 윤리강령에 명확히 표현된 것처럼 보조금 신청인은 '각자의 전문 역량을 향상시키기 위해 부단히 노력해야 한다'.

(13) 단체는 모든 보조금을 처음부터 관리해야 한다

제3의 보조금 신청인이나 컨설팅 단체가 보조금을 수령해 넘겨주도록 하지 말고, 보조금을 받는 단체가 모든 보조금을 처음부터 완벽하게 관리해야 한다. 보조금을 받을 때는 언제나 해당 단체의 명의로 신청해야 한다. 보조금 유치를 전문으로 하는 단체나 개인, 혹은 단순히 보조금 신청 서비스만 제공하는 업체 명의로 보조금을 신청하면 안 된다.

(14) 보조금 제공 기관은 보조금을 받은 단체와
적절한 선을 유지해야 한다

보조금을 제공한다고 해서, 보조금을 합리적으로 관리하는 데 필요한 수준을 벗어나 경영방식이나 사업, 정책에까지 영향력을 행사하거나 직접 관여할 수 있는 권한이 생기는 것은 아니라는 사실을 명심해야 한다. 보조금을 받는 단체는 보조금을 제공한 기관에 감사해야 하지만 동등한 협력 관계라고 인식해야 한다. 보조금을 받는 단체는 보조금을 제공하는 기관과 동일한 목표를 위해 시간과 창의력, 전문성, 성실한 작업 등의 자원을 투입하기 때문이다.

(15) 보조금을 제공하는 기관은 특정 단체에 보조금을 지급하기로
이미 내정한 상태에서 허위로 보조금 신청을 받으면 안 된다

만약 그럴 경우, 보조금을 받을 만한 자격과 가능성이 충분하다고 여긴 단체들이 시간과 비용을 들여 보조금 신청서를 준비하게 된다. 보조금을 받을 가능성이 전혀 없는데도 말이다.

(16) 보조금 지급 기간을 연장하지 않을 계획인 경우
보조금을 받는 단체에 적정한 시점에 그 사실을 알려야 한다

보조금을 받는 단체가 보조금 지급 중단에 대비한 계획을 세울 수 있는 충분한 시간을 줘야 한다. 가능하면 보조금으로 운영되던 프로그램을 유지할 수 있는 대안까지 제시해 주는 것이 좋다.

토론해 봅시다

1. 비영리 단체들이 보조금을 신청하는 이유는 단체의 사명과 목적 때문이라기보다 자금 조달에 대한 압박이 심해서일까? 이 점에는 어떤 윤리적인 의미가 있을까?

2. 비영리단체가 보조금 신청인에게 시간제 요금이나 고정된 수수료를 지급하는 대신 유치에 성공한 보조금 액수에 비례해 보상할 경우 우려되는 점은 어떤 것들이 있을까? 보조금 신청인에게 지불할 예산이 없는 단체는 보조금을 유치하는 데 성공할 경우에만 사례를 지급하겠다고 하는 것이 적절하다는 논증을 세울 수 있을까?

활동해 봅시다

1. 다섯 개 재단의 보조금 신청서를 다운로드 받아 공통된 특징을 찾아보자. 혹시 여러 기관에서 공동으로 사용하는 보조금 신청서 양식이 있는지 찾아보고 이와 관련해 윤리적으로 제기될 만한 문제가 없는지 생각해 보자.

2. 보조금 신청인을 초청해 보조금을 신청하는 일의 윤리적 의미에 대해 이야기를 들어 보자.

3. 보조금을 제공하는 재단의 담당자를 초청해 보조금을 제공하는 윤리적 의미에 대해 이야기를 들어 보자.

제 9 장

윤리적인 인사 관리

비영리단체의 가장 중요한 자원은 인적 자산이라는 데 이의를 제기할 사람은 거의 없을 것이다.

이사회가 최고경영자를 선임하면, 그 최고경영자는 단체의 윤리 문화와 방향뿐 아니라 단체의 사기와 이미지, 재무 안정성에도 영향을 미친다. 하지만 지위가 가장 낮은 직원도 부정적이든 긍정적이든 상당한 영향을 미칠 수 있다. 창의적이고 포용적이고 다재다능하며 영리하고 고무적이고 팀워크가 좋은 직원들도 있다. 반면에 융합이 잘 안 되고 해로운 직원들은 사기를 떨어뜨리고 비리를 일으켜 수십 년간 쌓아 온 단체의 명성을 엉망으로 만들 수도 있다.

펜실베이니아 주립대학교 아동 성폭력 사건과 버니 매도프 스캔들로 인한 충격의 여파는 지금까지도 느껴진다. 2001년엔 미국 적십자 총재가 기만적인 모금 정책을 운영한 혐의로 사임한 것이 일간지 1면을 장식한 바 있다. 하지만 그 후임자 중 한 명은 부하 직원과의 부적절한 관계를 맺은 사실이 밝혀져 취임 6개월 만에 물러났다(Crary 2007). 미국 상이용사 재단Disabled Veteran National Foundation에 기부된 금액 대부분이 모금활동가의 통장 잔액을 늘리는 것 말고는 달리 쓰인 데가 없다는 CNN의 보도가 나간 뒤, 수백만 시청자들이 자선단체에 기부하는 돈이 과연 도움을 필요로 하는 사람들에게 제대로 전해질지 여부에 대해 의심하기 시작했다(Fitzpatrick & Griffin 2012).

우리 사회가 소송을 제기하는 일이 많아짐에 따라, 비영리단체 이사나 직원, 자원봉사자, 재무 자문, 회계담당자의 비윤리적인 행위는 자칫 처참한 결과로 이어질 수 있다. 고령자나 어린이, 장애인과 긴밀한 관계를 맺으며 인적 서비스를 제공하는 많은 비영리단체들이 법정에서 직원들의 행동을 변호해야 하는 일이 심심찮게 벌어지고 있으며 수백만 달러에 이르는 소송 비용을 감당해야 할 처지다. 어떤 경우 비영리단체 직원의 비윤리적인 행위는 불우한 고객의 사활이 걸린 문제가 되기도 한다. 비영리단체를 윤리적으로 관리하고 직원을 현명하게 선택해야 하는 책임을 결코 가볍게 취급해선 안 된다.

비영리단체에게 직원은 그들에게 지급하는 급여 이상의 투자다. 새로 고용한 직원 한 명으로 인해 단체의 분위기가 사뭇 달라진다. 따라서 이력 조회를 제대로 하지 않거나 막연히 적합한 인재라고 확신하여 그릇된 채용 결정을 내릴 경우 오랫동안 단체를 괴롭히거나 아예 망하게 만들 수도 있다.

법을 준수하며 윤리적으로 단체의 사명을 실천해 나갈 능력과 경험을 갖춘 인재야말로 비영리단체의 가장 값진 자산이다. 직원들은 자신이 속한 단체가 개개인의 요구에 충분히 대응할 수 있을 정도의 유연성을 갖춘 조직이라고 느낄 필요가 있다. 역으로 단체는 효율적이고 효과적이며 경제적으로 운영되어야 하며 모든 직원을 공정하고 평등하게 대해야 한다. 직원들은 어느 영역에서 일하든 자기가 이용당하고 있다고 느끼면 본래 정직한 성격인데도 불구하고 '복수를 하기' 위해 비윤리적인 행동에 가담하는 경우가 적잖이 발생한다(Gerstner & Day 1997). 경영진은 직원들을 공정하게 윤리적으로 대해야 하며, 윤리적인 문화가 뿌리내릴 수 있도록 윤리적인 행동엔 보상을 주고 비윤리적인 행동엔 징계를 내려야 한다. 경영진이 그렇게 할 때 직원들도 각자 맡은 일을 법에 어긋나지 않게, 윤리적으로 수행할 가능성이 높다.

윤리적인 인사규정

비영리단체는 급여를 받는 직원이 한 명일 수도 있고 수백 명일 수도 있다. 직원 수에 관계없이 윤리적 행동 기준을 포함한 인사규정이 문서로 정리되어 있으면 자칫 단체를 무너뜨릴 수도 있는 논란을 미연에 방지할 수 있다. 확실히 규모가 작은 단체의 인사규정은 규모가 큰 단체에 비해 덜 복잡할 것이다. 비슷한 규모를 가진 여러 단체의 인사규정을 검토해 보고 자신의 단체에 필요한 조항을 가장 잘 표현한 것을 골라서 반영하는 것도 좋은 방법이다. 인사규정을 처음부터 완전히 새로 만들 필요는 없지만 인사규정을 마련하는 것은 대단히 중요하다 (Grobman 2015b).

인사규정은 주기적으로 재검토할 필요가 있다. 기술의 발달에 따른 변화를 적절히 반영하기 위해서라도 그래야 한다. 업무 시간은 물론이고 업무 외 시간에 사무실 컴퓨터 및 인터넷 사용에 대한 명확한 규정이 필요하다. 예를 들어 사무실 컴퓨터를 이용해 음란물을 검색, 저장, 유포하는 행위는 철저히 금지해야 한다. 이 밖에 도박 사이트에 접속하거나 게임을 하는 것, 일자리 검색도 금지해야 한다. 저작권이 있는 자료를 전달하거나 시스템 해킹 등 불법적인 목적을 위해 단체의 하드웨어나 소프트웨어를 이용하는 것을 금지하는 조항도 있어야 한다. 한 번 규정이 마련되거나 수정이 되면, 모든 직원에게 그 내용을 문서로 보여 주고 직원들로부터 확인하고 이해했다는 서명을 받아야 한다.

만약에 직원들이 인터넷을 사적 용도로 사용하지 않기를 바란다면 그 내용 또한 인사규정에 명시할 필요가 있다. 기밀보호 조항과 함께 개인의 불법 혹은 비윤리적 행동으로 인해 단체가 입을 수 있는 피해, 직원들이 개인 블로그나 소셜미디어에 단체 관련 게시물을 올릴 때 주의할 점 등에 관한 조항들도 있어야 한다.

인사 관리에서 발생할 수 있는 윤리적 이슈

윤리적인 인사 관리를 위해 신경 써야 할 몇 가지 이슈를 살펴보자.

(1) 직원들에게 지식재산권법을 교육하고 법을 준수하게 해야 한다

저작권 침해나 불법 복제 등 다른 사람의 지식재산권을 침범하는 행위를 묵인하면 안 된다. 컴퓨터 소프트웨어는 반드시 정품을 사용하고, 웹사이트에 게시물을 올릴 때는 저작권자로부터 서면 동의를 받고 저작권료를 지불해야 한다는 뜻이다. 출판사의 동의 없이 이 책의 일부(혹은 다른 저작권이 있는 자료)를 복사해 이사들에게 나눠 주는 것도 안 된다. 그것은 엄연한 불법 행위일 뿐만 아니라 윤리적으로 잘못된 행위다.

(2) 직원이 업무와 무관한 외부 활동으로 거둔 수입에 대해서 관여하지 말아야 한다

비영리단체 업무와 직접적으로 관련된 수입은 당연히 단체에 귀속되어야 한다. 비영리단체 대표와 직원들은 강연이나 교육, 기술적인 도움이나 다른 여러 가지 일로 사례비나 자문료를 받는 일이 종종 있다. 이때 윤리적 쟁점은 그 사례비를 개인이 가져도 되는지 아니면 단체에 넘겨야 하는지 여부다. 만약에 단체와 관련된 모든 외부 수입이 단체에 귀속된다는 원칙에 입각한 규정이 있다면 이런 갈등을 피할 수 있다. 예를 들어 비영리단체의 최고경영자가 그 단체를 대표하여, 혹은 그 분야의 전문인으로서 전국 콘퍼런스에서 강연을 하고 사례비를 받는다면 그 사례비는 단체에 귀속되어야 한다. 하지만 그 최고경영자가 주말에 록밴드 공연을 하고 출연료를 받는다면 그건 개인의 소득이 맞다. 그러나 이런 규정에는, 업무 시간과 개인의 사적인 시간을 구분하기가 그리 쉽지 않다는 문제가 있다. 이런 규정에 반대하는 이들은 임직원이 자신의 여가 시간을 활용하는 것에 대해서는 단체가 관여하지 말아야 한다고 주장한다. 그렇다면 직원들이 일을 하며 얻은 지식과 경험을 활용해 개인적인 소득을 얻는 것은 과연 윤리적이라고 볼 수 있을까? 비영리단체는 직원을 고용할 때 그들의 시간만 구매하는 것인가 아니면 그 사람의 직업적 관심을 전적으로 활용하길 기대하는 것인가? 이사회나 최고경영자가 이 문제에 침묵하는 한 외부 수입은 사적인 문제로 간주된다. 만약에 유급 직원들이 야간에 부업을 하는 것이 적절치 않다고 본다면 그 내용을 반드시 인사규정이나 고용계약서에 명시해야 한다.

(3) 급여, 수당, 특전 등은 합리적이어야 한다

적절한 임금 체계를 결정하는 것은 민감하지만, 윤리적으로 중요한 문제다. 이와 관련해서는 7장에서 다루었다.

(4) 부적절한 관계는 금지해야 한다

비영리단체 경영진과 이사진은 성희롱을 비롯해 다른 직원들이 불편하게 느끼는 행동을 절대 하면 안 된다. 좋게 보면 으름장이고 나쁘게 보면 협박인 그런 행동도 하면 안 된다. 직원들은 공정한 대우를 받아야 한다. 특히 업무를 분배할 때 특정인을 편애하면 안 된다. 친인척을 채용하는 관행은 엄연한 이해관계의 충돌이고 이중관계를 형성하는 만큼 반드시 피해야 한다. 경영진과 이사진은 개인적인 친목이 업무상의 판단에 영향을 주지 않도록 주의해야 한다. 상사와 부하 직원이 연애 혹은 성적인 관계를 맺는 것 또한 이해관계의 충돌이다. 두 사람이 지휘감독 체계와 무관한 사이이더라도 직장 내에서 사적인 관계를 맺는 것은 문제가 있다고 보아 이를 금지하는 단체들이 많다.

(5) 직원들이 일과 사생활의 적절한 균형을 이루며 생활할 수 있도록 적극적으로 지원해야 한다

업무 시간이 아니더라도 업무와 관련된 위급한 사안이 생기면 당연히 대응을 해야 한다. 하지만 직원들이 휴식을 취하고 개인과 가족의 건강을 돌보며, 충분한 수면과 운동, 식사를 하고 가족과 함께 지낼 수 있는 시간을 보장해 줘야지 하루 24시간, 일주일 내내 일만 하길 기대하면 안 된다. 관리자는 직원들이 가족을 돌보는 사람으로서의 책임을 다할 수 있게 해야 한다.

(6) 부적절한 이중관계는 피해야 한다

상사가 일이 많다는 이유로 부하 직원에게 개인적인 심부름을 해 줄 수 있느냐고 부탁하면 안 된다. 상사와 부하 직원은 공식적으로 주어진 임무 외에 다른 사업적 관계를 맺으면 안 된다. 그렇지 않으면 이중관계가 형성되어 관리자와 부하 직원으로서의 적절한 업무 관계를 훼손하거나 부정적인 영향을 끼칠 수 있다.

(7) 비영리단체는 직원 구성에 다양성을 확보해야 한다

이뿐만 아니라 여러 가지 정책과 프로그램에 있어서 차별하지 않으며 문화적 차이를 존중하는 조직 문화를 뿌리내리려고 노력해야 하며, 채용과 승진에도 차별이 있으면 안 된다. 법적으로 문제가 안 되는 수준의 차별도 주의해야 한다. 경영진을 포함해 조직의 모든 구성원을 다양화하려고 노력해야 한다. 직원들의 문화적 차이는 가능한 한 최대로 존중해야 한다. 괴롭힘이나 신입 신고식, 인종, 피부색, 성별, 나이, 성적 지향, 출신 국가, 장애, 종교를 겨냥한 놀림도 용납하면 안 된다. 모든 직원이 안전하다고 느끼며 존엄하고 공정하게 대우받는 분위기를 만들어야 한다. 이를 위해서는 직원들 또한 다른 동료나 이해관계자들이 반기지 않는데도 불구하고 자신의 종교나 정치적 관점을 강요하는 행동을 자제해야 한다.

(8) 단체와 직원들은 외부에 공개되면 안 되는 민감한 정보를 철저히 보호하고 사생활을 존중해야 한다

다시 말하면 인사기록은 정당한 업무상의 이유가 없는 사람에게 절대 공개하면 안 된다는 뜻이다. 뿐만 아니라 관리자는 직원들이 비밀

보장을 조건으로 공유한 정보를 다른 사람들에게 누설하면 안 된다. 직원들은 개인의 비밀로 지켜져야 할 정보를 소셜미디어에 게시하지 말아야 하며 식당이나 엘리베이터 등 공공장소에서 함부로 얘기하지 않도록 주의해야 한다.

(9) 직원들에게 기부를 강요하면 안 된다

고용을 유지하는 조건으로 기부를 요구하거나 그런 압력을 행사하면 안 된다. 직원들이 기부를 거부할 경우 괴롭힘이나 공개적인 망신 같은 보복을 당할 수 있다고 느끼지 않게 해야 한다. '합당한 몫'을 기부하겠다고 약속하지 않으면 협박을 당할지도 모른다고 걱정하게 만들어서도 안 된다. 직원과 다른 이해관계자들에게 단체 후원을 권유하는 것 자체는 문제되지 않는다. 그 방식이 전혀 자발적이지 않은(단지 세금공제를 받기 위한) 기부를 유도하거나, 최악의 경우 착취에 지나지 않는 형태일 때 문제가 될 수 있다. 예컨대 업무 분담이나 규율, 임금에 관한 의사결정권이 있는 관리자가 기부를 권유할 경우, 의도했든 안 했든 직원들은 부담을 느낄 수밖에 없다. 일부 단체는 직원들에게 기부를 요구하는 데 더해, 아예 임금에 따라 기부금 액수를 달리 정해서 요구하는 것으로 알려졌다. 비영리단체는 물론이고 일부 영리기업에서도 관리자를 평가할 때 자선활동 목표를 달성했는지 여부를 하나의 기준으로 삼는다. 그럴 경우 직원들에게 기부를 권유할 수 있지만 어떤 이유로든 직원이 기부하길 거부한다고 해서 보복을 해서는 절대 안 된다.

(10) 관리자는 비리 혐의로 문제가 된 직원에 대해서 솔직해야 하며 불법행위에 대해서는 반드시 관련 당국에 신고해야 한다

관리자는 비리 혐의로 문제가 되어 해고된 직원에 대해 '좋은' 내용의 추천서를 써 주면 안 된다. 비영리 분야는 물론이고 일반 기업에서도 직원이 잘못을 저지르고 떠나는 경우, 보통은 그 후임자에게 사직 이유를 밝히지 않는 것이 일반적이다. 이렇게 하는 데는 몇 가지 이유가 있다. 단체나 기업은 옛 직원이 부당해고 소송을 제기하거나 단체의 기밀정보를 누설하는 등의 보복을 하지 않을까 우려한다. 그래서 모든 일을 쉬쉬함으로써 해고된 직원을 가능한 한 '행복하게' 만드는 것이 이익이라고 생각한다. 문제는 그 부도덕한 직원이 다른 일자리에 지원하고, 그를 채용하려는 단체가 이력 조회를 제대로 하려고 노력할 때 발생한다. 윤리적으로는 그 단체에 모든 사실을 솔직하게 알려 줘야 하며 적어도 거짓 정보를 제공하면 안 된다. 어쩌면 그 직원을 해고한 단체도 그 직원을 채용할 당시 이력 조회를 하긴 했으나 진실을 전달받지 못했기 때문에 그런 비윤리적인(혹은 불법적인) 일이 또다시 벌어진 것인지도 모른다. 따라서 쉽지 않겠지만, 해고한 직원의 이력을 알아야 할 정당한 권리가 있는 이들에게 솔직해질 필요가 있다. 뿐만 아니라 금품을 가로채거나 횡령한 경우 사법당국에 신고해야 한다. 이러한 잘못을 저지른 사람들이 아무런 대가도 치르지 않고 거리를 활보하며 다른 사람들에게 피해를 주도록 내버려 두면 안 된다. 상징적인 의미에서는 물론이고 실제로도 거리를 활보하지 못하게 해야 한다.

(11) 단체는 경영진과 임직원의 비리 혐의에 대해 책임을 져야 한다

비영리단체는 불법 행위는 물론이고 비윤리적인 행위에 대한 의혹이 제기되면 곧바로 조사하여 당사자들에 대해 합당한 징계를 내리는 등 윤리적으로 적절한 조치를 취해야 한다. 그러나 비리를 저지른 사람은 보호하고 그 희생자나 그런 사실을 전한 사람을 해고하는 경우가 적지 않다. 성희롱 피해자라고 호소한 대학생들이 부당한 대우를 당했다는 이야기는 이러한 원칙이 지켜지지 않는 대표적인 사례일 것이다 (Kingkade 2014). 최근에 드러난, 가톨릭교회와 펜실베이니아 주립대학교가 연루된 성폭력 사건은 이런 행위에 가담하는 것이 법적으로나 윤리적으로 문제가 있을 뿐만 아니라, 그런 일이 발각됐을 때 경영진이 적절한 조치를 취하지 않을 경우 그 단체에 오랫동안 아주 심각한 피해를 줄 수 있다는 것을 보여 준다. 성폭력 피해자가 신고하길 두려워하는 것은 미국 전역(과 국제적인)의 문제지만, 해당 기관과 사법당국의 대응 방식을 보면 신고를 주저하는 이유를 이해할 만도 하다〔http://www.umn.edu/humanrts/svaw/harassment/explore/6reporting.htm 참조. 미네소타대학교 인권센터 웹사이트에서는 성폭력 피해 여성, 특히 자신이 속한 조직 내에서 피해를 당한 여성이 신고하지 않는 이유를 세 가지로 설명한다. 첫째 신고를 해 봤자 아무도 문제를 해결하지 못할 것이며, 둘째 오히려 자신이 비난받을 것이고, 셋째 가해자를 비롯한 다른 사람들에게 피해를 주고 싶지 않아서다 — 옮긴이〕.

활동해 봅시다

1. 자신이 사는 지역의 인간관계위원회Human Relations Commission에 연락해 채용 및 면접 질문에 적용되는 법에 관한 자료가 있는지 알아보자. 만약에 관련 법이 없다면, 그럼에도 불구하고 특정 질문이 비윤리적이라고 생각되는 이유는 무엇인지 이야기해 보자.

2. 인터넷을 통해 비영리단체의 인사규정 샘플을 다운로드한 다음 윤리적 행동과 관련 있는 조항을 찾아 정리해 보자.

토론해 봅시다

1. 비영리단체는 직원들에게 최저생활임금을 지급해야 할 특별한 의무가 있는지, 아니면 자원이 부족한 단체가 많은 만큼 직원들 스스로 최저생활임금보다 낮은 임금을 받아도 괜찮다고 하는 경우 그래도 된다고 허용해야 하는지 의견을 나눠 보자.

2. 비영리단체의 최고경영자가 외부에 구인 공고를 내지 않고 자기 지인 중에서 업무 능력을 갖췄다고 생각하는 사람을 채용하는 것은 비윤리적인가?

3. 만약에 단체의 인사 정보가 해킹을 당한다면, 피해 직원들에게 그 사실을 알리는 것과 관련해 경영진에겐 어떤 윤리적 책임이 있을까?

4. 비영리단체 직원들을 다양하게 구성할 때의 장단점은 무엇인가? 그 장단점은 영리단체일 때와 차이가 있을까?

5. 직원들이 사적인 관계를 맺지 못하도록 제한하는 규정은 적절한가, 부적절한가? 직속 상사와 부하 관계일 때는 어떠한가? 직접적인 관리 감독을 받지 않지만 같은 부서에서 일하는 사이라면 어떨까?

제 10 장

윤리강령

모든 비영리단체는 이사회와 임직원에게 허용되는 행동의 범위를 다룬 문서를 갖고 있어야 한다. 그것을 윤리강령이라 부르든 행동강령이라 부르든 아니면 행동기준이라 부르든 이름은 중요하지 않다. 이런 문서는 그 내용이 지극히 보편적이어서 각 조항들이 어떤 행동을 할 때의 마음가짐 이상의 가치를 표현하지 못할 수도 있다. 반대로 아주 세세하게, 이해관계자들이 겪을 만한 구체적인 상황별로 허용되는 행동과 허용되지 않는 행동을 명확하게 제시할 수도 있다. 뿐만 아니라 각 규정을 어기는 사람에 대한 제재를 다룬 조항도 있을 것이다. 사법당국에 신고한다든가, 정직이나 해고 처분을 내릴 수 있다는 내용이 포함될 것이다. 아니면 조직 내에서 맞닥뜨릴 수 있는 실질적인 업무 상황에 대해 포괄적인 가이드만 제공하는 진부한 형태일 수도 있다.

글로 정리된 윤리강령은 그 역사가 길다. 최초의 기록은 기원전 18세기 무렵에 만들어진 〈함무라비 법전〉이다. 역사가인 윌라 마리 브루스Willa Marie Bruce (Bruce 1998a; 1998b)에 따르면, 그보다 11세기 뒤에 만들어진 아테네 성문법에 아테네 시민은 "그 어떤 부정하거나 비겁한 행위로 이 도시의 명예를 더럽히지 않을 것 …"이라고 되어있다. 미국 최초의 윤리강령은 1630년에 매사추세츠 베이 식민지의 초대 총독이었던 존 윈스럽John Winthrop의 설교에서 비롯됐다. 거의 대부분의 사람들이 기원전 5세기에 나온 '히포크라테스 선서'를 들어본 적이 있을 것이다. 하지만 내과의사와 외과의사가 지켜야 할 근대 윤리강령이 처음 만들어진 것은 1794년이다. 영국의 내과의사이자 사회개혁가였던 토마스 퍼시벌Thomas Percival이 자신이 일하던 병원에서 곤경에 처한 환자들이 외면당하는 현실에 문제의식을 갖고 작성한 것이다. 지금은 우리가 알고 있는 거의 모든 직업에 윤리강령이 있다. 민간기업과 비영리단체는 50여 년 전부터 관련 업계와 직업 단체의 윤리강령을 보완하는 형태로 자기들만의 윤리강령을 새로 만드는 것이 유행이 됐다(Grobman 2002).

윤리강령은 윤리적인 조직을 만드는 첫걸음

단순히 윤리강령을 마련하는 것은 조직 내에 윤리적인 분위기와 문화를 조성하는 첫걸음을 뗀 것에 불과하다. 내 경험에 비춰 볼 때 윤리적인 조직을 만드는 데 가장 중요한 측면은 관리자들이 윤리적인 행동의 본보기를 보여 주고, 비윤리적인 행동은 반드시 처벌하고 윤리적인 행동은 확실히 보상받게 하는 것이다. 많은 조직이 형식적으로는 고객과 소비자를 윤리적으로 대하는 것이 중요하다고 강조하는 정책을 갖고 있지만, 실질적으로는 비윤리적인 행위에 가담하지 않겠다고 하거나 다른 사람의 비리를 신고하는 사람들에게 가혹한 조치를 취하기 때문이다. 이 책을 쓰고 있는 2016년 12월 현재로서는 얼마 전에 있었던 웰스파고 은행 사건이 떠오른다. 이 사건의 경우 은행의 윤리상담실에 전화를 걸어 비리행위를 신고한 은행원들이 해고를 당했다(Egan 2016). 한 기사에 따르면 이 은행 직원들은 윤리 위반 사례를 보면 반드시 신고해야 한다는 윤리 교육을 받았다(Cowley 2016).

윤리강령을 마련하고, 이해관계자들에게 윤리강령의 존재를 알리고 이해시키는 것, 위반 행위를 신고할 수 있는 핫라인이나 다른 방법을 마련하는 것, 그리고 윤리강령에 부합하는 행동을 교육하는 것, 이런 방법만으로는 윤리적인 조직을 만들기 어렵다. 윤리적으로 행동하려는 사람들이 보복을 당하는 것을 관리자들이 묵인한다면 특히 그렇다. '엔론'이라는 기업의 이름만 떠올려 봐도 알 수 있을 것이다. 자산이 무려 634억 달러에 달했던 거대 기업 엔론이 2001년 말 파산한 이유는 직원들의 비윤리적 행위 때문이었다. 엔론에는 무려 64쪽에 이르는 방대한 분량의 윤리강령이 있었다. 엔론 사태로 당시 유명한 회계법인이었던 아서앤더슨도 함께 무너졌으며, 이는 미국의 기업회계개혁법인 〈사베인스 옥슬리 법〉이 제정되는 결정적 계기가 됐다.

이처럼 윤리강령이 조직 내 비윤리적 행위를 근절하는 만병통치약은 아니지만, 효과적인 윤리강령을 확보하는 것이 윤리적인 조직을 건설하는 데 필요한 첫걸음이라는 점은 분명하다.

비영리단체에 윤리강령이 필요한 이유

비영리단체가 윤리강령을 마련해야 하는 이유를 오직 이타적인 면에서만 찾는 이들도 있을 수 있다. 비영리단체가 개인의 이익보다 공적인 이익을 도모하는 사업을 하기 때문이다. 특히 많은 비영리단체가 늙거나 병든 사람들, 가난한 사람들, 그 밖에 시장에서는 욕구를 충족할 수 없는 이들을 돕는 상황에서, 공익 우선 원칙이 지켜져야 한다는 점을 분명히 밝히는 것이 윤리강령의 역할이다. 비영리단체는 개인의 기부에 의존하며 연간 3,900억 달러에 이르는 금액을 기부받는다(Sandoval 2017). 이는 기부금이 약속대로 잘 쓰일 것이라는 강력한 믿음을 바탕으로 한다.

하지만 비영리단체가 윤리강령을 만드는 데는 그것이 단지 '옳은 행동'이라서만이 아니라 몇 가지 이기적인 이유도 있다. 만에 하나 비영리단체 관계자의 비윤리적인 행동이 적발됐을 때 그것이 단체에 영향을 끼친다면, 즉 단체에 대한 대중의 신뢰도가 떨어지고 평판이 나빠진다면 그 결과가 치명적일 수 있다. 종합적인 윤리강령을 마련한다면 용납될 수 없는 행동에 관한 구체적인 지침을 모든 이해관계자들에게 제공할 수 있다. 그런 지침이 없다면 어떤 행동이 비윤리적인지 제대로 알지 못하는 관계자들이 있을 수 있다. 강력한 윤리강령은 고객이나 이용자들에게 그 단체가 믿을 만한 조직이라는 인상을 줄 수 있으며, 비윤리적으로 행동한 사람에게 응당 책임을 물을 것이다. 그 결과 그 단체가 제공하는 서비스에 대한 일종의 보증서 역할을 한다.

윤리강령이 널리 보급되고 잘 지켜진다면 정부가 나서서 규제 조치를 취해야 할 필요성이 줄어든다. 또한 윤리강령은 조직 내 모든 구성원이 한뜻으로 공통된 가치를 추구하도록 이끈다. 예를 들어 직원과 고객에 대한 차별 금지 조항이 있을 경우, 그 누구도 차별하지 않기 위해 노력해야 하는 것이다. 불과 몇십 년 전과 비교해도 조직의 구성원이 문화와 교육 면에서 훨씬 다양해진 상황에서 윤리강령은 직원들이 기대하는 공유가치의 원형 역할을 할 수 있다.

아마도 윤리강령을 마련하는 가장 중요한 목적은 이해관계자들의 행동에 영향을 미치기 위함이다. 윤리강령이 없으면 이해관계자의 행동이 이사회나 최고 경영진이 받아들일 만한 것인지를 판단하기 어려울 때가 많다. 예를 들어 모금활동가가 자신이 모금한 금액에 대해 일정한 비율의 수수료를 받는 것 자체는 문제가 없다는 것이 '상식'처럼 느껴질 수 있다. 하지만 모금 분야에서 활동하는 직업 단체들은 모금한 금액을 기준으로 보상을 지급할 경우 모금활동가들이 비윤리적인 행동에 가담하게 되는 의도치 않은 결과를 초래할 수 있다고 입을 모은다. 만약에 윤리강령이 있어서 이런 방식의 보상이 비윤리적이라 용납할 수 없다고 규정한다면 모금 담당 관리자는 직원들을 그런 식으로 보상하지 않으려고 할 것이다. '도덕성을 법으로 강요할 수 없다'는 말이 사실일 수 있지만, 무엇이 도덕적으로 옳은 행동이고 옳지 않은 행동인지를 알지 못하면 부도덕한 행동을 피할 수 없다는 것 또한 사실이다.

윤리강령 만들기

사실상 모든 비영리단체의 윤리강령에 공통적으로 들어갈 수 있는 보편적인 조항들이 있다. 그것을 기본으로 각 단체의 사명과 가치, 비전, 문화, 대중의 기대를 반영해 고유의 윤리강령을 만들어야 한다.

일단 모든 비영리단체 윤리강령에 공통적으로 들어가는 조항들을 살펴보자. 미국 국세청은 이해관계의 충돌과 공개 지지, 로비활동에 관한 공식 윤리강령을 마련하라고 권유한다. 이것은 단지 윤리적인 이유 때문만이 아니라 연방소득세를 면제받는 비영리단체들이 세법을 준수하도록 하기 위함이다. 이해관계의 충돌 방지 규정 샘플은 미국 국세청 홈페이지에서 확인할 수 있다(IRS 2016 참조).

미국 국세청은 비영리단체들이 연방소득세 면제 자격을 얻는 데 필요한 서류를 제출할 때 이러한 샘플 규정을 도입하도록 권장한다(IRS 2016). 면세 지위 신청서인 양식 1023 작성 안내 책자에 이렇게 적혀 있다.

'이해관계의 충돌'은 대표, 임원, 관리자 등 어떤 조직에 권한을 행사할 수 있는 지위에 있는 사람이 자신의 의사결정을 통해 사익을 추구할 때 발생한다. … 이해관계의 충돌 방지 규정을 도입하는 것은 면세 지위를 얻기 위한 필수 요건은 아니지만 샘플이나 그와 유사한 규정을 채택함으로써 권한을 가진 사람들이 부적절한 혜택을 얻는 것을 방지할 수 있을 것이다.

내부고발자 보호 규정

모든 비영리단체의 윤리강령에 공통적으로 들어가는 또 하나의 중요한 조항이 내부고발 관련 규정이다. 2002년에 제정된 〈사베인스 옥슬리 법〉은 주로 영리법인에 적용되는 책무성, 투명성, 반부패에 관한 법률이다. 비영리법인에도 적용되는 조항이 두 개 있는데, 바로 기록 파괴와 내부고발자에 대한 보복 금지 조항이다. 내부고발자에 대한 보복 금지 조항은 다음과 같다.

Sec. 1107. 정보제공자에 대한 보복

(a) 미국 연방법전 18장 1513절을 마지막에 다음과 같은 조항을 추가하여 개정한다.

(e) 연방법 위반에 해당하는 수수료나 그와 유사한 내용의 진실을 사법기관에 제공한 사람에 대해 보복할 목적으로 일부러 합법적인 취업이나 생계활동을 방해하는 등의 피해를 주는 행동을 한 경우 누구든지 벌금형 혹은 10년 이하의 징역에 처한다.

그러나 이 법은 비리나 부정행위를 사법당국에 신고한 경우에만 적용된다. 조직 내부나 언론에만 알린 사람은 연방법의 보호를 받지 못하는 것이다. 따라서 이 법은 내부고발자를 제한적으로만 보호하며, 내가 이 책을 쓰는 지금으로서는 이 조항이 과연 비영리단체에서 보복을 당한 내부고발자에게도 적용된 적이 있는지가 불분명하다.

윤리적인 조직이라면 직원들이 비리를 발견하는 대로 보복의 두려움 없이 내부적으로 성실히 신고하도록 독려해야 한다. 그래야 경영진이 적절히 대처할 수 있다. 그렇지 않으면 외부에 폭로되어 조직의 명성에 돌이킬 수 없는 피해를 줄 수 있다. 내부고발자 보호 규정은 조직 내에 윤리적 환경을 유지하는 것이 중요하다고 믿는 직원들을 보호하는 문화를 공고히 하는 기반이 된다.

미국 비영리단체협의회의 합리적인 내부고발자 보호 규정 샘플(National Council of Nonprofits 2010)은 비영리단체협의회 웹사이트에서 확인할 수 있다.

비영리단체 윤리강령에 공통적으로 들어가는 조항

비영리단체의 윤리강령에서 가장 흔히 볼 수 있는 조항들을 몇 가지 실제 사례와 함께 살펴보자.

(1) 공익 최우선

"공공의 이익을 증진하고 자기 자신의 편의보다 공공의 편의를 우선한다."— 미국행정학회American Society for Public Administration 윤리강령.

(2) 이윤추구보다 고객의 이익 우선

"전문가답게 행동하고 직업상 책임질 수 있는 범위 안에서 고객의 이익을 최우선으로 대변한다."— 미국사진기자협회American Society of Media Photographers.

(3) 모든 법 존중 및 준수

"헌법과 법률을 존중하고 지지하며, 공공의 이익을 증진하기 위해 법률과 정책의 개선을 도모한다."— 미국행정학회.

(4) 비밀 존중 및 보호

"공인 기록 관리자는 임무 수행 과정에서 취득한 정보 활용에 신중해야 한다. 기밀정보와 특허정보, 영업 비밀 등을 보호해야 한다."— 미국 기록관리자협회Institute of Certified Records Managers.

(5) 공정성

"업무로 맺어진 모든 관계는 공정하고 합리적이어야 한다."— 공인 재무설계사 표준심의위원회Certified Financial Planner Board of Standards.

(6) 차별 금지

"학생의 인종이나 피부색, 종교 교리, 성별, 국적, 혼인 여부, 종교 적 신념, 가족, 사회·문화적 배경, 성적 지향 등을 근거로 프로그램 에 참여하지 못하도록 배제하면 안 된다."— 네브라스카주 교육협회 Nebraska State Education Association 윤리강령.

(7) 부패 방지

"기업은 모든 형태의 뇌물 수수를 금지해야 한다."— 아시아태평양 경제협력체APEC의 기업을 위한 반부패 행동 수칙Anti-corruption Code of Conduct for Business.

(8) 진실성

"진실을 추구하고 진실을 보도한다."— 미국 기자협회Society of Professional Journalists.

(9) 전문 역량

"사회사업가들은 교육과 훈련, 자격증, 인증서, 상담과 지도, 그 밖 에 직업적으로 관련 있는 다른 경험이 허용하는 범위 안에서만 서비스 를 제공하고 자신의 능력을 과장하지 말아야 한다."— 미국 사회사업 가협회National Association of Social Workers.

(10) 책임감 및 공을 인정받기

"건강정보관리 전문가는 자기가 정말로 실행하거나 기여한 일에 한해서만 책임을 지고 공을 인정받아야 한다. 여기엔 저자권authorship도 포함된다. 예를 들어 출판물의 경우 다른 사람이 작업하거나 기여한 부분에 대해서는 구두로든 서면으로든 솔직하게 인정해야 한다." ─ 미국건강정보관리협회American Health Information Management Association 윤리강령.

(11) 강제

"만약 비윤리적인 행위가 발생했다고 윤리위원회에서 판단할 경우 질책, 불신임, 보호관찰, 정직, 영구적 회원 자격 박탈 등의 제재를 부과할 것이다." ─ 미국직업치료협회American Occupational Therapy Association.

(12) 직업 홍보

"물류전문가는 물류에 관한 대중의 인식과 이해도를 높이기 위해 노력한다." ─ 국제물류학회SOLE: The International Society of Logistics.

(13) 성희롱

"성희롱을 묵인하거나 성희롱을 당했다고 호소하는 학생과 직원, 동료의 호소를 외면하는 것은 전문가답지 못한 행동이다. 그런 행동은 성희롱을 해도 괜찮은 분위기를 조성하며 교육산업에 가장 중요한 신뢰 문화를 심각하게 훼손한다." ─ 미국역사가협회Organization of American Historians.

(14) 공평하고 공정한 의사결정

"공평하게 중재할 수 없다면 중재를 거절해야 한다. 공평하다는 것은 편애나 편견 없이 편향되지 않는 것을 의미한다."— 미국변호사협회American Bar Association, 미국중재협회American Arbitration Association, 분쟁해결협회Association for Conflict Resolution 행동지침.

(15) 정확하고 정직한 마케팅

"마케팅을 위한 소통은 정확하고 진실해야 한다. 마케터는 고의로 소비자나 업체에 허위 사실이나 오해할 만한 내용을 전달하면 안 된다."— 캐나다마케팅협회Canadian Marketing Association 윤리강령 및 실무기준.

(16) 품 질

"우리는 교육적으로 가치 있는 양질의 프로그램과 서비스를 제공하고자 끊임없이 노력할 것이다. 각 프로그램과 서비스를 개선하기 위해 정기적으로 업무를 평가하고 검토하며, 모범 사례를 찾아 활용할 것이다."— 국제교육자협회NAFSA: Association of International Educators.

(17) 약물 남용

"치과의사가 의료행위 능력을 약화시키는 화학물질이나 알코올 등 규제 약물을 남용한 상태에서 환자를 진료하는 것은 비윤리적이다. 모든 치과의사는 약물 남용으로 기능이 손상된 동료를 발견하면 치료받도록 설득해야 할 윤리적 의무가 있다. 동료가 그 상태로 의료행위를 하고 있는 것을 직접적으로 아는 의사는 그 사실을 치과학회의 전문가 자문위원회에 신고해야 할 윤리적 책임이 있다."— 미국치과협회American Dental Association.

(18) 개인의 성실성

"모든 직원과 대표자는 사생활 면에서나 직업 면에서 대중에게 신뢰를 주는 행동을 해야 한다." ─ 미국 방화조사관협회Association of Arson Investigators 윤리강령.

(19) 정보의 투명성과 책무성

"진실성과 투명성은 윤리적인 해외 교육 지원 사업의 필수요소다. 해외 교육 지원 사업은 언제나 투명하게 열려 있어야 하며 의사결정 또한 적절히 공개하여 정기적으로 평가받을 수 있게 하는 것을 기본 전제로 한다." ─ 해외교육지원포럼Forum on Education Abroad 윤리강령.

(20) 경력 혹은 학력 위조

국제조세사정관협회 회원은 "구두로든 서면으로든 공인되지 않은 전문가 직함을 사용하지 않아야 하며, 사실과 다르거나 오해를 살 만한 표현으로 자격을 부풀려서도 안 된다". ─ 국제조세사정관협회International Association of Assessing Officers.

(21) 객관성

"개인적으로든 그룹의 일원으로든 유가증권을 발행하는 기업과 관계를 맺고 있는 재무분석가는 독립성을 확보하고 객관성을 유지하기 위해 각별히 주의하며 냉철하게 판단해야 한다." ─ 국제공인재무분석가협회Chartered Financial Analysts Institute (전 미국 투자관리연구협회Association for Investment Management and Research).

(22) 윤리강령이나 법 위반 시 관계 기관에 신고

모든 회원은 "윤리강령 위반 사실을 인지하거나 의심되는 경우 즉시 윤리위원회에 신고"해야 한다. — 미국의회교육협회American Institute of Parliamentarians.

(23) 이해관계의 충돌

"결혼 및 가족 상담치료사는 이해관계의 충돌을 일으키고 업무나 임상적 판단에 방해가 될 수 있는 서비스를 제공하지 않는다."— 미국결혼·가족상담치료협회American Association for Marriage and Family Therapy.

(24) 금품 수수

"모든 회원은 공식 임무 수행에 영향을 줄 의도가 충분히 짐작되거나 상당한 영향을 줄 수 있다고 판단되는 상황, 또 회원의 직무상 행동에 대한 보상이라고 판단되는 상황에서는 현금이나 서비스, 대출, 여행, 오락, 접대, 약속 등 어떤 형태의 선물도 직접적으로나 간접적으로나 요구하면 안 되며, 받아서도 안 된다."— 미국 국제카운티경영자협회International City/County Management Association.

(25) 고객의 존엄 및 자기결정권 존중

"경영학회 회원은 모든 사람의 존엄과 가치, 그리고 개인의 프라이버시와 비밀, 자기결정권을 존중한다. 경영학회 회원은 나이와 성별, 인종, 민족성, 문화, 국적, 종교, 성적 지향, 장애, 언어, 사회경제적 지위 등에 따른 문화적, 개인적, 역할의 차이를 인식하고 존중하며 다른 사람과 함께 일할 때 이러한 요인을 고려한다."— 미국 경영학회Academy of Management 윤리강령.

(26) 다원성 및 다양성 존중

"회원들은 자신의 집과 직장이 있는 지역사회의 법적·사회적 규정과 도덕적 기대를 존중하는 모습을 보여야 한다. 평범한 시민으로서 이러한 규정이나 기대에 어긋나는 행동을 하고 싶을 때조차 그래야 한다." ― 미국 대학학생복지관리자협회Student Affairs Administrators in Higher Education 윤리강령.

(27) 거시적 지지

모든 회원은 "비생산적이거나 시대에 맞지 않는 법과 규정을 바꾸고 개선하기 위해 노력"해야 한다. ― 미국행정학회 윤리강령.

일부 단체는 이해관계 충돌 방지 및 내부고발자 보호, 직원의 품행, 컴퓨터·인터넷(소셜미디어 포함) 사용 등에 관한 규정을 윤리강령과 별도로 만들기도 한다. 각각의 규정엔 윤리적 요소가 직간접적으로 포함된다. 윤리강령이 마련된 다음에는 모든 임직원에게 윤리강령의 존재와 함께 그것이 시행될 것임을 알리고 그 내용에 대한 충분한 설명과 교육을 제공해야 한다.

토론해 봅시다

1. 공식적인 윤리강령을 마련하는 것의 장단점을 이야기해 보자.

2. 윤리강령에 구체적인 제재 방법을 규정하는 것의 장단점을 이야기해 보자.

3. 직속 상사와 부하 사이에서, 그리고 직접적인 관리 감독을 받지 않는 동료 사이에서 연애를 하면 안 된다고 규제하는 정책의 장단점은 무엇일지 이야기해 보자.

활동해 봅시다

1. 인터넷에서 비영리단체의 윤리강령 샘플을 다운로드하여 살펴보고, 비영리단체 윤리강령에서 자주 볼 수 있는 조항들의 목록을 만들어 보자.

2. 자신이 속한 학교나 기관의 윤리강령이나 행동지침을 구해 이 책에서 배운 내용을 바탕으로 분석해 보자.

3. 이미 가입했거나 가입하고 싶은 직업 단체의 윤리강령을 찾아서 분석해 보자. 이 책에서 읽은 내용을 바탕으로 해당 분야의 윤리 수준을 높이기 위해 윤리강령의 어떤 점을 개선하면 좋을지 제안해 보자.

제 11 장

비영리단체 전문가 협회의
윤리 기준

최근 몇 년 사이 모금 책임자, 협회 경영자, 비영리단체 경영자에 대한 자격증 제도가 생겨나면서 비영리단체 경영이 하나의 전문직으로 인정받는 추세다. 미국 모금전문가협회Association of Fundraising Professionals, AFP, 미국협회임원회의American Society of Association Executives, ASAE, 보조금전문가협회Grant Professionals Association, GPA, 미국보조금신청인협회 American Grant Writers' Association, AGWA, 비영리협회 전국협의회National Council of Nonprofit Associations 및 이들 단체의 크고 작은 지부들이 꾸준히 회원의 전문화를 추구해 왔다.

　모든 정부기관에게는, 정부가 제공하는 서비스에 필요한 자금을 국민이 부담하도록 강제하는 법에 기반한 과세 권한이 있다. 영리기업은 시장 거래를 통해 수입을 창출한다. 소비자가 필요로 할 만한 재화와 서비스를 제공하고 그 대가로 돈을 받는 것이다. 하지만 자선단체는 대부분의 수입을 이런 시장 구조가 아닌 모금을 통해 창출한다. 대중의 자발적인 기부, 그리고 정부 혹은 재단의 보조금을 받아 운영되는 것이다. 이런 식의 수입 창출은 부정행위가 일어나기 쉬운 탓에, 비영리단체의 윤리 원칙은 정부나 영리단체와 달리 주로 이 부분에 초점이 맞춰진다.

모금 윤리의 역사

2003년까지만 해도 자선단체의 모금활동을 집중적으로 다룬 윤리강령은 크게 두 가지였다. 첫 번째는 1980년대 말에 만들어져 1992년부터 시행된 미국 자선단체정보국National Charities Information Bureau의 자선활동기준Standards in Philanthropy (NCIB 2000)이다. 이 규정은 법적 효력이 없지만 자선단체 운영자와 기부자에게 하나의 지침을 제시했다. 그 내용을 살펴보면 다음의 아홉 개 항목으로 분류된다.

- 이사회 운영
- 프로그램
- 재정적 지원과 관련 활동
- 연례 보고
- 예산
- 목적
- 정보
- 기금 활용
- 책무성

두 번째는 소비자분쟁해결 전문기관인 미국 거래개선협의회Council of Better Business Bureau, BBB가 1974년에 처음 발표한 윤리강령이다.

2001년에 미국자선단체정보국과 거래개선협의회 재단BBB Foundation,

그리고 그 산하의 자선활동자문위원회Philanthropic Advisory Service가 통합되면서 BBB 와이즈 기빙 얼라이언스라는 새로운 조직이 탄생했다. BBB 와이즈 기빙 얼라이언스는 2003년 3월, 기존의 윤리강령을 보완한 새로운 윤리강령을 발표했다. 2007년에는 자선단체로서의 이미지를 쇄신하고자 '믿음으로 출발Start with Trust'이라는 캠페인을 시작했다. 지금은 모든 자선단체가 일정한 윤리 기준을 충족하면 'BBB 인증 자선단체'로 불린다. BBB가 정한 20가지 기준은 웹사이트(Wise Giving Alliance n. d.)에서 확인할 수 있다.

20가지 기준 중에 가장 논란이 되는 부분은 자선단체들에게 기부금의 65% 이상을 프로그램 운영에 사용하고, 모금활동 관련 비용이 35%를 넘지 않아야 한다고 요구하는 조항이다. 이것은 기존의 미국 자선단체정보국(60%)이나 BBB의 자선활동자문위원회(50%)보다도 엄격한 기준이다.

2009년 12월에 와이즈 기빙 얼라이언스는 심각한 경기 불황으로 인해 이 기준을 한시적으로 완화하겠다고 발표했다. 회계연도 2008년 6월부터 2010년까지는 기부금의 55% 이상을 프로그램 운영에 사용하고, 모집 비용이 45%를 넘지 않은 단체에도 BBB 인증 자격을 유지하겠다는 내용이었다. 와이즈 기빙 얼라이언스는 2013년에 기준을 다시 원래대로 강화했다.

이 기준에 포함된 다른 조항들로는 최고경영자의 업무 능력에 대한 정기적 평가, 이해관계의 충돌 방지 규정 마련, 단체의 성과를 1년에 2회 이상 서면으로 평가, 기부자의 사생활 정보 보호 기준 등이 있다. 순자산을 무제한으로 축적하는 것을 제지하는 기준도 있다. 직전 연도 총지출액의 3배, 혹은 그해 예산의 3배 중 더 큰 금액을 초과하는 정도로 순자산을 축적하지 말 것을 권고한다.

모금활동가 단체도 윤리강령이 있다. 미국 모금전문가협회AFP에 윤리 원칙이 처음 도입된 것은 1991년이다. 모금전문가협회가 모금가협의회National Society of Fund Raising Executives, NSFRE라는 이름으로 활동할 때다(NSFRE 1991). 모금전문가협회가 "모금활동가와 관련 직종의 성장과 발전을 도모하며 모금활동 분야의 윤리 수준을 높이고 박애주의와 자원봉사 정신을 지키고 강화하기 위해 존재한다"고 밝히는 모금전문가협회 윤리강령은 2007년에 개정되어 25개 원칙으로 확대되었다.

모금전문가협회의 윤리강령은 보편적인 윤리 원칙들로 구성되어 있다. 전문前文에서는 모금기관의 관리 책임을 확인하고 기부금이 기부자가 기대한 목적대로 사용되는 것이 기부자의 권리임을 밝힌다.

이 중에는 어떤 유형의 단체에 적용되어도 문제가 없을 정도로 의무와 책임을 강조하는 조항들이 많다. 예를 들면 "문화적 다양성과 다원성의 가치를 높이고, 모든 사람을 존엄하게 대하고 존중한다", "프라이버시와 선택의 자유를 존중하며 모든 이해관계자의 이익을 고려한다" 등이다. "대중의 신뢰를 훼손하지 않아야" 할 책임과 같이 공공단체에 더 적합한 원칙들도 있다. "개인의 이익보다 자선사업을 우선한다", "개인적 기부를 통해 자선활동에 헌신하고 있음을 확인시키고 자선활동의 사회적 가치를 증명한다"처럼 관련 직업에 종사하는 사람들에게만 해당되는 원칙들도 있다.

모금전문가협회는 윤리 원칙을 도입하고 1년 뒤에 '모금 직종 실무기준'을 마련해 윤리강령에 포함시켰다. 그 25개 원칙은 대부분 "회원들은 ~해야 한다", "회원들은 ~하지 말아야 한다"로 되어 있다.

윤리강령을 위반할 경우 "그 회원은 모금전문가협회의 윤리 집행 절차에 따라 징계를 받게 될 것이며 회원 자격을 박탈당할 수도 있다"고 명시되어 있다.

"회원들은 지역 및 주, 연방의 관련 규정과 민・형사상의 법률을 준수해야 한다" 같이 의례적인 규정도 있다. 구체적으로 쉽게 와 닿지 않는 포괄적이고 모호한 기준도 있다. 예를 들면 "회원들은 기부자나 잠재 기부자, 자원봉사자나 직원과의 관계를 부당하게 이용해 회원 혹은 회원이 속한 단체의 이익을 추구해서는 안 된다" 같은 것이다. 이해관계의 충돌, 진실성, 사생활 보호, 재무 관리 책임과 관련된 기준도 있다.

모금전문가협회의 윤리원칙에 포함된 또 하나의 기준은 보상에 관한 것이다. "회원들은 모금액의 일정 비율을 보상으로 받으면 안 된다"고 규정하고 있다.

실적에 기반한 보상과 관련해, 일부 주에서는 로비스트가 어떤 법안이나 개정안을 의회에서 통과시키는 데 성공할 경우에만 보상을 지급받는다는 식의 계약을 맺지 못하도록 법으로 금지하고 있다. 그러한 계약이 로비스트로 하여금 허용 범위를 넘어서는 방법까지 시도하도록 부추길 수 있다는 우려 때문이다. 반면에 민사소송을 맡은 변호사의 경우 성공 보수를 받는 것이 일반적이다. 모금활동가의 경우에도 자신이 모금한 금액의 일정 비율을 보수로 지급받는 일이 적지 않다. 이것이 부도덕한 방법으로 기부를 권유하는 일(예컨대 사실을 과장하거나 축소한다든가, 잠재적 기부자를 위협하거나 괴롭히는 등)을 부추긴다고 보는 이들이 많다. 흥미롭게도 모금전문가협회 같은 주요 단체는 모금액을 기준으로 한 보상 방식에 반대 입장을 분명히 해 왔다. '성과'를 기반으로 보상하는 방식 자체가 비윤리적인 것은 아니라는 점에서 모금전문가협회의 이러한 태도는 목적론적 윤리학의 대표적인 예라고 볼 수 있다.

모금전문가협회는 2001년 발간한 백서에서 이 문제를 훌륭하게 다룬 적이 있다(AFP 2001 참조).

인디펜던트 섹터의 핵심가치와 윤리강령

미국 공익단체 연합회인 인디펜던트 섹터는 2004년 2월 '비영리·자선단체를 위한 핵심가치와 윤리강령'을 도입하고 그것을 하나의 모델로 삼을 것을 장려했다(Independent Sector 2015). 인디펜던트 섹터가 규정한 핵심가치는 공익에 전념하기, 공공에 책임지기, 법에서 요구하는 것 이상으로 헌신하기 등 많은 비영리단체가 지지할 만한 내용들이다. 뿐만 아니라 사생활 면에서나 직업 면에서의 성실성과 사명, 거버넌스(지배 관리), 법 준수, 관리 책임, 개방성과 투명성, 프로그램 평가, 포용력과 다양성, 모금활동 등에 관한 윤리 원칙들을 폭넓게 다루고 있다. 전체 내용은 인디펜턴트 섹터 웹사이트에서 볼 수 있다.

이와 관련한 책자, 《모범적인 경영과 윤리적 실무를 위한 원칙 *Principles for Good Governance and Ethical Practice*》은 2007년에 발행되어 2015년에 개정판이 나왔다. 최신판을 보면 비영리 분야와 관련 있는 33가지 윤리적 이슈를 △법 준수 및 정보 공개 △효과적인 거버넌스 △엄격한 재무 관리 감독 △책임 있는 모금활동 등 네 개의 카테고리로 분류해서 다룬다. 이 원칙을 도입하는 것은 어디까지나 자율적이며, 조항을 어기는 단체에 대한 강제 조치도 없다.

탁월성 기준

1998년에 메릴랜드 비영리단체연합회는 '탁월성 기준Standards for Excellence'이라는 이름으로 비영리 분야에 맞는 윤리 및 책임강령을 제안했다. 이와 더불어 교육 관련 요소와 자발적 인증 절차, 기본적인 법률·규제 검토 등도 함께 진행하는 사업이다. 몇 군데서 거액의 보조금을 받은 덕분에 이 사업은 메릴랜드주를 벗어나 컬럼비아 특별구와 앨라배마, 델라웨어, 오하이오, 오클라호마, 펜실베이니아, 버지니아 등 여섯 개 주의 비영리단체 지원 조직들로 확대되었다. 그 결과 이른바 '복제 협력단체Replication Partners'들이 생겨났다. 전국 단위 협력단체로는 지적·발달 장애인을 위한 미국 디아크The Arc of the United States, 미국간호사협회American Nurses Association, 미국 교회경영자협의회National Leadership Roundtable on Church Management가 있고, 지역 단위 협력기관으로는 산타클라라대학교의 마쿨라 응용윤리센터가 있다. 모든 협력단체, 그리고 협력단체가 없는 주의 비영리단체들을 위한 프로그램은 미국 탁월성 기준 연구소National Standards for Excellence Institute가 관리한다.

법률·규제 요건에 부합하는 모범 사례가 되기 위한 성과 기준은 모두 67가지이며, 다음의 여섯 가지 영역으로 분류된다.

- 미션, 전략, 평가
- 법 준수 및 윤리
- 자원 개발
- 리더십: 이사회, 직원, 자원봉사자
- 재무와 운영
- 대중의 인식과 참여, 지지

탁월성 기준 사업의 핵심은 비영리단체들이 윤리적이고 합법적인 관행을 따르도록 적절한 교육과 자원을 제공하는 데 있다. 탁월성을 인증받고 싶은 단체는 모든 기준을 준수한다는 내용을 담은 신청서와 함께 비용을 지불하고 평가를 통과해야 한다. 모든 실무를 관찰하는 동료 평가를 포함해 3단계 평가를 거치는 동안 탁월성 기준을 착실히 지키고 있다는 것을 증명해 보여야 한다. 동료 평가단으로부터 기준을 충족한다는 평가를 받으면, 주 전체 탁월성 기준 위원회가 최종 심사를 통해 인증 여부를 결정한다. 심사를 통과한 단체에게는 탁월성 인증 표시가 주어진다. 이 인증 표시를 받은 단체는 기부자와 보조금 제공 기관으로부터 더 많은 신뢰를 얻게 되기를 기대하는 것이다. 법과 규정이 요구하는 모든 요소를 갖추었다는 것을 확인받고 싶은 단체는 기본적인 법률 및 규제 검토Basic Legal and Regulatory Review를 신청해 '기본 규격Standards Basics' 인증을 받으면 된다. 탁월성 인증을 받거나 기본 규격 인증을 받은 단체는 가이드스타GuideStar에서도 국가적 인정을 받는다. 첫 인증 유효기간은 3년이며, 재인증을 받고 다시 3년이 지나면 5년짜리 인증을 신청할 수 있다. 하지만 기준을 위반한 사실이 확인되면 인증을 박탈하는 절차도 있다.

인증을 받는 데 필요한 전체 기준은 탁월성 기준 연구소 홈페이지에 올라와 있다. 그중 몇 가지만 살펴보자.

- 이사회는 성과 기대치를 제시해야 하며, 이사들이 책임감을 갖고 회의에 성실히 참석하고 모금 및 위원회 활동에 적극적으로 참여하며 여러 프로그램에 두루 관심을 갖도록 해야 한다.
- 평균적으로, 5년이 지나면 자선단체의 모금 수입이 비용 대비 3배

이상이 되도록 해야 한다.

- 모금활동가는 단체에 소속된 직원이든 외부 컨설턴트든 간에 모금된 금액의 일정 비율 혹은 다른 수수료 형태로 보상을 받으면 안 된다.
- 비영리단체는 관련 있는 모든 지역법 및 주법, 연방법을 잘 알고 지켜야 한다. 이 말은 미국 국세청 신고 요건, 지배 구조, 인력 현황, 인허가, 재무에 대한 책무성, 과세액, 현물로 받은 선물의 가치액, 면세에 해당되지 않는 사업 소득, 문서 보관 및 파괴, 관계 기관, 데이터 보안 및 접근성, 모금활동, 로비활동, 공개지지 등에 관한 법과 규제를 준수해야 한다는 뜻이다. 하지만 이것이 전부는 아니다.

보조금 신청인이 지켜야 할 윤리 기준

미국 캔자스주 오버랜드에 자리 잡은 보조금전문가협회GPA는 1998년에 미국보조금전문가협회American Association of Grant Professionals란 이름으로 출발했다. 지금은 2천 명 넘는 회원을 보유한 전문가 단체로서 미국 세법 501(c)(6)에 따라 연방소득세를 면제받는다. 보조금전문가협회는 스스로를 "오직 보조금 신청인의 전문화를 추구하고 실무자들을 지원하기 위한 목적으로 만들어진 최초의 단체"라고 설명한다(GPA n.d.). 매년 콘퍼런스를 개최하고 1년에 한 번 정기적으로 〈GPA 저널GPA Journal〉도 발간한다. 또한 보조금 신청인 자격증 제도를 만들고, 보조금신청인 자격검정위원회Grant Professional Certification Institute, GPCI 설립을 주도했다. GPCI의 핵심 목적은 '보조금 신청 업무에 종사하는 사람들의 미래를 밝히는 데 기여할 중요한 기준이 윤리적 틀 안에서 개발되도록 관리 감독하는 것'이다.

보조금전문가협회가 맨 처음 '윤리적 행동강령'이라는 윤리 원칙을 도입한 것은 1999년이다. 최신 버전의 윤리강령은 2011년 10월에 채택한 것이다. 모두 10개의 보편적인 윤리 원칙과 함께 전문가로서 지켜야 할 구체적인 책임 20가지로 구성되어 있다. 윤리강령 전문은 협회 홈페이지에서 확인할 수 있다.

이 협회에 따르면 "보조금전문가협회 윤리강령은 전문가에게 기대하는 가장 높은 수준의 행동 기준만 반영하고 있으며, 미국 모금전문가협회와 공익 확대를 위해 노력하는 다른 직업 단체에서 발표한 기준들도 포함하고 있다". 보조금전문가협회 윤리강령을 살펴보면 정말로 그렇다는 것을 알 수 있다.

예를 들어 보조금전문가협회 회원들은 월급이나 정해진 비용을 받고 일해야지 보조금의 일부를 사례비로 받거나 중개수수료, 알선료 등을 받으면 안 된다고 명시되어 있다. 보조금을 제공하는 재단이나 기관의 허락 없이 보조금 신청인에게 지급할 비용을 보조금에 포함시키는 것도 안 된다. 그 밖에 기밀 보호 및 표절 금지, 회계 및 권유할 때 사용하는 자료의 정확성에 관한 조항이 있다. 이해관계의 충돌이 발생하면 그 사실을 반드시 공개해야 한다는 조항과, 법적으로 허용되는 행동, 전문 역량 확보, 보조금을 애초의 목적과 다르게 사용하지 않기 등에 관한 조항도 있다. 정직과 성실, 사생활 보호, 문화적 다양성 존중, 모든 사람을 존엄하게 대하고 존중하기 등, 보편적인 바람을 담은 조항도 있다.

윤리강령에 포함된 전문가 실무 기준에는, 그 기준을 위반할 경우 회원들이 선출한 위원회로부터 징계를 받게 되며 회원 자격을 박탈당할 수도 있다는 내용의 조항이 있다.

미국보조금신청인협회AGWA는 2002년 플로리다주 라르고에서 설립되었다. 보조금전문가협회와 마찬가지로 미국 세법 501(c)(6)에 따라 연방소득세를 면제받는 전문가 단체다(AGWA 2015). 현재 1천여 명의 회원이 열심히 활동하고 있으며 '공인 보조금 신청인Certified Grant Writer'이라는 자체 자격증 발급 프로그램을 운영 중이다.

미국보조금신청인협회의 '전문가 기준과 윤리강령'은 2016년 7월에 발표된 것이 최신 버전이다. 각 조항은 보조금전문가협회와 완전히 똑같지는 않지만 상당히 유사하고, 공통된 주제를 갖고 있다.

미국보조금신청인협회의 윤리강령은 10개의 보편 원칙(예를 들면, "회원들의 품행으로 보조금 신청인에 대한 대중의 신뢰가 높아져야 한다")과 23개의 전문가 기준으로 이뤄졌다. 보조금전문가협회의 윤리강령과 마찬가지로 급여 형태가 아닌 보상을 금지하며, 특히 "착수금, 보너스, 정률 수수료, 성공 사례비 등의 형태로 보상을 받으면 안 된다"고 규정한다. 보조금의 일정 비율을 사례비로 받거나 보조금 유치를 성사시키는 조건으로 보수를 받으면 안 된다는 뜻이다. 또한 회원들이 보조금의 일부를 받거나 처리하는 것을 허용하지 않는다. 보조금을 신청하는 주체는 보조금 신청인이 아니라 서비스를 의뢰한 단체여야 한다고 강조한다. 보조금을 제공하는 재단이나 기관에 접근하기 위해 중개 수수료를 지급하여 중개인을 활용하는 것도 허용하지 않는다. 이것은 보조금전문가협회도 마찬가지다.

보조금 신청인 상당수는 모금전문가협회 회원이기도 하다. 모금전문가협회는 모금가협의회NSFRE라는 이름으로 1960년에 설립되었다(AFP n.d.). 모금전문가협회는 미국 버지니아주 알링턴에 본부가 있으며, 3만 명 넘는 회원과 함께 세계 각지에 233개 지부를 두고 있다

(AFP 2017). 모금전문가협회는 교회, 학교, 재단 등 일반적인 비영리 단체와 같은 501 ⓒ ⑶ 공익 자선단체다. 모금전문가협회 역시도 종합적인 윤리강령과 자격증 발급 프로그램(홈페이지 참조)을 갖고 있다. 직업 전문성 개발 및 평생교육과 관련하여 폭넓은 기회를 제공하며, 전용 웹사이트를 통해 모금활동에 관한 보편적 윤리 확산에 기여하고 있다.

토론해 봅시다

1. 비영리단체의 투명성과 책무성을 높이기 위해 정부와 평가단체, 언론과 협회가 할 수 있는 역할을 이야기해 보자. 이들의 역할이 얼마나 효과적일지 각자의 생각을 이야기해 보자.

2. 비영리단체가 사업 운영보다 모금활동에 훨씬 더 많은 비용을 지출하는 것이 윤리적으로 타당한 사례가 있을지 의견을 나눠 보자.

3. 모금활동가나 보조금 신청인에게 모금액의 일정 비율을 보상으로 지급하는 것이 윤리적으로 타당한 사례가 있을지 이야기해 보자.

활동해 봅시다

1. 인디펜던트 섹터와 와이즈 기빙 얼라이언스, 탁월성 기준 연구소의 모금활동 관련 윤리강령을 살펴보고 비슷한 점과 다른 점을 찾아보자. 각각의 윤리강령을 누가 만들었으며, 그것이 누구에게 적용되고, 그 기준이 얼마나 엄격한지도 조사해 보자. 어떤 내용이 담겨 있으며 그 기준을 위반하는 단체에겐 어떠한 결과가 따르는지도 비교해 보자. 세 단체의 윤리강령에서 공통적으로 나타나는 주제와 관련 조항은 표로 만들어 비교해 보자.

2. 이 장에서 언급한 보조금 신청인을 위한 윤리강령 두 가지를 비교해 유사한 점과 다른 점을 찾아보자.

3. 자격증이 있는 모금활동 전문가를 초대해 그런 자격증 제도가 정말로 직업 교육과 공익 보호에 효과적인지, 아니면 단순히 자격증이 없는 사람들과 차별화하여 스스로의 가치를 높이기 위한 하나의 전략에 불과한지 이야기를 들어보자.

부록

비영리단체의
윤리 딜레마 시나리오

1. 패티는 재향군인회연합의 직원이다. 어느 날 혼자 야근을 하다 빗방울이 유리창을 가볍게 두드리는 소리를 듣고 비가 얼마나 많이 오는지 보려고 창밖을 내다보았다. 패티의 사무실에선 건물 주차장이 내려다보인다. 그 때 마침 패티의 동료이자 대관 업무 담당자인 톰이 포장용 안전봉투 여러 상자를 자신의 SUV 차량에 싣는 모습이 보였다. 패티는 그 모습을 보자마자 톰이 최근에 이베이에서 스포츠카드 판매 사업을 시작했다고 한 말이 생각났다. 그리고 비품창고에 있던 포장용품을 몰래 가져가는 것으로 의심했다. 성급한 판단일지 모른다는 생각에 패티는 사무실에서 나와 비품창고로 향했다. 비품창고에 가 보니 얼마 전에 총무가 갖다 놓은 포장용 안전봉투 네 상자가 사라지고 없었다. 패티와 톰은 여러 해를 함께 일했고 친한 사이다. 패티는 이 일을 그냥 못 본 척하기로 했다. 단체를 감시하는 것이 자기 업무가 아닐뿐더러 누구도, 특히 톰이 곤란해지는 것을 원치 않기 때문이다.

   a. 패티가 톰의 행동을 보고하지 않는 것은 비윤리적인가?

2. 재키는 해리스타운 호스피스서비스라는 단체에 소속된 가정간호 조무사다. 가정에서 호스피스 치료를 받는 환자를 찾아가 호스피스 간호사를 보조하는 일을 한다. 단체에서 재키에게 자동차를 제공하는데, 반드시 업무용으로만 사용해야 한다. 재키는 이런 제한적인 규정이 줄곧 불만이었다. 처음부터 업무용 차를 타고 환자를 방문하는 길에 동네 약국에 들러 자신의 약을 찾는가 하면 세탁물을 맡기는 일도 개의치 않았다. 최근엔 아예 자가용처럼 사용하고 있지만, 영리기업에서 자신과 똑같은 일을 하는 사람들에 비하면 급여가 아주 적기 때문에 이 정도 규정 위반은 괜찮다고 합리화한다. 업무용 차량을 사적으로 이용해도 들킬 가능성이 거의 없는 데다 설사 누군가 알아챈다 해도 눈감아 줄 것이라고 생각한다. 자신이 누구도 대체하기 어려울 만큼 인정받는 직원이라고 느끼기 때문이다. 게다가 자신과 똑같은 정도는 아니지만, 다른 직원들도 종종 이 규정을 위반한다는 것을 경험으로 알고 있었다.

   a. 재키가 업무용 차량을 사적으로 이용하는 것은 비윤리적인 행동인가?
   b. 업무용 차량 관련 규정이 너무 제한적이라고 생각한다면 재키가 선택할 수 있는 다른 대안은 무엇이 있을까?

3. 카트리나는 미드타운 변호사협회 도서관의 관장이다. 집에서 500마일 떨어진 플로리다주 올랜도의 고급호텔에서 열리는 콘퍼런스에 참석해야 하는 그는, 장소가 플로리다인 만큼 이번 출장을 가족여행으로 만들어도 되겠다고 생각했다. 1천 달러 가까이 지불하고 혼자서 비행기를 타는 대신에 남편과 두 아이를 데리고 자동차로 함께 가기로 결정했다. 콘퍼런스에 도착해서는 법인카드로 숙박비 전체와 주유비를 포함한 가족여행 경비 일부를 결제했다. 비행기를 타지 않고 남편과 교대로 운전해서 교통비가 절감된 부분이 있으니 그 정도는 써도 정당하다고 생각했다.

a. 가족여행 경비 일부를 법인카드로 결제한 것은 비윤리적인 행위인가?

b. 만약에 카트리나가 출장에 가족을 동반함으로써 늘어난 비용만큼을 자신이 변제하겠다고 한다면 이는 비윤리적인가?

c. 카트리나가 출장에 가족을 동반하고 싶지만 그 어떤 윤리 원칙도 위반하지 않겠다고 결심했다면 사전에 어떤 조치를 취했을까?

4. 빌은 육상페스티벌이라는 주 단위 협회의 대표다. 매년 올림픽 형식의 육상경기 대회를 여는 이 단체를 30년 가까이 이끌어 온 그는 머지않아 은퇴할 생각이다. 그런데 얼마 전 그의 막내아들이 육류 포장업체에서 해고를 당했다. 빌은 늘 자기 아들 중 한 명이 자신의 뒤를 잇기를 꿈꿨던 터라 마침내 그 꿈을 실현할 기회가 왔다고 생각했다. 그는 자신이 알고 있는 모든 것을 가르쳐 줄 의도로 막내아들에게 부대표라는 새로운 직책을 제안한다. 자신이 은퇴하고 난 뒤에도 아들이 단체의 사명을 계속 이어 갈 수 있도록 하려는 것이다. 이사진 일부가 반대하지만, 지난 수년간 이사회 구성원 중 상당수를 빌이 직접 선정했기에 새로운 직책을 만드는 데 다수의 동의를 얻는 것은 어렵지가 않다. 이사회는 빌이 원하는 사람이면 누구든 채용할 수 있도록 허락한다. 빌의 막내아들은 아버지와 함께 일하게 된 것을 기쁘게 생각한다. 하지만 정작 새로운 직책을 맡아 해야 할 업무에 대해서는 아무것도 모른다. 빌이 은퇴하기 전까지는 비영리단체를 경영해 본 경험도 전혀 없다.

a. 빌이 아들을 부대표로 채용하는 것은 윤리적인가?

b. 빌이 이사회 구성원을 직접 선정한 것은 윤리적인가?

5. 앨리슨은 가정폭력예방협회 이사로 활동한다. 앨리슨의 본업은 출판업자이며, 여성 문제를 다루는 잡지 시리즈를 만든다. 최근에 가정폭력예방

협회 이사회가 이해관계자들을 위한 월간지 출간에 동의했는데, 그렇게 하는 편이 단체의 홍보 전략에 큰 도움이 될 것이라며 앨리슨이 이사회를 적극적으로 설득했다. 이사들은 앨리슨의 경험을 고려해 앨리슨의 출판사에서 잡지를 제작하는 것이 좋겠다고 제안한다. 앨리슨은 그 제안을 선뜻 받아들이고 비용을 적당히 깎아 주겠다고 약속한다.

a. 앨리슨이 협회 월간지를 제작하기로 한 것은 윤리적인 행동인가?

b. 잡지 출간 여부를 논의하는 자리에 앨리슨이 참여한 것은 윤리적인가?

c. 앨리슨이 실경비만 받고 잡지를 제작해 주기로 한다면 그것이 더 적절하고 윤리적인 행동일까?

d. 잡지를 출간할지 여부, 그리고 출간하게 된다면 누구에게 그 일을 맡길지에 대해 이사회가 윤리적으로 결정하고자 했다면 의사결정 구조를 어떻게 만들었을까?

6. 메리는 의용소방대연합회의 콘퍼런스 기획자다. 최근에 그의 오빠가 그 지역에서 12마일 떨어진 곳에 있는 콘퍼런스센터의 영업본부장으로 이직을 했다. 메리는 내년에 열릴 의용소방대연합회 콘퍼런스를 그 콘퍼런스센터에서 열자고 제안한다.

a. 메리가 이런 제안을 하는 것은 윤리적인가?

b. 메리가 이런 제안만 하고 의사결정에 참여하지 않는다면 부적절한 모양새를 피할 수 있을까?

c. 만약에 메리가 이런 제안을 하고 의사결정에도 참여하되 자신의 오빠가 그 콘퍼런스센터의 신임 영업본부장이라는 사실을 밝힌다면 부적절한 모양새를 피할 수 있을까?

7. 프리실라는 해리스타운 지역 YMCA에서 안내 업무를 맡고 있다. 오늘 점

심에는 아들이 다니는 학교의 학부모위원회와 만나 모금행사를 기획하기로 했다. 마침 오늘자 신문에 여러 사업을 목적으로 단체들이 모금을 하는 다양한 방법에 관한 기사가 실렸다. 프리실라는 집에 복사기가 없으니 YMCA에 있는 복사기를 이용해 기사를 다섯 장 복사해서 학부모들에게 나눠 줘야겠다고 생각한다.

a. 프리실라가 이와 같이 복사기를 이용한 것은 비윤리적인 행동인가?

b. 만약에 프리실라가 딱 한 장만 복사했다면 얘기가 달라질까? 50장을 복사했다면 어떨까? 1천 장을 복사했다면?

c. 비영리단체의 복사기를 개인적 용도로 사용하는 것과 관련해 어떤 규정이 필요할까? 그 규정을 위반할 때는 어떤 제재가 따라야 할까?

8. 제럴딘은 해리스타운 가정과어린이서비스라는 단체의 웹사이트 운영 책임자다. 제럴딘이 운영하는 웹사이트는 단체의 이해관계자는 물론 일반 대중을 상대로 삶의 질을 높일 수 있는 유용한 정보들을 무료로 제공하는 것이 목적이다. 제럴딘은 일상적으로 인터넷을 서핑하다 단체와 관련 있는 이슈를 흥미롭게 다룬 글이 있으면 복사해서 누구나 볼 수 있도록 자신이 운영하는 웹사이트에 게시한다. 그 글을 보는 데 누구도 비용을 지불하지 않는다. 제럴딘은 이것이 가치 있는 공공서비스라고 생각한다.

a. 제럴딘이 이런 식으로 글을 게시하는 것은 비윤리적인 행위인가?

b. 제럴딘이 이런 식으로 글을 게시하는 것은 위법 행위인가?

c. 이처럼 다른 사람이 게시 혹은 게재한 글을 비영리단체 웹사이트에 게시하는 것과 관련해 어떤 규정이 필요할까?

9. 팸은 와일드타운 네이처센터라는 비영리단체의 대표다. 이 단체는 10년 전, 단 한 명의 유급직원과 함께 출발했다. 하지만 각종 보조금과 유산 덕

분에 지금은 직원 수가 급격히 늘어 유급직원 수가 30명이 넘고 자원봉사자도 아주 많다. 이사회는 종합적인 인사정책을 만들 것을 요구해 왔다. 팸은 괜히 시간을 낭비할 필요 없다는 생각에 인터넷을 뒤져 아주 멀리 떨어져 있는 비슷한 기관의 인사정책이 담긴 자료를 찾아낸다. 그런 다음 단체의 이름을 바꾸고 몇 가지 형식만 조금 바꾼 다음 스스로 만든 인사정책 안이라며 이사회에 제출한다.

a. 팸이 다른 단체의 인사정책을 가져다 자기가 만든 인사정책이라며 이사회에 제출한 것은 윤리적인 행동인가?

b. 팸이 이 문서를 자기 단체의 인사정책으로 삼더라도 인터넷에서 발견한 문서를 일부 수정한 것임을 이사회에 솔직하게 밝힌다면 윤리적인 행동인가?

c. 처음부터 그 문서를 작성한 단체에 허락을 구하고 자기 단체의 인사정책으로 삼는다면 그것은 윤리적인 행동인가?

10. 재스퍼는 중증장애아동들을 지원하는 비영리단체의 대표다. 한 독지가가 이 단체에 100만 달러를 기부하면서 반드시 중증장애아동을 위한 야영지를 조성하는 데 써 달라고 당부했다. 공교롭게도 이 단체는 자금 부족으로 인해 중증장애아동을 잠깐씩 위탁간호함으로써 부모에게 휴식 시간을 주는 임시 위탁간호 프로그램을 중단시켜야 할 처지였다. 새로운 야영지를 조성하기까지는 수년이 걸릴 테고, 임시 위탁간호 서비스가 사라지면 당장 많은 부모에게 심각한 부담을 줄 것임을 알기에 재스퍼는 야영지 조성 기금의 일부를 임시 위탁간호 프로그램을 유지하는 데 쓰기로 결정한다. 대체 자금이 마련될 때까지만 한시적으로 그렇게 하면 누구도 알아채지 못할 것이며, 이렇게 함으로써 훨씬 더 많은 혜택을 제공할 수 있으니 야영지 조성 기금을 이런 식으로 사용하는 것은 중증장애아동을 돕는 이

단체의 사명을 거스르는 것이 아니라고 생각한다.

a. 야영지 조성 기금을 한시적으로 임시 위탁간호 프로그램에 사용하는 것은 윤리적인가?

b. 야영지 조성 기금을 다른 목적으로 사용하는 것이 마음에 걸린다면 달리 생각해 볼 수 있는 대안이 있을까?

c. 아무리 한시적이더라도 야영지 조성 기금을 다른 목적으로 사용하기로 결정하면 이 사실을 누군가에게 알려야 할까?

11. 미아는 해리스타운 성폭력위기대응센터 대표다. 그의 대학 동창 한 명이 지방 대학에서 정부를 상대하는 대관 업무를 담당하다 얼마 전에 실직했다며 혹시 그와 비슷한 일을 할 수 있는 자리가 있을지 미아에게 물었다. 해리스타운 성폭력위기대응센터에는 샌디라는 대관 업무 담당자가 있다. 비교적 일을 잘 해 왔지만 미아는 샌디와 가깝다는 느낌을 받지 못했다. 미아는 친구처럼 가깝게 지낼 수 있는 사람과 일을 하면 좋겠다고 생각했다. 결국 대학 동창에게 함께 일해 보자고 제안하고, 언제든 해고할 수 있는 '임의 고용' 상태였던 샌디를 해고하기로 결정한다.

a. 미아가 친구를 고용하고 샌디를 해고하는 것은 윤리적인 행동인가?

b. 미아가 친구를 고용하고 샌디를 해고하는 것은 법적으로 문제가 없을까?

12. 앨리샤는 아이들의 마음을 가꾸는 돌봄센터 대표다. 직원 중 한 명인 맬러리가 집안일로 어려움을 겪고 있다. 지병을 앓고 있는 부모님을 돌보느라 밤에도 잠을 못 잔다. 앨리샤는 맬러리가 근무시간에 잠을 쫓으려고 각성제의 일종인 암페타민을 복용하고 있는 것 같아 걱정이다. 맬러리는 10년 가까이 직원으로서 훌륭히 일해 왔으며 지금껏 규율을 어겨 문제가 된 적

이 한 번도 없다. 아직까지 맬러리가 약물에 의존한다는 것은 정황 증거만 있는 상황이다. 돌봄센터는 규율이 엄격한 편이다. 직원들이 불법 약물을 사용할 수 없으며 불법 약물을 사용할 경우 즉각 해고 처리된다. 공교롭게도 오늘, 앨리샤는 우연히 맬러리가 주의력결핍과잉행동장애ADHD를 앓고 있는 아이 중 한 명에게 돌려줘야 할 약을 슬쩍 자기 주머니에 넣고 화장실로 가는 모습을 목격한다. 앨리샤는 곧장 화장실로 쫓아가 맬러리에게 주머니에 있는 것을 다 꺼내 보라고 말한다. 맬러리는 처음에는 싫다고 하더니 이내 울음을 터뜨리고 ADHD를 앓는 아이의 치료제인 리탈린을 복용했다고 털어놓는다. 리탈린은 집중력 결핍 치료에 쓰이는 향정신성 의약품이다. 맬러리는 엄마를 돌보느라 밤에 잠을 못 자서 그런 것뿐 다른 이유는 없으며 엄마의 치료비 때문에 꼭 일을 해야 한다며 제발 해고시키지 말아 달라고 애원한다. 급기야 해고를 당하면 죽어 버리겠다고 말한다. 앨리샤는 맬러리로부터 다시는 리탈린을 훔치지 않겠다는 약속을 받고 그냥 넘어가기로 한다.

a. 앨리샤가 맬러리를 해고하지 않은 것은 비윤리적인 행동인가?

b. 맬러리를 해고하거나 못 본 척 그냥 넘어가는 것 말고 앨리샤가 선택할 수 있는 다른 방법이 있을까?

13. 스티브는 아웃트리지 요양원이라는 비영리 장기보호 시설의 최고재무책임자다. 얼마 전 이 요양원의 최고경영자 해럴드는 스티브가 5년 전에 입사할 때 제출한 이력서 내용과 달리 코넬대학교 MBA 출신이 아니라는 사실을 우연히 알게 되었다. 스티브는 사실 MBA 학위 자체가 없었다. 5년 전 채용 공고에서는 MBA 학위 소지자에 한해 면접에 응시할 수 있다고 분명히 밝혔었다. 해럴드는 스티브가 요양원의 재무 관리를 모범적으로 이끌고 있고 모든 재무 업무를 치밀하게 처리하고 있으며, 동료들로부터

사랑과 존경을 받는다는 점을 인정한다. 해럴드가 이 문제를 이사장에게 상의하자, 이사장은 해럴드가 옳다고 생각하는 대로 처리해야 한다고 말한다. 해럴드는 당장 스티브를 해고하기로 결정한다. 스티브에게는 아이가 셋이나 있고 갚아야 할 주택대출금도 상당하다. 해럴드의 이 같은 결정으로 스티브가 심각한 타격을 받을 것이 분명하다.

a. 이력서에 사실과 다른 내용을 기재한 스티브에 대해 해럴드가 즉각 해고 결정을 내린 것은 윤리적인 행동인가?

b. 스티브와 같은 잘못을 저질렀을 경우 해고 외에 다른 징계 방법은 없을까?

14. 트렌트는 야생동물 보호단체의 기금개발 책임자다. 그런데 단체에서 행정 보조 업무를 담당하는 테레사가 트렌트에게 성희롱을 당했다며 최고경영자에게 정식으로 항의했다. 최고경영자인 파멜라는 자신이 직접 목격한 몇 가지 행동에 비추어 테레사의 주장이 사실일 거라고 판단한다. 파멜라는 여직원들과의 비공식 면담을 통해 놀랍게도 단체 내 거의 모든 여직원이 트렌트로부터 불쾌한 경험을 한 번 이상 당했다는 사실을 알게 된다. 일부 직원은 트렌트로부터 스토킹을 당했다고 했으며, 단도직입적으로 잠자리를 제의받거나 부적절한 신체 접촉을 경험했다고 호소한 직원도 있었다. 파멜라는 트렌트를 해고하기로 결정하고 트렌트를 사무실로 불러여러 가지 증거를 제시한다. 트렌트는 모든 혐의를 부정하면서도 과거에 일했던 단체에서도 비슷한 이유로 해고당한 사실을 인정한다. 하지만 모든 것이 자신의 외모와 성적 매력 때문이라며, 여직원들이 자신의 다정함을 나쁜 의미로 오해해서 그런 것이라고 항변한다. 트렌트는 4주치 임금과 함께 좋은 내용이 담긴 추천서를 제공해 주면 단체를 조용히 떠나겠다고 제안한다. 게다가 자신의 사직 이유를 비밀로 해 줄 것도 요구한다. 파멜라는 단체를 위해 트렌트의 제안을 받아들이기로 하고, 골치 아픈 법적

분쟁을 피했다는 생각에 안도의 한숨을 내쉰다.

a. 파멜라가 트렌트의 제안을 받아들인 것은 윤리적인 행동인가?

b. 파멜라가 윤리적으로 행동하려고 했다면 이 문제를 어떻게 처리해야
했을까?

c. 트렌트의 과거 이력을 제대로 알지 못한 채 그를 채용한 또 다른 단체는
어떤 일을 겪게 될까?

15. 켈리는 캘리포니아주에 있는 4년제 인문대학의 모금담당자로 열심히 활
동 중이다. 켈리가 모금담당자로서 평가받는 기준 중 하나는 동문들을 직
접 만난 횟수다. 켈리는 열렬한 마라톤 애호가이기도 해서, 매년 4월 셋째
주 월요일(애국자의 날)에 열리는 보스턴 마라톤대회에 처음으로 참가 자
격을 얻은 것을 무척 자랑스러워한다. 보스턴 마라톤대회는 국제육상경
기연맹 공인 대회 기록을 기준으로 연령대별로 참가 자격을 부여하는 등
기준이 까다롭기로 유명하다. 켈리는 만약에 보스턴에서 잠재적 기부자
인 동문들과 만날 약속을 잡는다면 굳이 마라톤대회 때문에 며칠 휴가를
낼 필요가 없겠다는 생각이 들었다. 게다가 실적도 올리고, 항공비와 숙
박비며 식사비 등 여행 경비 대부분을 출장비로 충당할 수 있을 것 같았다.
마라톤대회 참가비는 당연히 자기 돈으로 내고, 보스턴 코먼(마라톤 출발
지점인 홉킨턴까지 주자들을 태워다 주는 버스를 탈 수 있는 곳)까지 가는 택시
비도 절대 출장비에 포함시키지 않기로 마음먹는다.

a. 켈리가 보스턴 마라톤대회에 참가하기 위해 일부러 그 주에 보스턴에
서 기부자와 만날 일정을 잡는 것은 윤리적인 행동인가?

b. 보스턴 마라톤대회에 참가하느라 발생한 비용 중 반드시 켈리가 부담
해야 하는 비용은 어떤 것이며, 대학에 경비를 청구해도 윤리적으로
문제가 없을 것 같은 비용은 어떤 것일까?

16. 할리는 해리스타운 하우징프로젝트라는 비영리단체의 최고경영자다. 할리는 아파트를 매매하는 영리사업체도 운영하고 있다. 2008년 이전만 해도 아파트 매매로 수십만 달러를 벌었지만, 2008년에 사업을 너무 크게 확장했다가 수백만 달러 손해를 보고 빚을 떠안게 됐다. 할리는 이사회에 사정을 설명하고 개인 사업체의 파산을 막기 위해 90만 달러를 대출해 달라고 부탁했다. 할리는 대출금에 대해 시중 금리대로 이자를 지불하겠다고 제안했다. 이사회의 회계담당자는 현재 계좌에 자금이 있는데, 이율이 연 3%밖에 안 된다는 것을 확인하고 할리에게 대출을 승인하면 단체에도 이익이 될 것이라는 데 동의했다. 할리는 대출금으로 파산을 막을 수 있을지 확실치 않았지만, 지푸라기라도 잡는 심정으로 할 수만 있다면 뭐든 할 작정이었다. 그는 대출을 받지 못하면 지금보다 더 많은 소득을 올릴 수 있는 다른 일을 찾아 단체를 떠날 수밖에 없을 것이라는 말도 했다. 결국 이사회는 대출을 승인했다.

a. 이사회가 대출을 승인한 것은 윤리적인 판단인가?

b. 이사회가 대출을 승인한 것은 법적으로 문제가 없을까?

17. 해리는 퇴역군인에게 상담과 거처를 제공하고, 정신건강 관리를 돕는 비영리단체의 신임 이사장이다. 해리는 취임 후 이 단체가 실제 사업 운영에 투입하는 비용보다 모금활동에 쓰는 비용이 훨씬 많다는 사실을 알게 됐다. 단체 직원과 이사회, 모금활동 서비스를 제공하는 영리업체의 관계에 문제가 있다고 판단한 해리는 다음번 이사회에서 모금 전문 업체와의 5년 계약을 파기해야 한다고 제안한다. 더불어 그 업체가 청구하는 비용 이상의 모금을 하기 전까지는 절대 비용을 지급하면 안 된다고 주장한다.

a. 해리가 이런 제안을 한 것은 윤리적인가?

b. 해리의 제안은 법적으로 문제가 없을까?

c. 자신이 속한 비영리단체와 모금 전문 업체가 비윤리적인 관계를 맺고 있다고 믿는 해리가 취할 수 있는 다른 조치는 무엇이 있을까?

18. 스티브는 해리스타운에 전립선교육재단을 새로 만들었다. 그는 해리스타운 지역 인사 9명을 이사로 위촉하면서 각 이사에게 재단에 5천 달러를 빌려 주고 매년 2,500달러 이상을 기부하는 조건을 제시했다. 스티브는 그 돈을 착수자금으로 활용해 직원들을 고용하고 사무실을 빌리는 등 사업 운영에 필요한 비용을 충당할 생각이다. 이 같은 요건은 재단의 내규에도 명시해 뒀다.
   a. 스티브의 행동은 윤리적인가?
   b. 스티브의 행동은 법적으로 문제가 없을까?

19. 레베카는 학생들에게 폭음의 위험성을 가르치는 '책임 있는 음주교육문화원'이라는 비영리단체의 대표다. 직원인 린다가 면담을 요청하더니 얼마 전 음주운전 혐의로 입건된 사실을 털어놓았다. 하지만 실제로 음주운전을 한 것은 남자친구이며, 남자친구가 이미 두 차례나 음주운전으로 적발된 터라 경찰이 오기 전에 자리를 바꿔 달라는 부탁을 거절할 수 없었다고 말했다. 레베카는 그 말을 듣고 당혹스러워하지만, 린다를 해고하지 않기로 결심한다. 레베카는 린다에게, 친구로서 충고하건대 경찰에 가서 진실을 밝히는 것이 좋겠다고 말한다.
   a. 레베카는 윤리적으로 행동하는 것일까?
   b. 린다의 행동은 윤리적인가?
   c. 린다의 이야기를 전해들은 레베카에게는 경찰에 진실을 알려야 할 법적, 혹은 윤리적 책임이 있을까?

20. 피터는 식사배달 서비스를 제공하는 비영리단체를 운영한다. 자금난으로 파산할 지경인 단체를 구하기 위해 수입을 창출할 기발한 방법을 고민 중이다. 피터는 어느 늦은 밤, 지켜보는 사람이 아무도 없을 때 사무실 주차장으로 차를 몰고 들어가 일부러 단체의 배달 차량에 접촉사고를 내기로 결심한다. 자기 차의 뒷부분으로 살짝 부딪쳐 자기 차는 거의 손상되지 않고 배달 차량 뒷문 쪽에만 경미한 손상을 남기고 빠져나오겠다는 생각이다. 그런 다음엔 차량 기사가 차가 손상된 것을 발견하고 보고하기만 기다렸다가 보험사에 신고하면 피해보상금을 받을 수 있으리라고 기대하는 것이다. 그러면 그 보상금을 받아서 차량을 수리하지 않고 단체의 입출금 계좌에 넣어 둘 생각이다. 피터는 그동안 자동차 보험회사에서 받은 혜택이 거의 없는 데다 그 정도 보상금은 거대 보험사의 수익에도 별 영향을 미치지 않는 만큼, 차라리 좋은 사업에 사용하는 편이 낫다고 합리화한다.

    a. 피터의 행동은 윤리적인가?

    b. 피터의 행동은 법을 위반하는 것일까?

21. 브리아나는 워싱턴 D. C. 에 본부가 있는 전미 고등교육컴퓨터공학협회의 전략 커뮤니케이션팀에서 일하는 20대 미혼 여성이다. 브리아나는 특히 더운 여름이면 노출이 심한 옷을 입어 동료들의 시선을 끈다. 브리아나의 직속 상사인 해리엇은 다른 여직원들로부터 불평을 전해 듣고 있었고, 같은 부서 남자 직원들이 브리아나의 주변을 서성이며 힐끔거리고 자기들끼리 모여서 브리아나에 대해 이야기하느라 시간을 허비한다는 것도 안다. 해리엇은 브리아나를 사무실로 불러 옷차림에 문제가 있다고 지적하고 조금 더 단정하게 옷을 입어 달라고 얘기한다. 그렇지 않으면 불이익을 당할 수 있다는 경고도 한다. 그러자 브리아나는 옷은 개인의 취향이라며 협회에 복장에 관한 공식 규정이 없는 한 어떤 옷이든 원하는 대로 입을

권리가 있다고 말한다. 뿐만 아니라 사람들의 시선을 끈다는 이유로 차별 당하고 있다며, 자신의 의지에 반하는 조치가 취해질 경우 차별 피해 소송을 제기하겠다고 말하고 화를 내며 사무실을 나간다.

a. 해리엇이 브리아나에게 일방적 경고를 한 것은 윤리적인 행동인가?
b. 지금과 같은 상황에서 브리아나에게 경고하는 것 말고 해리엇이 선택할 수 있는 방법은 무엇이 있을까?

22. 해리는 보일레톤 예술협회라는 비영리단체로부터 컴퓨터시스템을 구축하는 자원봉사를 해 달라는 요청을 받았다. 이 단체의 재정이 열악하다는 것을 아는 해리는 하드드라이브 용량이 큰 저렴한 노트북을 구입했다. 그런 다음 자신의 개인용 컴퓨터와 사업용 컴퓨터에 사용하려고 구입했던 워드프로세스와 엑셀, 데스크톱 출판, 프레젠테이션, 웹페이지 소프트웨어 최신 버전을 노트북에 옮겨 설치했다. 단체에는 소프트웨어 비용을 제외하고 컴퓨터와 프린터, 다른 액세서리 비용만 청구했다.

a. 해리의 행동은 윤리적인가?
b. 해리의 행동은 법적으로 문제가 없을까?
c. 해리가 윤리적으로 단체의 노트북에 정품 소프트웨어를 설치하고 싶었다면 어떤 다른 선택을 할 수 있었을까?

23. 티드웰대학교의 최고기금개발책임자인 테드는 티드웰대학교 동문 중에서 가장 유명한 '제멋대로 빌' 핸포드에게서 전화를 받았다. 거액을 기부할 생각이 있으니 한 번 만나자는 것이었다. 핸포드는 부당내부거래 죄로 3~5년 형을 선고받고 펜실베이니아주 알렌우드 연방교도소에 수감되어 있다가 얼마 전 출소했다. 테드를 만난 자리에서 핸포드는 티드웰대학교에 3천만 달러를 기부하면 최첨단 기술이 내장된 새로운 경영대학원 건물

을 지을 수 있는지 물었다. 그가 원하는 조건은 단 하나, 건물에 '윌리엄 핸포드 경영대학원'이라고 이름 붙이는 것이다. 테드는 핸포드에게 일단 기부를 제안해 준 것에 감사를 표한 다음, 이런 조건으로 기부금을 받아도 되는지 여부는 전체 이사회에서 결정해야 할 사안이라고 설명했다. 두 달 후 티드웰대학교 총장은 이 사안에 대해 이사회에 승인을 요청한다. 티드웰대학교 이사회는 핸포드의 제안을 받아들이기로 결정한다.

a. 티드웰대학교 이사회는 도덕적으로 이러한 기부를 받아도 되는 것일까?

b. 티드웰대학교가 이런 조건의 기부금을 수락할 경우 핸포드는 자신의 이름이 들어간 건물이라는 엄청난 가치를 누리게 되는 셈인데도 불구하고 티드웰대학교는 핸포드에게 기부금 전액에 대해 세금공제를 받을 수 있는 기부확인서를 발급해야 할까?

c. 만약에 이렇게 조건이 달린 기부금을 이사회가 승인하지 않는다면, 이런 고액 기부자의 기분을 해치지 않으면서 프로그램 운영에 필요한 자금을 윤리적으로 조달할 수 있는 절충안이 있을까?

24. 티나는 해리스타운 미술관의 고액 기부 담당자다. 해리스타운 미술관은 미국 세법 501 (c) (3) 에 따라 연방소득세를 면제받는 비영리기관이다. 어느 날 고액 기부자인 자스민이 티나에게 접근한다. 자스민은 피카소 그림 다섯 점을 유산으로 물려받았다. 그 가치가 무려 2,500만 달러에 이르는 고가의 소장품이다. 자스민은 상속받은 예술작품 중 500만 달러를 초과하는 부분에 대해서는 상속세가 부과된다는 사실을 알게 됐다. 자스민이 원하는 것은 상속세를 피하기 위해 미술관에 소장품을 기증하되 그녀가 살아 있는 동안은 미술관이 작품을 팔거나 대여할 수 없으며 작품을 그녀의 집에 걸어 둘 수 있게 해 달라는 것이다. 뿐만 아니라 미술관은 자스민의 기부를 증명하는 통상적인 서류를 발급하는 것 외에 다른 조건은 모두

비밀로 해야 하며, 작품에 대한 정기적인 감정 비용은 미술관에서 지불할 것을 요구했다. 티나는 자스민의 이러한 요구가 별 문제 없을 거라 생각하고, 자스민에게 미술관에서 그 제안을 기쁘게 받아들일 것이라고 말한다.

 a. 자스민과 미술관이 이런 식의 거래를 맺는 것은 윤리적인가?

 b. 이러한 거래가 합법적인 것일까?

25. 1인 모금대행업체를 운영하는 칼이라는 남자가 세이브더키즈 재단에 접근해 솔깃한 제안을 한다. 세이브더키즈 재단은 얼마 전 매도프 피라미드 금융사기 사건으로 무려 1천억 달러나 되는 기금 전액을 날리는 치명적인 피해를 입은 상태다. 칼은 세이브더키즈 재단에 찾아가 자신이 두 달 안에 최소 500만 달러를 모금할 수 있으며 사전에 동의한 실경비 외에 모금액의 10%만 수수료로 가져가겠다고 제안한다.

 a. 칼의 제안은 윤리적인가?

 b. 칼의 제안은 법적으로 문제가 없을까?

26. 유대인 커뮤니티센터의 회원인 로버트는 이곳에서 아들의 유대교식 성인식을 치르고 장소비와 식사비로 총 3,218달러의 청구서를 받았다. 로버트는 센터 대표에게 전화해 자신이 센터에서 어떤 상품이나 서비스도 제공받지 않았다는 확인서를 보내 주면 4천 달러를 기부하겠다고 제안한다. 그러면 센터는 장소비와 식사비를 제외한 782달러를 원하는 곳에 쓸 수 있고, 자신은 세금공제를 받을 수 있으니 서로에게 좋은 일이라고 생각한 것이다.

 a. 로버트의 제안은 윤리적인가?

 b. 로버트의 제안은 법적으로 문제가 없을까?

 c. 유대인 커뮤니티센터 대표가 로버트의 제안을 수락하면 이익을 보거나 손해를 보는 쪽은 어디인가?

27. 해리스타운 음악협회는 기증받은 자동차를 판매하는 영리기업과의 협업을 통해 수입을 얻는다. 해리스타운 음악협회는 사람들에게 사용하지 않는 자동차를 기부해 달라고 권유하고, 자동차를 기부하겠다는 사람이 있으면 협력회사가 가서 자동차를 운반하고 기증자에게 세금공제를 받을 수 있는 기부확인서를 발급해 준 다음 상당한 이익을 남기고 자동차를 판매하는 방식이다. 해리스타운 음악협회는 이 업체로부터 보통 자동차 판매 가격의 10%를 받는다. 하지만 직접적으로 드는 비용이 거의 없기 때문에 수입에 별로 불만이 없다. 해리스타운 음악협회는 일부러 이 자동차들이 얼마에 팔리며, 이 거래에서 자신들이 얼마나 적은 금액을 받는지 알리려고 하지 않는다. 그래야 협력회사와의 관계가 위태로워지지 않는 데다, 협력회사에서 얼마나 많은 수익을 챙기는지 알지 못한다고 당당히 대응할 수 있기 때문이다. 하지만 자동차 기증자가 받는 기부확인서는 자선단체 명의로 발급된다. 또한 미국 국세청 규정에 따르면 판매 가격이 500달러가 안 되는 경우 자선단체는 기증자에게 알려 줘야 한다. 자동차를 기증받아 판매하는 이런 특별한 업체의 경우 자동차 부품 사업을 위해 스스로 매입하는 경우도 많기 때문에 판매가가 500달러를 넘는 일이 거의 없다.

a. 기증받은 자동차에서 발생하는 대부분의 수입을 영리기업이 가져가는 것을 알면서도 자선단체가 사람들에게 자동차를 기증해 달라고 권유하는 것을 윤리적이라고 볼 수 있을까?

b. 해리스타운 음악협회가 자동차를 기증한 사람들에게 협회에 전달되는 실제 기부금이 얼마인지를 일부러 알리지 않는 것은 윤리적으로 문제가 있을까?

c. 자선사업에 쓰이길 바라는 마음으로 사람들이 제공한 기증품을 이렇듯 자선단체의 이름만 이용하는 사기업들이 빼돌리지 않게 하려면 국세청은 어떤 조치를 취해야 할까?

28. 해리스타운 자연보호재단은 해리스타운 지역의 환경 보호를 위해 힘쓰는 501(c)(3) 면세 비영리단체다. 해리스타운 지역의 식물과 동물의 자연 서식지를 보호하기 위한 야생 생태계 보호지역을 조성하는가 하면 환경에 관한 교육도 한다. 그런데 제노아 석유가스라는 기업이 인근 지역에서 천연가스를 추출할 수 있는 셰일가스 매장층이 있는지 조사하기 시작했다. 석유가스회사의 탐사정이 이 지역 상수도를 오염시켰다는 신문 보도가 이어지자, 제노아 석유가스는 기업 이미지를 개선하기 위해 해리스타운 자연보호재단에 접근해 교육 사업을 후원할 목적으로 10만 달러를 기부하겠다고 제안한다. 금전적 도움이라면 언제나 고맙게 받아들이는 이사회는 이 제안을 기꺼이 수락한다.

   a. 해리스타운 자연보호재단이 석유가스회사의 기부를 수락하는 것은 윤리적인가?

   b. 만약에 윤리적으로 문제가 있다면, 어떤 조건이나 단서를 붙여야 기부금을 받아도 윤리적으로 문제가 없을까?

29. 스티븐은 유나이티드웨이의 한 지부에서 모금 책임자로 일하고 있다. 얼마 전에 스티븐은 신장병연구재단이라는 비영리단체 이사회 의장으로 선임됐다. 이 재단은 세법 501(c)(3)을 적용받는 면세 단체다. 첫 번째 이사회에서 스티븐은 이 재단 모금 책임자인 해리에게 자신이 연례 자선기금 모금 무도회 입장권을 살 만한 고객을 찾아보겠다고 말한다. 다음 날 스티븐은 유나이티드웨이 데이터베이스에서 고액 기부자라고 할 만한 사람들 250명을 찾아낸다. 신장병연구재단의 모금행사에 초대할 사람들이다. 스티븐은 고액 기부자들의 이름과 주소, 전화번호, 그 밖에 몇 가지 개인정보를 휴대용 저장장치에 옮긴 다음 엑셀 파일로 정리해 해리에게 보내 준다.

   a. 스티븐의 행동은 윤리적으로 문제가 없을까?

b. 스티븐의 행동은 법적으로 문제가 없을까?

c. 만약에 이런 행동이 도덕적으로나 법적으로 문제가 있다면, 스티븐은 유나이티드웨이 일을 하면서 얻은 정보를 신장병연구재단의 기금 모금을 위해 어느 정도까지 사용하는 것이 좋을까?

30. 해럴슨대학교에서 모금 업무를 맡고 있는 멜리사는 성격이 쾌활한 30대 여성이다. 멜리사는 거액의 기부를 성사시키기 위해 석유재벌가의 자제이자 해럴슨대학교 동문인 에머슨을 종종 만나 함께 점심식사를 한다. 그런데 최근 들어 에머슨이 이따금 멜리사를 쳐다보며 죽은 자기 아내의 이름을 부르는가 하면 어떤 일들을 전혀 기억하지 못하는 모습을 보였던 터라 멜리사는 에머슨의 건강에 문제가 있다고 느꼈다. 아무래도 알츠하이머나 다른 치매 증상을 보이기 시작하는 것 같다고 생각한 멜리사는, 에머슨의 가족이 그를 대신해 모든 재산권을 행사하기 위한 법적 조치에 들어가기 전에 기부 약속을 마무리 짓고 싶었다. 멜리사가 생각하기에 에머슨의 가족이 재산권을 행사하게 되면 대학에 기부를 해 줄 것 같지 않았다. 그러면 지금까지 그가 쏟은 노력은 모두 헛수고가 된다. 멜리사는 에머슨에게 다음 날 점심을 함께하자고 말하고 에머슨이 가진 재산의 절반인 4천만 달러를 대학에 기부하겠다고 서약하는 내용의 서류를 준비해 간다. 에머슨이 서류에 서명하는 것조차 힘들어하는 모습을 보이자 멜리사는 순간 당황하면서도 에머슨에게 다가가 서명할 수 있도록 돕는다. 멜리사는 에머슨의 의식이 또렷하고 냉철할 때 늘 영원히 지속되는 유산을 남기고 싶어 했고, 자신의 모교가 더 발전하는 데 보탬이 되고 싶다는 뜻을 밝혔던 만큼 해럴슨대학교의 많은 학생들에게 도움을 줄 수 있는 그의 기부를 놓칠 수 없었다고 합리화한다.

a. 멜리사의 행동은 윤리적인가?

b. 멜리사의 행동은 합법적인가?

c. 만약에 여러분이 멜리사와 같은 처지가 된다면 어떻게 했을까?

31. 바루크는 유대인보호센터의 최고경영자이자 대표다. 이 단체는 100만 달러 넘는 기금을 조성했는데, 바루크의 공격적인 투자 전략과 사회적 책임을 강조한 다각적인 포트폴리오의 효과가 컸다. 그래서 이사회는 바루크에게 적절한 보상을 지급해 왔다. 그런데 최근에 열린 이사회에서, 새로 선임된 회계 책임자 매니가 다른 투자 전략을 제안했다. 현재 유명한 금융기관 여러 곳에 분산 투자해 관리 중인 모든 자금을 버니 매도프라는 사람이 단독으로 관리하는 계좌로 옮기자고 강력하게 주장한 것이다. 매니는 매도프의 놀라운 실력 덕분에 경기가 좋을 때나 나쁠 때나 평균을 훨씬 웃도는 투자 수익을 거둔다고 주장했다. 바루크는 '진실이라고 하기엔 너무나 좋은' 매도프의 실적에 흥미를 보이면서도, 수익률에 상관없이 모든 자금을 한 곳에 투자하는 것은 어리석은 방법이라고 진지하게 말했다. 하지만 이사회는 매니의 의견을 받아들여 올해 지출할 금액을 제외한 모든 자금을 매도프에게 맡기기로 결정한다. 바루크는 좀 더 생각해 본 뒤에 이사회의 결정을 무시하고 전체 기금의 10%만 매도프에게 전달한다.

a. 바루크의 행동은 윤리적인가?

b. 바루크의 행동은 법적으로 문제가 없을까?

c. 센터의 모든 기금을 매도프에게 맡기는 것이 옳지 않다고 강력하게 믿는다면, 바루크가 추구할 수 있는 다른 전략은 무엇이 있을까?

32. 아리엘은 여성생존연대의 대표다. 여성생존연대는 501 (c) (3) 면세 비영리단체로, 10년 전부터 젊은 남녀들을 상대로 성폭력 피해 여성의 고통에 대해 교육하고 있다. 아리엘은 매년 자신이 맡은 업무의 일환으로 예상 수

입과 지출내역을 세세히 담은 균형예산을 준비한다. 이사회가 예산을 승인하기까지는 많은 논쟁과 타협, 몇 차례의 수정을 거쳐야 한다. 예산이 통과되면, 아리엘은 그것을 관계 기관에 형식적으로만 제출하고 실무적으로는 완전히 무시한다. 사업을 운영하다 보면 시시때때로 바뀌는 것이 많아서 무려 18개월 전에 만들어 놓은 지출 계획에 얽매일 수 없다는 것이 그의 생각이다. 이사회가 승인한 예산을 그대로 따르기보다는 하나의 지침으로 참고만 하는 것이 이치에 맞는다고 생각한다. 더욱이 아리엘은 단체가 정한 목표를 실현하는 데 꼭 필요하다고 생각되는 지출만 한다. 예산에 어떤 항목들이 있었는지 거의 기억도 못하지만 매년 예산에 적힌 수입과 지출 금액에 거의 일치하도록 단체를 운영한다. 그래서인지 지금까지는 이사회에서 아무도 이런 사실을 알아채지 못했다. 아리엘 스스로도 밝힐 생각이 전혀 없다.

a. 아리엘이 이사회의 승인을 받은 예산을 무시하고 단체를 운영하는 것은 윤리적으로 타당한가?

b. 최고경영자가 이사회에 예산 변경을 요청하지 않고 자기 권한으로 지출 항목을 바꿀 수 있는 유연성은 얼마나 주어져야 할까?

33. 피터는 비영리의료법인 존슨시티 병원에서 일하는 전문 간호사다. 이 병원은 의료진에게 지역 내 다른 비영리의료센터에서 자원봉사 활동하는 것을 적극 권장한다. 피터는 자원봉사를 즐기지만 봉사를 할 때마다, 지역 의료센터에 인력이 부족하고 그나마 있는 의료진도 자신이 다니는 병원과 비교해 같은 일을 하는데도 불구하고 훨씬 낮은 급여를 받는다는 사실을 알고 마음이 불편했다. 게다가 병원엔 물품이 남아도는 데 반해 이곳 센터는 자금이 부족해 기본적인 의료기구도 제대로 갖추지 못하고 있다. 지난주만 해도 주사기가 없어서 지역 주민들에게 독감주사를 놓지 못했다. 병

원에 가서 돈을 내고 독감주사를 맞을 형편이 안 되는 사람들이라 피터는 영 찜찜했다. 그는 결국 의료센터에 필요한 물품 목록을 작성한 다음 자신이 일하는 병원에서 매주 조금씩, 사람들이 눈치채지 못할 정도로 의료용품을 몰래 빼내서 익명으로 의료센터에 갖다 놓기 시작했다.

a. 피터의 행동은 윤리적인가?

b. 피터의 행동은 법적으로 문제가 없을까?

c. 피터가 자신의 계획을 실행하는 것이 뭔가 꺼림칙하다고 느꼈다면 어떤 다른 방법을 선택할 수 있었을까?

34. 은행의 부행장인 네빈은 501 (c) (3) 면세 비영리단체인 해리스타운 가정과어린이서비스의 새로운 회계 책임자로 위촉됐다. 이 단체는 전체 현금 자산이 10만 달러를 넘어 본 적이 없다. 한 번에 수백만 달러씩 처리할 때도 많은 네빈이 보기엔 변변찮은 금액이다. 하지만 막상 이 단체의 입출금 계좌가 같은 지역 내 다른 은행 것임을 알게 되자 당혹스러워한다. 네빈은 다음 번 이사회에 참석해 단체의 입출금 계좌 및 적금 계좌를 가능한 한 빠른 시일 내에 자신의 은행으로 옮길 것을 제안한다.

a. 네빈이 이런 제안을 하는 것은 윤리적인가?

b. 네빈이 이사회에 이런 제안을 하고 논의에 참여하는 것은 법적으로 문제가 없을까?

35. 해리엇은 20년 가까이 해리스타운 상공회의소의 대표를 맡고 있다. 해리스타운 상공회의소는 세법 501 (c) (6) 을 적용받는 면세 비영리단체다. 해리엇은 결혼을 하지 않았다. 그에겐 상공회의소가 인생의 전부라고 해도 과언이 아니다. 매일 12시간씩 일하는 것은 보통이고 가장 먼저 출근해서 가장 늦게 퇴근한다. 하루 일정이 회의와 전화통화로 빽빽하다. 몇 년 전

부터 해리엇은 부하 직원에게 개인적인 심부름을 시키는 버릇이 생겼다. 과도한 업무 때문에 직접 처리할 시간이 부족한 데다 그런 사소한 일에 신경 쓸 시간에 차라리 업무에 더 집중하는 편이 단체에 더 이익이라고 생각한다. 해리엇의 부탁을 받은 일부 직원은 해리엇의 그런 생각에 공감하고 이해심을 발휘해 기꺼이 도움을 주고자 한다. 하지만 최근 들어 그의 이런 습관에 발끈하는 직원들도 있다는 것을 해리엇이 알게 됐다. 다행히 아직까지 "못 하겠는데요"라고 딱 잘라 말한 직원은 없다.

a. 해리엇이 직원들에게 개인적인 일을 부탁하고, 그렇게 해서 절약한 시간을 업무에 투자한다면 이런 행동은 윤리적으로 정당한 것일까?

36. 페리는 제3세계 개발 지원 기금을 모금하는 타인 재단이라는 비영리단체의 기금개발 담당자다. 페리는 30년 넘게 기금개발 업무를 해 왔으며, 지인들도 대부분 이 분야에서 동료로 만났던 사람들이다. 모금전문가협회 회의나 콘퍼런스 같은 모임이 있으면 페리는 동료들과 만나 자신이 직접 경험하거나 전해들은 모금 관련 이야기를 나누곤 한다. 그중엔 사실이 아닌 이야기도 있지만 언제나 흥미진진하다. 20년 전부터 페리는 이렇게 나눈 이야기들을 글로 정리해 왔다. 그의 손 글씨로 채워진 노트가 벌써 여러 권이다. 여기에 담긴 이야기 중 절반은 그가 타인 재단에서 일하며 직접 경험한 내용이라 외부에 공개될 경우 재단이 난처해진다는 것을 누구보다 잘 안다. 이미 공소시효가 지나긴 했지만 범죄 혐의가 짙은 사건들도 있다. 페리는 퇴직을 앞두고 있는 입장이라 재단의 최고 경영진이 어떻게 반응할지에 대해서는 별로 염려하지 않는다. 게다가 작가가 되는 것은 그가 평생 꿈꿔 온 일이다. 페리는 오늘 비서에게 노트에 적힌 내용을 타이핑해 달라고 지시했다. 마침내 꿈에 그리던 일에 착수한 것이다. 물론 비서로부터 그 내용을 절대 아무에게도 말하지 않겠다는 다짐을 받았다. 그리고

아내에게는 이번 주말쯤에 재단에 사직서를 제출할 생각이라고 말했다.

a. 페리의 행동은 윤리적인가?

37. 호레이스는 501 (c) (3) 면세 비영리단체인 해리스타운 에너지지원기금의 대표다. 그는 요즘 이사회 회계 책임자인 브리짓과 함께 있으면 회의에 집중을 못한다. 30대 이혼남인 호레이스는 5년을 함께 지낸 그의 아내, 아니 전처와 처음 연애를 시작할 때도 느끼지 못했던 그런 특별한 감정을 브리짓에게 느끼고 있다. 호레이스는 전처에게 정서적으로 만족한 적이 없었다. 결국 이혼 소송을 제기했을 때쯤 그들의 결혼생활은 최악으로 치달아 두 사람은 가능하면 서로를 피하고 각자 더 큰 만족을 주는 다른 사람들과 어울렸다. 호레이스는 이혼하기 전에도 몇 사람과 가볍게 만났지만 요새 브리짓과 함께 있을 때 느끼는 그런 불꽃 튀는 감정을 경험해 보지 못했다. 브리짓이 참석하는 이사회 회의를 두세 번 정도 했을 때 이미 호레이스는 이런 감정을 브리짓도 느끼고 있으며, 과거에 일부 동료들이 그랬던 것처럼 '장난삼아 희롱'하는 것이 아니라고 믿기 시작했다. 하지만 유부남일 때는 그 어떤 행동도 하려고 하지 않았다. 지난 몇 달 동안, 특히 예산 시즌이 시작된 뒤로 호레이스와 브리짓 둘만 만날 기회가 여러 차례 있었다. 보통은 일반 레스토랑에서 만나 숫자를 계산했다. 그런데 최근 몇 번의 만남에서는 좀 더 사적인 이야기가 오갔고, 브리짓이 호레이스에게 관심을 보이는 듯했다. 기분이 좋아진 호레이스는 브리짓이 대화를 이끌어가게 했다. 그러자 브리짓은 곧 다음 번 만남을 가까운 호텔에서 갖는 것이 좋겠다고 제안했다. 그 다음에 무슨 일이 벌어질지 잘 알면서도 호레이스는 흔쾌히 그러자고 했다.

a. 호레이스의 태도는 윤리적인가?

38. 데이브는 500명의 회원을 보유한 해리스타운 러닝클럽의 신임 대표로 선출됐다. 30년 역사를 자랑하는 해리스타운 러닝클럽은 501(c)(3) 면세 비영리단체로서 해리스타운 지역에 달리기의 장점을 알리고 보급하는 사업을 한다. 회원의 절반 정도는 여성이고, 20달러의 연간 회비를 내는 유료회원들 중에는 소수 인종도 더러 있다. 하지만 영속성을 지닌 이사회는 11명의 백인 남성들로 구성되어 있으며 그중 50세 미만은 딱 한 명이다. 데이브는 이런 구성이 전혀 문제될 것이 없다고 생각한다. 오히려 이사들이 전부 나이 많은 남성인 데다 수십 년 동안 달리기를 함께해 온 덕분에 자신과 관점이나 비전이 같은 경우가 많아서 의사결정을 하기가 훨씬 수월하다고 느낀다. 7년 전, 해리스타운 러닝클럽 이사회에 흑인 여성이 참여한 적이 있는데 그때 다수 의견에 반대하고 질문이 많았다. 그 흑인 여성이 이사회를 딱 세 번 참석하고 그만뒀을 때 남은 이사들 그 누구도 아쉬움을 표하지 않았다. 그리고 전체 이사 중 절반 이상이 데이브와 같은 교회에 다니고 있어서 데이브는 공식적으로 이사회를 소집하지 않아도 비공식적으로 이사들과 자주 소통할 수 있다. 데이브는 몇 년 전에 이사 중에 유대인이 있었는데, 이사회가 다른 주요 클럽 대회와 겹치지 않게 유대교 명절인 나팔절에 통돼지구이를 하기로 결정하자 몹시 불쾌해하며 이사직을 사임했던 것을 기억한다〔유대인들은 율법에 따라 돼지고기를 먹지 않는다 ― 옮긴이〕.

a. 해리스타운 러닝클럽이 이사회에 여성이나 소수 인종을 포함시키지 않는 것은 윤리적인가?

b. 해리스타운 러닝클럽 이사회가 유대교 명절인 나팔절에 통돼지구이를 계획한 것은 윤리적인가?

39. 레슬리는 지역사회에서 정치 엘리트에 속한다. 아니면 적어도 그렇게 되

기를 열망한다. 레슬리는 얼마 전 아주 근사한 자리에 위촉됐다. 케슬러 초콜릿이라는 회사의 이사가 된 것이다. 1년에 네 번 회의에만 참석하면 수십만 달러를 받을 수 있다. 레슬리는 주의회 의원으로 활동한 적이 있는 만큼 초콜릿회사에서는 그가 정치적 조언을 해 주길 기대하고 있다. 마침 다른 이사들과도 오랜 친분이 있는 사이라 편하게 조언할 수 있을 것이다. 레슬리의 임무 중에는 케슬러초콜릿 재단 이사회 활동도 있다. 이 활동에 대해서는 추가로 수만 달러를 받는다. 이 단체에서 레슬리에게 기대하는 것은 경영진에게 이의를 제기하거나 이사회에 혼란을 일으키지 않는 것이다. 레슬리는 맨 처음 주 의원으로 활동할 때가 떠올랐다. 당시에도 그는 대표단이 원하는 것이면 무엇이든 의문을 제기하지 말고 찬성만 하라는 요구를 받았었다. 그는 그 대가로 재선을 위한 자금 지원과 함께 지역구에 필요한 사업에 대한 승인을 얻었다. 세비로 여러 가지 특권을 누리며 수준 높은 생활도 할 수 있었다. 케슬러초콜릿 재단의 이사회에서 이사장은 상임이사의 연봉을 10만 달러에서 15만 달러로 인상할 것을 제안했다. 레슬리는 보통 자원봉사자들로 이뤄지는 자선단체 이사의 연봉으로는 과하다고 느꼈지만, 이번 일을 잘 처리하면 자신도 몇 년 안에 상임이사가 될 수 있을 테고 그러면 돈 걱정은 안 해도 될 것이라는 생각이 들었다. 레슬리는 결국 다른 이사들과 마찬가지로 이사장의 제안에 찬성표를 던졌다.

a. 레슬리가 이사장의 제안에 찬성한 것은 윤리적인가?

b. 레슬리가 이런 이사회에서 활동하는 것은 윤리적인가?

40. 제니퍼는 노스다코타 여성교육네트워크라는 501 (c) (3) 면세 비영리단체의 대표다. 제니퍼는 1년에 한 번 캘리포니아주 팜스프링스에서 열리는 전문가회의에 참석 중이다. 제니퍼는 매년 이 콘퍼런스를 기다린다.

이 행사에 참석하는 시간을 마치 유급휴가처럼 생각하기 때문이다. 물론 참석자들이 모여 앞으로 각자의 단체에서 업무를 처리할 때 고려해야 할 사안들에 대해 토론하는 공식 연수 일정도 있다. 하지만 콘퍼런스 문화 자체가 점차 스트레스로 가득한 일상 업무 환경에서 벗어나 편히 쉬는 쪽으로 바뀌고 있다. 주최 측에서는 가능하면 참석자들이 즐길 수 있는 콘퍼런스를 만들려고 엄청난 노력을 기울인다. 그래서 회의보다 골프 모임, 하와이식 야외 연회, 쇼핑 투어, 고래 관광, 테니스 경기, 저녁 파티 같은 일정이 훨씬 많다. 제니퍼는 노스다코타 파르고 지역의 추운 날씨에서 벗어나 해변에서 시간을 보낸다. 오늘 아침엔 콘퍼런스 참가비에 포함된 호화로운 아침식사를 즐긴 다음 마사지와 발 관리를 예약해야겠다고 생각했다. 비용은 법인카드로 따로 결제하지 않고 숙박비에 포함시킬 생각이다. 제니퍼는 이 한 주의 휴식이 영리기업보다 훨씬 낮은 급여를 받고 일하는 비영리단체의 대표로서 누리는 몇 안 되는 특권 중 하나라고 생각한다.

a. 제니퍼의 태도는 윤리적인가?

b. 이 '콘퍼런스'를 주최하는 사람들은 윤리적인가?

41. 빌은 지방 주립대학교의 시간강사로 대학원에서 비영리단체 경영을 가르친다. 그의 학생이자 동물보호소를 운영하는 작은 비영리단체 대표인 리사가 수업이 끝난 뒤 빌에게 찾아왔다. 리사는 빌에게 현실적인 문제에 도움을 줄 수 있겠냐고 물었다. 리사는 동물보호소 이사회가 전략적 운영 계획을 세우는 것이 좋겠다고 하자, 그 일을 맡을 최고의 적임자로 빌을 생각한 것이다. 리사는 빌에게 먼저 이 일을 해 줄 의향이 있는지 물어본 다음 시간당 75달러를 지불할 생각이라고 말했다. 빌의 처지에선 대학에서 강의를 하는 것보다도 훨씬 좋은 제안이다. 빌은 강의 말고도 본업이 따로

있어서 무척 바쁘지만 아들이 올 가을에 대학에 들어갈 예정이라 돈을 더 벌 수 있는 기회라면 마다할 처지가 아니다.

 a. 빌이 리사가 제안한 일을 받아들이는 것은 윤리적인가?

42. 린다는 와일드우드 데이케어 센터의 대표다. 신앙심이 매우 깊은 린다는 모든 사람에게 예수와 예수의 역할에 대해 자기가 믿고 싶은 대로 믿을 권리가 있다고 생각하면서도, 예수를 인간의 구세주로 인정하지 않는 이들은 전부 지옥에 갈 것이라고 굳게 믿는다. 그는 신자가 아닌 사람들을 공정하게 대하려고 노력하지만 근본주의 기독교 관점에 대한 자신의 열의에 공감하지 못하는 사람은 고용하지 않는 것을 원칙으로 한다. 센터 자체는 공식적으로 어느 종파에도 속하지 않고 종교에 관계없이 누구에게나 서비스를 제공한다. 하지만 직원들이 종교가 같고 생각이 비슷해야 서비스의 질을 높이는 업무 환경이 조성된다는 것이 린다의 생각이다. 직원들과의 회의는 매번 기도로 시작된다. 지금 함께 일하는 직원들이 이에 대해 우려를 표한 적은 없지만, 옛 직원들은 퇴직 의사를 밝힐 때마다 이런 방식이 불편하다고 얘기했었다. 린다는 그들의 그런 불만 자체가 이 조직과 잘 맞지 않는다는 증거라고 생각했다.

 a. 자신이 관리 감독하는 직원들에게 자신의 종교관을 강요하는 린다의 태도는 윤리적인가?

43. 해럴드는 501(c)(3) 면세 비영리단체인 모네센폴스 댄스스튜디오의 대표다. 이 스튜디오에서 춤을 배우는 사람들은 여성이 많지만, 직원들은 대부분 해럴드처럼 동성애자인 백인 남성이다. 해럴드는 비영리든 아니든 동성애자가 전통적인 조직에 취업하려고 할 때 차별을 당하는 일이 많다는 것을 알기에 가능하면 동성애자를 고용하려고 한다. 마침 오늘 새로

운 최고재무책임자 자리에 지원한 팀이라는 남성의 면접이 진행 중이다. 팀은 이력이 화려하고 20대 때 여러 예술 관련 비영리단체에서 최고재무책임자로 일한 경험도 있다. 해럴드는 주에서 정한 인간관계법상 동성애자인지 여부를 직접적으로 물어보면 안 된다는 것을 알기에 팀의 성적 지향을 짐작할 만한 몇 가지 질문을 에둘러서 던진다. 해럴드는 팀이 동성애자일 경우 그를 차별하려는 것이 아니라 채용을 확정하려고 그러는 것이니 문제가 없다고 생각한다. 팀이 아내와 함께 인근 주에서 두 아이를 키우며 살았는데, 아내가 최근에 모네센 커뮤니티 칼리지로 이직을 하게 됐다고 말하자 해럴드는 팀이 동성애자가 아니라는 뜻(꼭 그렇지 않을 수도 있지만)으로 받아들인다. 해럴드는 팀에게 고맙다고 말한 뒤 채용하지 않기로 결정한다.

a. 해럴드의 태도는 윤리적인가?

44. 프로 가수인 로즈는 리코더 연주자, 류트 연주자와 함께 해리스타운 고음악연주단을 만들었다. 세 사람은 지난 몇 년간 커피숍과 학교, 음악 축제 등에서 최소한의 사례비와 식사만 제공받고 공연을 해 왔다. 최근 들어 세 사람의 실력이 입소문이 나면서 공연 요청이 늘기 시작했고 꽤 좋은 대우를 제안하는 경우도 더러 있었다. 로즈가 비영리단체를 만들기로 결심한 가장 큰 이유는 배상책임 위험에서 벗어나고 세금도 면제받으면 좋겠다고 생각해서다. 새 단체의 이사회는 로즈 자신과 리코더 연주자, 류트 연주자 세 사람으로 구성했다. 로즈는 공연을 할 때마다 주최 측에 '고음악연주단' 앞으로 수표를 발행해달라고 요청한 다음 연주단의 입출금 계좌에 예치한다. 교통비, 식비, 보험 등 공연과 관련된 경비를 정산한 다음 나머지 금액을 세 사람이 똑같이 나눠 갖는다.

a. 로즈의 행동은 윤리적인가?

45. 더그는 부유한 자선사업가로서 해리스타운 퓨처펀드라는 자선단체에 꽤 많은 금액을 기부해 왔다. 해리스타운 퓨처펀드는 더그가 살고 있는 해리스타운 지역의 유서 깊은 건물들을 복원하는 사업을 한다. 더그는 얼마 전 이 단체 대표인 피터를 만나 메인스트리트에 있는 호텔 건물 복원을 위한 기금을 조성하는 것에 대해 검토해 달라고 요청했다. 곧 쇼핑몰로 바뀔 예정인 이 호텔은 예전에 더그의 할아버지가 소유했던 건물이다. 피터는 그 건물이 복원 기금 조성을 위한 요건에 부합하지 않는 데다 이사회에서도 12 대 6으로 불가 결정이 났다고 더그에게 설명했다. 그러면서 그 건물이 현재 계획대로 쇼핑몰로 바뀌는 것을 막고자 하는 심정은 피터 자신도 충분히 공감한다며 더그를 위로했다. 더그는 피터의 답변을 듣고 기분이 썩 좋지 않았지만, 그 단체가 가진 한계를 이해했다. 더그는 옛 호텔 건물을 복원할 수만 있다면 무슨 일이든 해볼 생각이다. 그 앞을 지날 때마다 많은 추억이 떠오르는 옛 호텔 건물을 보존하기 위해 더그는 결국 501 (c) (3) 면세 비영리단체를 만들기로 결심한다. 그러면 자신의 기부금이 어떻게 사용될지에 관한 모든 결정을 직접 내릴 수 있다. 그 호텔 건물에 대한 자신의 남다른 애정을 이해할 리 없는 20여 명의 낯선 이사들이 프로젝트를 허락해 주기만 기다릴 필요도 없다. 더그는 전문 컨설턴트에게 의뢰해 단체 설립에 필요한 모든 서류 작업을 진행하고 단체를 설립한 다음, 501 (c) (3) 면세 단체 지위를 신청했다. 자신의 기부금이 사용되는 방식에 대해 철저한 권한을 행사하고 싶었던 더그는 단체 대표로서 이사회에 자기 자신과 아내 앤, 아들 스티브, 며느리 올리비아, 남동생 톰을 선임한다. 이 같은 이사회라면 호텔을 보존하고자 하는 그의 꿈이 결코 무너지지 않을 것이다.

a. 더그의 행동은 윤리적인가?

46. 태플러대학교에서 커뮤니케이션을 전공한 데비는 졸업하자마자 윌슨빈티지 중고숍의 디렉터로 파트타임 근무를 하게 되어 기뻤다. 윌슨빈티지 중고숍은 구제 의류를 기증받아 판매하는 작은 가게다. 하지만 급여가 아주 적고 수당도 전혀 없어서 데비는 학자금 대출을 갚는 데 어려움을 겪고 있다. 더욱이 파트타이머인데도 정해진 주 20시간보다 훨씬 오래, 거의 주 40시간을 일한다. 지금 월급으로는 집세와 식비만 겨우 감당하는 형편이라 건강보험에도 가입하지 못해서 어디가 아프기라도 하면 집세와 식비도 못 낼 처지다. 윌슨빈티지 중고숍의 수익금은 브래튼미션이라는 비영리단체의 사업을 지원하는 데 사용된다. 브래튼미션은 알코올 및 약물 중독자의 지역사회 복귀를 돕는 단체다. 데비를 고용한 것은 브래튼미션이며, 데비는 단체 내 유일한 여성이자 하나뿐인 유급직원이다. 데비는 기부를 권유하고 처리하며, 몇 안 되는 시간제 자원봉사자들과 함께 옷을 분류한다. 각종 비용도 직접 납부하고 계산대도 담당한다. 뿐만 아니라 최소한의 관리자를 둔 비영리단체가 운영하는 작은 사업체에서 흔히 벌어지는 무수히 많은 문제들을 처리한다. 데비는 강아지를 한 마리 키운다. 그 강아지를 키우며 애정을 쏟는 것이 데비의 유일한 사치다. 그런데 강아지가 아파서 동물병원에 갔더니 병원비가 110달러나 나왔다. 일주일 뒤에 월급을 받기 전까지는 병원비를 낼 돈이 없다. 데비는 상황이 어쩔 수 없으니 계산대 금고에서 110달러를 꺼내 병원비를 지불하고 일주일 뒤에 월급을 받으면 다시 채워 넣기로 결심한다. 중고숍의 장부 관리도 그가 하고 있으니 아무도 모르게 그럴 수 있다는 것을 누구보다 잘 안다. 월급만 받으면 돈을 돌려놓을 수 있다는 것도 안다.

a. 데비의 행동은 윤리적인가?

b. 데비가 바로 다음날 돈을 돌려놓는다고 해도 비윤리적인 것일까?

47. 제럴드는 해리스타운 청소년육상협회의 이사장이다. 그는 협회가 기금 모금을 의뢰하고자 하는 모금대행업체와의 계약 조건을 놓고 협회 대표인 멜리사와 치열한 논쟁을 벌였다. 모금전문가협회 회원인 멜리사는 모금 활동가들에게 모금한 금액의 일정 비율을 사례비로 지급하는 것은 비윤리적이라고 주장한다. 반면에 제럴드는 전혀 문제될 것이 없다는 입장이다. 오히려 실적에 따른 직접적인 보상이 있어야 모금활동가들이 더 많은 기금을 모금하려는 확실한 동기 부여가 될 것이라고 반박한다. 멜리사는 이렇게 직접적인 보상을 약속하면 모금활동가들이 비윤리적이고 기만적인 방식까지 동원하도록 부추길 수 있다고 우려한다. 본업이 변호사인 제럴드는 멜리사가 권유한 형태의 계약서를 검토 중이다. 계약서에는 모금한 금액에 상관없이 모금활동가에게 일정한 금액을 지급한다고 명시되어 있다. 여기에 더해 모금활동가는 모금한 총액의 일정한 비율을 보상으로 지급받을 수 없으며, 잠재 기부자들에게 전화로 기부를 권유하는 텔레마케터를 비롯한 다른 보조 인력에게도 각자 모금한 금액을 기준으로 보상을 지급할 수 없다는 내용을 멜리사가 추가로 넣었다. 제럴드는 멜리사가 추가로 넣은 문장을 삭제하고, 협회를 대표해 서명한 다음 모금대행업체에 계약서를 발송한다.

　a. 제럴드의 행동은 윤리적인가?

48. 올리버는 해리스타운 진보연합이라는 501 (c) (3) 면세 비영리단체의 이사장이다. 지난 몇 년간 이사회에서 그의 강적은 단연 매나힘이었다. 정통파 유대교도인 매나힘은 지속적으로 올리버를 자극해 왔다. 올리버는 매나힘이 자신의 의견에 반대하는 것이 대부분 의도적이라고 생각한다. 올리버에겐 이사회의 승인을 받고 싶은 중요한 프로젝트가 여러 개 있는데, 매나힘이 조목조목 비판할 것이 뻔했다. 매나힘은 실제로 올리버가 원하

는 바를 좌절시키는 논리를 자주 제시하며, 그의 논리에 다수의 이사가 동요되곤 한다. 올리버에게 좋은 생각이 떠올랐다. 다음번 이사회를 유대교 명절 가운데 가장 엄숙하고 중요한 날로 꼽히는 속죄일(Yom Kippur)에 여는 것이다. 그러면 매나힘이 이사회에 참석하지 못할 테고 올리버를 괴롭히는 일도 없을 것이다.

a. 올리버가 유대교 명절에 이사회 일정을 잡는 것은 윤리적인가?

49. 바바라는 세법 501(c)(3)을 적용받는 비영리 면세 사립대학인 웰스워스 칼리지의 모금 개발연구 책임자다. 바바라는 벤슨이라는 고액 기부자와 몇 년 동안 관계를 이어오며 부부동반으로도 여러 차례 만난 적이 있다. 가장 최근에 만났을 때 바바라는 벤슨으로부터 케이프코드 해변에 있는 별장을 일주일간 사용해도 좋다는 제안을 받았다. 벤슨이 워낙 부자라 별장을 여러 채 갖고 있는데 그중 한 곳에서 휴가를 보내라고 바바라에게 권유한 것이다. 게다가 벤슨은 자신이 사업가로 성공하기까지 아주 많은 도움을 준 모교에 기여할 수 있게 이끌어 준 바바라야말로 자신의 진정한 친구라며 유언장에 바바라를 위해 뭔가 남기겠다는 얘기도 여러 차례 했다. 바바라는 벤슨과 부쩍 가까워졌다고 느끼며 고맙다고 말하고 여름에 일주일 정도 해변에서 휴가를 보낼 계획을 세운다.

a. 바바라가 벤슨의 별장을 이용하기로 한 것은 윤리적으로 문제가 없을까?

50. 존은 비영리 사립 고등교육기관인 오어웰스대학교의 철학과 학과장이다. 철학과에 새로운 교수 한 명이 필요해 인사위원회가 구성되고 존이 위원장을 맡았다. 존의 제자 중 한 명인 올리버가 마침 명문대학교에서 철학 박사학위를 받은 터라, 존은 올리버가 이 자리의 적임자라고 확신한다.

존이 올리버에게 전화를 걸어 소식을 전하자 올리버는 오어웰스대학교 철학과에서 존의 지도를 받으며 일할 수 있다면 영광이라고 말한다. 오어웰스대학교에는 정해진 교원 임용 절차가 있다. 먼저 인사위원회를 구성한 뒤, 전국에 교수 임용 공고를 내고, 지원자 중 최종 후보 세 명을 간추려 대학에서 면접을 진행한 다음 합격자를 결정하는 것이다. 존은 이러한 절차가 대단히 불필요하고 비생산적이기까지 하다고 생각한다. 최종 후보자 세 사람 중 두 사람은 인생에서 중요한 이틀을 날리는 셈이고, 철학과는 철학과대로 일주일 넘게 괜찮은 후보자를 찾는 작업에 매달려야 한다. 정해진 임용 절차를 따르려면 비용도 수천 달러나 든다. 하지만 존은 달리 방법이 없어 인사위원들이 지원자 중 상대적으로 덜 매력적인 두 사람을 최종 후보자로 올리도록 유도한다. 이렇게 해야, 만에 하나 자신이 선택한 올리버가 반대에 부딪치더라도 나머지 두 후보가 그다지 위협적인 경쟁 상대가 되지 못할 것이기 때문이다.

a. 존의 행동은 비윤리적인 것일까?

b. 교원 임용 절차를 어떻게 바꾸면 학교와 지원자 모두에게 좀 더 공정해질 수 있을까?

51. 할리는 핸슨-스미스대학교의 고액 기부자다. 할리는 자신에게 기부를 권유한 개발 담당자 크리스틴에게 조카가 이 대학에 입학원서를 냈다며 과연 합격했는지 못 했는지, 아니면 지방캠퍼스에 합격했는지 여부를 알 수 있느냐고 물었다. 크리스틴은 문득 할리의 조카를 불합격시킬 경우 연간 기부액이 줄어들겠다는 생각이 든다. 아직 입학전형이 끝나지 않아 최종 결과가 외부에 공개되기까지는 앞으로 몇 주가 더 걸릴 예정이다. 크리스틴은 할리에게 그를 대신해 한 번 알아보겠다고 얘기하고 조카가 합격할 경우 기부금이 늘어날 수 있다는 말을 상사에게 전하겠다고 약속한다.

a. 크리스틴이 할리와 그의 조카에 관한 정보를 대학에 전달하기로 약속한 것은 윤리적인가?

b. 대학이 그 정보에 영향을 받는다면 윤리적이라고 볼 수 있을까?

52. 프랭크는 프렌티스-게이브 재단의 개발 책임자다. 프랭크는 사설탐정에게 의뢰해서 받은 잠재 기부자의 신상에 관한 기밀정보를 검토하던 중 지역에서 가장 부유한 유명인사 중 한 명인 로저에게 사기 전과가 있다는 것을 발견한다. 이 사실이 지역사회에 알려지면 로저의 명성이 큰 타격을 입을 것이 분명했다. 프랭크는 이 정보를 유리하게 써먹을 수 있겠다고 생각한다. 로저를 만나 노골적으로 협박하지 않고 그의 과거를 알고 있다는 것을 넌지시 내비치면서 재단에 기부를 하면 형편이 어려운 아이들에게 장학금을 줄 수 있다고 설명할 생각이다.

a. 로저에게서 더 많은 기부금을 받으려는 프랭크의 계획은 윤리적인가?

53. 백혈병에서 회복 중인 토리는 백혈병 완치 방법을 찾도록 도와줄 비영리단체를 새로 만들고 싶어 한다. 토리는 이미 전미 백혈병림프종학회라는 단체가 안정적으로 운영되고 있으며 같은 목적으로 수억 달러까지는 아니더라도 수백만 달러의 기금을 모금하고 있다는 것도 잘 안다. 하지만 이 단체는 토리의 구직 면접 요청에 한 번도 답변을 주지 않았다. 현재 동네의 작은 식당에서 일하는 토리는 이 일을 그만두고 백혈병 치료제 개발을 위한 모금활동에 전념하고 싶어 한다. 단체의 대표가 되어 (지금의 벌이보다는 낫겠지만) 너무 많지 않은 월급과 수당을 받고 싶은 바람도 있다. 마침내 단체 설립 및 연방소득세 면제 지위 신청에 필요한 작업과 모금활동을 규제하는 주 당국에 제출할 서류들의 목록을 작성하기 시작한다. 토리는 자신에게 많은 돈을 모금할 수 있는 동기와 추진력이 있다고 자신한다.

이미 페이스북 페이지를 통해 2만 달러를 모금해 병원비를 지불한 경험이 있다. 처음에는 새 단체의 이름을 '토리의 퀘스트'라고 할까 생각했지만, 그런 이름으로는 어떤 일을 하는 단체인지가 쉽게 전달되지 않을 것 같다. 그래서 기부받을 가능성을 높이기 위해 기존 단체의 이름과 아주 비슷하게 정하기로 결정한다. 토리는 모금이 성공하기를 기대하며 새 단체의 이름을 '전미 백혈병연구학회'라고 짓는다. 누군가 전미 백혈병림프종학회와 같은 단체인 줄 알고 기부하면, 그 기부금을 모아 같은 목적에 사용하는 것이 토리의 희망사항이다.

a. 기존 단체의 이름과 비슷한 이름을 사용하려는 토리의 계획은 윤리적인가?

54. 재클린은 501 (c) (3) 면세 비영리단체인 윌슨시티 혈액은행의 최고경영자다. 2주 전, 직원인 릭이 찾아와 혈액 기증자에 관한 민감한 정보가 담긴 휴대용 저장장치를 한 스포츠행사에서 잃어버렸다고 털어놨다. 그 장치엔 한 해 동안 혈액을 기증한 3,243명의 생년월일과 사회보장번호, 주소는 물론이고, 성관계 이력 및 병력에 관한 아주 민감한 질문에 대한 답변을 토대로 혈액 기증을 거부당한 많은 사람들의 정보도 들어 있다. 아직까지 누군가 그 정보를 발견하거나 이용한 것 같지는 않다. 재클린 생각에 이 정보가 영영 누구에게도 발견되지 않고 범죄에 이용되지 않을 가능성도 꽤 크다. 재클린은 이 사실을 기증자들에게 알릴 경우 혈액은행이 겪게 될 곤란한 상황들 때문에 망설이는 중이다. 자신의 정보가 위태로운 상황임을 알면 기증자들은 다시는 혈액을 기증하려고 하지 않을 수도 있다. 더욱이 모든 기증자에게 연락하려면 비용도 들고, 알린다고 한들 기증자들이 할 수 있는 것이 많지 않다. 재클린은 누구에게 알리든 일단 한두 달 쯤 더 기다려 보기로 결정한다. 그 전까지는 이사회에도 알리지 않을 생각이

다. 재클린은 릭에게 그의 실수를 아무에게도 말하지 말라고 지시하고, 지시를 어길 경우 그 자리에서 해고될 것이라고 경고한다.

a. 재클린의 행동은 윤리적인가?

b. 릭이 재클린의 지시대로 침묵을 지킨다면 그의 행동은 윤리적인 것일까?

55. 아리엘은 501 (c) (3) 면세 비영리단체인 해리스타운 사회봉사재단의 대표다. 그는 누구도 좋아하지 않을 예산 삭감을 감행해야 하는 처지다. 이사회가 고객 이용료 인상에 반대하고 있기 때문이다. 아리엘은 질적으로나 양적으로 고객에 대한 서비스를 희생시키지 않고도 예산을 줄일 수 있는 몇 개 항목이 있긴 하다는 것을 안다. 하지만 그런 '기름진 예산', 예컨대 직원 콘퍼런스, 직원들을 위한 연례 파티, 직원 야유회, 교육, 건강보험 혜택 등에 들어가는 예산을 삭감하면 직원의 사기가 떨어질 수 있어서 걱정이다. 결국 아리엘은 예산 편성을 다시 한다. 직원의 사기와 연결되는 예산은 그대로 두는 대신에 이사회가 강력히 지지하는 프로그램들 위주로 예산을 줄여 나간다. 이사회가 예산안을 보면 정신이 번쩍 들어서 이 프로그램들을 원래대로 돌려놓으려고 할 테고, 그러면 필요한 예산이 늘어날 테니 자연스럽게 고객의 이용료를 인상하는 방법을 선택할 수밖에 없을 것이라고 예상하는 것이다. 아리엘은 합리적인 선택은 그것뿐이라고 생각한다.

a. 아리엘의 행동은 윤리적인가?

56. 오린은 미국 국방부의 지원을 받아 연구를 수행하는 아웃사이드더박스라는 싱크탱크의 대표다. 오린은 직원 중 한 명인 자네트가 특정 연구보조금과 관련 있는 데이터를 조작했다는 의심이 들었다. 특정 방위산업체와 지나치게 가까운 관계를 유지하며 연구 결과로 혜택을 주고 있는 것 같았다.

오린이 자네트에게 프로젝트에 대해 따져 묻자 자네트는 오린의 짐작대로 데이터를 조작했다고 시인했다. 그 대가로 방위산업체로부터 하와이행 1등석 왕복항공권 2장과 모든 혜택이 포함된 마우이 리조트 2인 숙박권을 제공받았다며 사직 의사를 밝혔다. 오린은 자네트의 사표를 수리했다. 그런 다음 행정 직원인 스티브에게 자네트가 저지른 잘못의 증거가 될 만한 일련의 문서들을 찾아보라고 지시한다. 여기엔 이메일과 해당 방위산업체가 자네트를 방문한 기록 등도 모두 포함된다. 연구 데이터를 원래대로 돌려놓는 방법은 다른 직원에게 맡기지 않고 오린이 직접 찾아보기로 한다. 오린은 뭔가 문제가 있었다는 증거를 하나도 남기지 않을 생각이다. 스티브가 주말 내내 사무실에 출근해 자네트의 컴퓨터에서 이메일을 삭제하고, 그녀의 모든 서류와 메모를 파쇄한다. 월요일에 스티브로부터 이제 '자네트 문제'에 관한 흔적은 아무것도 남아 있지 않다는 것을 확인받은 오린은 국방부의 연구보조금 담당자에게 연락해 프로젝트를 진행하던 연구원이 사직하는 바람에 마감 시한보다 조금 늦게 결과물을 전달할 수 있을 것 같다고 양해를 구하고, 품질의 우수성은 보장하겠다고 약속한다. 오린은 며칠 만에 처음으로 미소를 지으며 지뢰밭을 무사히 통과한 데 대해 자축하고, 다시 조직을 위해 궂은일을 해결하는 데 집중한다.

a. 오린의 행동은 윤리적인가?

b. 오린의 행동은 불법적인가?

57. 나단은 해리스타운 심포니오케스트라협회의 이사 24명 중 한 명이다. 올해로 82세인 그는 오케스트라 단원으로 오래 활동했다. 은퇴 후 이사회에 참여해 달라는 요청을 받고 이사가 된 것이다. 나단은 오케스트라 사무실 이곳저곳을 돌며 시간을 보내고, 직원들 사이에 끼어들어 쓸데없이 참견하거나 이따금 자원봉사자로서 도움을 주는 것을 좋아한다. 하지만 대개

는 폐를 끼치고 다닌다. 직원들에게 끊임없이 지시를 내리거나 일하는 법을 가르치고, 가만히 지켜보면서 메모를 하는 모습 때문에 직원들을 불안하게 만들기도 한다. 직원 앞에서 직속 상사나 관리 책임자가 내린 지시를 비난하고 이따금 자기 마음대로 지시를 철회하기도 한다. 모든 회계장부와 경비지출 내역서를 보여 달라고 요구하는가 하면, 직원들을 질책하기도 한다. 특히 고액 기금 모금을 담당하는 직원이 교외에서 저녁식사를 하느라 몇 달러 이상 지출한 것에 대해 호되게 비판한다.

a. 나단의 행동은 윤리적인가?

58. 레이첼은 베이타운 푸드뱅크의 대표다. 1972년에 설립된 베이타운 푸드뱅크는 잘 부패하지 않는 음식을 기증받아 어려운 사람들에게 나눠 준다. 레이첼의 친구인 캐서린 역시 한 재단에서 일하는데, 어느 날 레이첼이 좋아할 만한 자금 확보 기회가 있다고 알려 준다. 캐서린이 일하는 재단에서 병원에 가야 하는 어르신들을 모셔다 주는 서비스를 함께 할 평판 좋은 비영리단체를 찾고 있다는 것이다. 캐서린은 재단에서 보조금을 받으면 순수익이 발생해 베이타운 푸드뱅크가 베이타운 밖으로 서비스를 확대하는 데 도움이 될 것이라고 말한다. 실제로 베이타운 푸드뱅크는 베이타운 시내 밖으로 서비스를 확대하는 것을 전략 계획으로 목표했으나 자금이 부족해 추진을 미뤄 왔다. 캐서린은 레이첼이 원한다면 무슨 수를 써서라도 베이타운 푸드뱅크가 보조금을 받을 수 있도록 도와주겠다고 말한다. 레이첼이 캐서린에게 고마움을 표하자 캐서린은 뇌물을 써 보겠다고 약속한 다음 보조금 신청서 양식을 보내 준다. 레이첼은 바로 다음날 신청서를 제출한다.

a. 캐서린의 행동은 윤리적인가?

b. 레이첼의 행동은 윤리적인가?

59. 배리는 비영리 사립대인 올랜드대학교 총장이다. 어느 날 과학대학 학장인 로코로부터 조교로 활동하고 있는 여학생이 한 종신교수로부터 성희롱을 당했다고 항의했다는 보고를 받는다. 로코는 그 종신교수의 행동에 대해 여학생들이 항의한 것이 이번이 벌써 세 번째라며 제기된 혐의가 모두 사실인 것 같다고 말한다. 배리와 로코는 그런 사건이 실제로 일어났느냐와 무관하게 지역신문에 그런 보도가 날 경우 정치적 파장이 일 것이며 신입생 모집 및 기금 모금에도 피해를 줄 것이라는 이야기를 나눈다. 배리와 로코는 결국 이 문제를 처리하는 최선의 방법은 어떻게든 이 사건이 외부에 알려지지 못하게 막는 것이라고 결론을 내린다. 배리는 로코에게 그 여학생에게 거액의 합의금을 지급하는 대신에 문제의 교수를 고소하지 못하게 하고, 혹시라도 올랜드대학교를 그만두고 다른 기관에서 공부를 계속하겠다고 하면 더 많은 금액을 제안해도 좋다고 지시한다. 당연히 모든 일을 비밀로 하는 조건이다. 올랜드대학교에는 마침 이럴 때를 대비해 조성해놓은 비자금이 있다.

a. 배리의 행동은 윤리적인가?

b. 로코의 행동은 윤리적인가?

60. 민디는 해리스타운 의학실험서비스라는 비영리단체의 대표다. 민디는 이사회와 좋은 관계를 유지하고 있다. 문제가 생겨도 가능하면 이사회를 귀찮게 하지 않고 스스로 알아서 해결하는 데 자부심을 느낀다. 민디가 생각하는 완벽한 이사회는 멋진 호텔에서 우아하게 점심을 먹고, 민디 자신과 직원들이 시시한 볼거리를 제공한 다음, 이사들로부터 고맙고 수고가 많다는 칭찬을 듣고 빨리 해산하는 것이다. 하지만 민디는 오늘 지역신문사 취재기자로부터 전화를 받고 고민에 빠진다. 칼이라는 이름의 그 기자는 해리스타운 의학실험서비스의 최고의학책임자로서 실험실 운

영을 책임지는 리처드 해스팅스 박사가 실제로는 의과대학을 졸업하지 않았다며, 해스팅스가 자격 요건을 갖추지 못한 만큼 해리스타운 의학실험서비스에서 제공한 모든 실험 결과에 의문이 제기될 수밖에 없을 것이라고 말한다. 민디는 처음 듣는 이야기에 너무나 놀라서 눈앞이 깜깜해졌지만, 놀라움을 감추고 애써 침착한 목소리로 "드릴 말씀이 없다"고 말한다. 공교롭게도 바로 다음 날 이사회 회의가 예정되어 있다. 하지만 민디는 피해를 최소화하는 방향으로 문제를 직접 해결하는 것이 최고경영자인 자신의 책임이라고 생각해 이사회에는 기자의 전화 얘기는 언급하지 않을 작정이다.

a. 민디의 행동은 윤리적인가?

61. 페튜니아는 '온전한 세상을 위한 시민들'이라는 501 (c) (3) 면세 비영리단체의 구매 책임자다. 이 단체는 전 세계 핵무기 보유국 간의 긴장 완화를 위해 노력한다. 미국 내 40개 주와 해외 30개 국가에 지부가 있는 이 단체의 모든 구매를 페튜니아가 결정한다. 비품은 물론 여행상품과 단체의 로고가 달린 기념품, 전화기, 컴퓨터 등 모든 구매에 대해 페튜니아의 승인을 받아야 한다. 그래서 여러 제조사와 유통업체들이 페튜니아의 환심을 사려고 애를 쓴다. 국제단체인 만큼 수백만 달러에 이르는 물품을 서로 공급하려는 것이다. 페튜니아의 마음을 얻기 위해 공급업체들이 감사인사와 함께 쿠키상자나 영화표, 꽃을 보내는 것은 예사고, 어제는 이 단체의 출장 업무를 담당하고 싶어 하는 한 여행사에서 페튜니아에게 하와이행 오픈티켓 두 장을 보냈다. 스스로를 전문가라고 자부하는 페튜니아는 모든 기업들이 그녀의 환심을 사려고 노력하는 마당에 항공권을 받는다고 해서 그 회사에게만 편파적인 결정을 내리지는 않을 것이라 자신하며 항공권은 돌려주지 않고 나중에 사용하기로 결정한다. 그런 다음 여행사

영업사원에게 고맙다는 메시지를 보낸다.

a. 페튜니아의 행동은 윤리적인가?

62. 프레드는 해리스타운 홀로코스트 교육센터의 대표다. 프레드는 업무의 일환으로 고등학생들에게 홀로코스트에 대해 교육할 수 있는 교사용 자료를 만들었다. 이 자료를 완성하기까지 꼬박 2년 넘게 걸렸다. 그 사이 프레드는 직원들에게 조사를 맡기고 센터에 소속된 자문위원의 도움을 받는 등 모든 자원을 마음껏 활용했다. 프레드는 문득 이 자료를 약간만 수정해 책으로 내도 좋겠다고 생각했다. 마침 그의 원고를 마음에 들어 하는 출판사가 있었다. 프레드는 자신이 이 원고의 저자이니 인세는 자기가 받는 것이 당연하다고 생각해 인세를 센터가 아닌 자기 앞으로 보내달라고 요청한다.

a. 프레드의 행동은 윤리적인가?

63. 제럴딘은 지방의 작은 비영리병원인 홀스티드 커뮤니티 병원의 원장이자 최고경영자다. 고액 기부인 알렉스가 제럴딘을 찾아와 이 병원 본관 바로 옆에 연구센터를 신축하기 위한 기금으로 3,500만 달러를 기부하겠다고 제안한다. 다만 두 가지 조건이 있는데, 건물이 완성되면 알렉스 자신과 그의 아내 이름을 건물의 명칭으로 사용하는 것과 그의 아들이 운영하는 건설회사에서 공사를 진행하는 것이다. 제럴딘은 이 두 가지 조건을 충분히 만족시킬 수 있을 것이라고 생각한다. 홀스티드 커뮤니티 병원 규정상 거액이 투입되는 주요 프로젝트에 대해서는 철저한 입찰을 거쳐야 하지만, 연구센터 신축 건에 대해서만 이사회로부터 예외적 인가를 받으려는 것이다. 제럴딘은 알렉스에게 감사를 표하고, 그가 제시한 조건을 수용하는 데 전혀 문제가 없을 것이라고 말한다.

a. 제럴딘의 행동은 윤리적인가?

64. 데이비드는 볼링진흥협회 이사장이다. 주의회와 행정부를 상대로 볼링장의 이익을 대변하는 볼링진흥협회는 501(c)(6) 면세 비영리단체다. 얼마 전 대표인 제너비브가 갑작스럽게 사임을 했는데, 하필이면 이 단체를 위해 활동해 온 로비스트와 바람이 나서 둘 다 사표를 내고 사라졌다. 두 사람은 단체 운영을 혼란에 빠뜨린 채 다른 주에 정착한 것으로 알려졌다. 이런 상황을 논의하기 위해 긴급 소집된 이사회에서 데이비드는 다른 이사들이 허락한다면 자신이 앞으로 2년간 대표직을 수행할 생각이 있다고 말한다. 다만 이사장의 지위도 겸직하기를 원하며, 연봉은 제너비브와 동일하게 받고 싶다고 말한다. 데이비드가 이렇게 말한 뒤 반대 의견이 있느냐고 묻자 아무도 대답하지 않는다.

   a. 데이비드의 행동은 윤리적인가?

   b. 이사회의 태도는 윤리적인가?

65. 501(c)(3) 면세 비영리단체인 해리스타운 지역병원·의료서비스의 이사회는 병원장이자 최고경영자인 마이클이 순수입을 늘리기 위해 제안한 내용을 검토 중이다. 마이클은 의료보험을 보조하는 정부 예산이 대폭 삭감될 것에 대비해 해리스타운 중심부에 있는 응급실을 폐쇄하자고 제안했다. 그렇게 해서 절약된 수백만 달러로 교외에 위성병원과 예약이 필요 없는 의료센터를 만들자는 것이다. 마이클과 최고재무책임자인 코트니는 응급실이 병원의 예비자금을 축내고 있다며, 교외에 위성병원을 만드는 것은 정부 보조금 삭감에 따른 수입 감소분을 충분히 보충할 만큼 수익성 있는 투자라고 설명한다. 유일한 흑인 이사와 해리스타운 시내에 사는 다른 두 명의 이사가 이의를 제기하지만, 마이클은 그들이 현실을 몰라서 하는 소리라며 일축하고 해리스타운 지역에 필요한 응급실 의료서비스는 10마일 떨어진 인디애나 타운의 지방병원을 이용하면 될 것이

라고 말한다.

　a. 병원장이자 최고경영자인 마이클의 제안은 윤리적인가?

66. 빅터는 501 ⓒ ⑶ 비영리 면세 기관인 보록턴 의료원의 개발 담당 부원장이다. 그는 여러 명의 부원장보로 이뤄진 팀과 함께 연간 4천만 달러 가까이 모금하고, 주요 캠페인을 위해 3천만 달러를 추가로 모금한다. 빅터는 팀원들을 강하게 몰아붙이는 대신 보상을 후하게 한다. 경쟁을 붙여 실적 우수자에게 상금을 주는가 하면 거액의 기부를 멋지게 성사시킨 팀원에게는 부상을 수여한다. 올해는 연간 모금 총액이 가장 많은 팀원에게 미국 최대 스포츠축제인 슈퍼볼 입장권 2장과 뉴올리언스행 항공권 2장, 호텔 스위트룸 4일 숙박권을 제공하기로 했다.

　a. 빅터의 보상 제도는 윤리적인가?

67. 베티는 그로브먼 재단의 최고경영자다. 그로브먼 재단은 금전적 지원만 하는 것이 아니라 자체 사업도 운영한다. 베티는 모금 책임자 버니의 실적에 불만이 많다. 버니는 자신이 속한 전문가 단체인 모금전문가협회가 정한 윤리강령을 철저히 지킨다. 너무 '친절'하지만 말고 조금 더 공격적이면 좋겠다고 베티가 말해도 듣지 않는다. 베티는 버니의 이런 소극적인 태도 때문에 모금을 극대화할 수 있는 기회를 번번이 놓친다고 생각한다. 그래서 버니를 해고하고 그 자리에 프랭클린을 앉히기로 결정한다. 베티는 프랭클린이 소셜미디어를 포함한 최신 전략과 기술을 더 적극적으로 활용할 것이라고 기대한다. 게다가 그는 기부 가능성을 조사하는 데 수단과 방법을 가리지 않는다. 재단의 필요성을 과장하고 죄책감을 자극하며 기부자를 괴롭혀 더 많은 기부를 받아 내는 데도 거리낌이 없다. 프랭클린이 모금 책임자로 있었던 단체는 어디나 모금 실적이 향상됐다. 프랭클린은

실적으로 이어지는 모금 실무를 배우기에는 모금전문가협회가 너무 소극적이라고 생각해 가입하지 않는다.

a. 버니를 향한 베티의 태도는 윤리적인가?

b. 프랭클린의 태도는 윤리적인가?

68. 브라이언은 워싱턴 소재 싱크탱크인 갠트리 연구소의 수석 정책연구원이다. 주간에는 열심히 지식을 습득하고 이따금 백서를 작성하기도 한다. 그리고 저녁에는 강연자로 활약한다. 시간당 기본 1천 달러의 강연료에 교통비 등의 경비를 추가로 받는다. 전에는 강연료의 일부를 연구소와 공유하기도 했지만 지금은 그러지 않는다. 오후 5시 이후는 자신의 개인 시간이라고 생각하기 때문이다. 이제 강연은 연구소와 상관없는 일이라며, 강연 일정은 물론 강연료를 얼마나 받는지도 연구소에 알리지 않는다.

a. 브라이언의 태도는 윤리적인가?

69. 반인종차별주의학회는 역사상 가장 많은 기금을 모은 비영리단체 중 하나다. 이 단체의 모금 체계는 아주 원활히 돌아간다. 무려 2억 5천만 달러(연간 지출액의 7배 규모)의 자산을 보유하고 있지만 공격적인 모금활동을 멈추지 않고, 사용하는 비용은 일반적으로 모금액보다 수백만 달러가 적다.

a. 앞으로 단체의 사업을 추진하는 데 필요한 자금이 충분히 확보되어 있음에도 불구하고 공격적으로 기금 모금을 계속하는 것은 윤리적이라고 볼 수 있을까?

70. 하트랜드 병원은 501 (c) (3) 비영리 면세 기관으로서 아름다운 호숫가에 자리 잡고 있다. 하트랜드 병원은 잘 정돈된 넓은 캠퍼스와 함께 의료진

의 탁월한 의료서비스로 명성이 자자하다. 이 병원이 우수한 의료진을 보유하고 있는 데는 매력적인 위치도 한몫했지만, 아마도 높은 연봉과 여러 가지 특전이 더 큰 요인으로 작용했을 것이다. 몇 년 전 하트랜드 병원은 마리나 한 곳과 전용 골프코스를 매입해, 직원들에게 거의 무료로 사용하도록 장려한다. 한편 이 병원은 매년 수백만 달러의 '자선' 치료를 제공한다. 병원 경영진은 대중을 상대로 병원을 소개할 때면 언제나 그 정확한 금액을 강조한다. 그런데 최근 하트랜드 병원이 미국에서 아주 유명한 홍보회사와 계약했다. 외부에 알려지기엔 별로 매력적이지 않을 뿐더러 난처하기만 한 병원의 규정들이 지역일간지에 연달아 보도된 이후에 취한 조치다. 일간지가 보도한 내용 중에는 최고경영자에게 매년 수백만 달러를 지급해 왔으며, 병원에 지방세 면제 혜택을 줄 수 있는 지방정부 관료에게 미국 프로풋볼(NFL) 경기 입장권을 비롯한 여러 혜택을 제공했다는 사실도 포함되어 있었다. 또한 바이패스 수술(혈관우회로술) 일정을 잡는 의료진에게는 인센티브를 지급해 온 것으로 밝혀졌다. 바이패스 수술은 수술비가 비쌀 뿐 아니라 가장 불필요한 수술 중 하나로 자주 지목된다. 게다가 하트랜드 병원은 정부 보조금을 받더라도 병원에 별로 이익이 될 것 같지 않은 환자는 아예 받지 않거나 다른 병원으로 보내는 방법을 모색해 온 것으로 드러났다. 신문 보도를 통해 확인된 또 한 가지 사실이 있다. 하트랜드 병원에서 이른바 자선 치료라고 강조해 온 수백만 달러가 정확한 금액이라는 것이다. 하지만 대부분의 경우 '자선 치료' 홍보 전략을 충분히 활용하고 나면 공격적인 치료비 징수 대행업체와 노련한 변호사들을 고용해 치료비 전액 혹은 일부를 받아내기 위해 환자들을 괴롭힌 것으로 밝혀졌다.

a. 하트랜드 병원의 이런 관행은 윤리적인가?

71. 코니는 외상후스트레스장애를 가진 퇴역군인을 위한 비영리 상담센터의 심리치료사다. 코니는 따로 개업하고 싶은 꿈이 있지만 곧 두 아이가 대학에 진학할 예정이라 경제적으로 성공할지 여부가 확실치 않은 상황에서 섣불리 개업하는 것이 부담스럽다. 그래서 시장 조사도 할 겸, 상담센터 근무를 계속하면서 상담센터와 한 블록 떨어진 곳에 임시로 개인 상담소를 열었다. 처음엔 센터 이용자들에게 조심스럽게 개인 상담소도 운영 중이라고 얘기하고 저녁 때 편한 시간에 찾아오면 할인 혜택을 주겠다고 말한다. 그러다 개인 상담소가 성공할 수 있겠다는 확신이 서자 코니는 사표를 내고 센터에서 만났던 고객들에게 초대장을 보내 새로운 상담소에서 전에 받던 치료를 계속 받으라고 권유한다.

　a. 코니의 행동은 윤리적인가?

72. 주의회는 해리스타운 근처 야생동물 보호구역에 대해 제한적 사냥을 허용하는 내용의 입법을 준비 중이다. 501 (c) (3) 면세 비영리단체인 해리스타운 야생동물보호협회 이사회는 대응 방법을 고민하다 대중을 상대로 이러한 법률 제정이 왜 어리석은지를 알리는 대중 교육 캠페인을 시작해야 한다는 쪽으로 빠르게 의견이 모아졌다. 마침 이사회 총무인 킴벌리가 이런 식의 캠페인을 여러 차례 진행해 본 적 있는 10년 경력의 홍보회사 대표다. 몇 년 전 이사회 참여를 권유받은 이유 중 하나도 이 같은 경력 때문이었다. 협회와 직접적으로 관련이 없는 단체가 캠페인을 진행해야 하는 것 아니냐는 의견도 있었지만 어쨌거나 킴벌리가 이런 일을 해 본 경험이 있다는 것은 분명한 사실이었다. 결국 이사회는 킴벌리의 홍보회사가 실경비만 받는다면 캠페인을 그 회사에 맡기기로 결정한다.

　a. 킴벌리의 행동은 윤리적인가?
　b. 야생동물보호협회 이사회의 결정은 윤리적인가?

73. 도널드는 보건연구협력단의 최고경영자다. 보건연구협력단은 주로 지역 정부와 재단의 의뢰를 받아 연구하는 501 ⓒ (3) 면세 비영리단체다. 특히 오바마케어(〈환자보호 및 부담적정보험법〉)와 관련된 이슈나 그것이 지역 정부에 미치는 영향에 관한 조사는 거의 보건연구협력단으로 몰린다. 그 주된 이유는 벤과 얼이라는 두 연구원이 복잡한 오바마케어를 잘 이해하고 분석하는 것으로 미국 전역에서 인정을 받고 있어서다. 오바마케어가 통과된 이후 보건연구협력단에는 연구보조금이 물밀어 들어왔다. 지방 정부는 물론이고 일반 기업들까지 두 연구원과 연구팀의 도움을 받고 싶다고 요청하는 바람에 연구협력단이 신청도 안 한 보조금까지 받게 됐을 정도다. 하지만 모든 것이 좋기만 한 상황은 아니다. 벤과 얼은 사실 동성애자다. 두 사람은 20년간 함께 살았다. 얼마 전 매사추세츠주에서 동성결혼을 합법화하자, 두 사람은 매사추세츠주로 옮겨 가 가정을 이루고 살겠다고 발표했다. 퇴사 2주 전에 이 같은 사실을 알렸고, 환송회가 열린 자리에서 모두 두 사람의 행복을 기원했다. 하지만 도널드는 벤과 얼이 아직 끝나지 않은 여러 연구 계약의 핵심 인력이라는 점이 걱정스러웠다. 시간이 어느 정도 지나면 두 사람의 빈자리가 채워지겠지만 당장이 문제였다. 도널드는 벤과 얼이 프로젝트에 참여하지 않는다는 것을 알면 보조금을 제공한 측에서 어떻게 반응할지가 우려됐다. 그는 연구를 의뢰한 곳에서 혹시 물어보면 사실대로 얘기하겠지만, 먼저 물어보기 전에는 가능한 한 얘기하지 않고 프로젝트를 마무리할 다른 연구원을 찾아볼 생각이다.

a. 도널드의 행동은 윤리적인가?

74. 빌은 501 ⓒ (3) 면세 비영리단체인 크래프트 호수 자연센터에서 커뮤니케이션 및 소셜네트워크서비스 관리 업무를 책임지고 있다. 그는 얼마 전 새로운 행정보조원으로 로레인이라는 매력적인 빨강 머리를 가진 젊은 여

성을 채용했다. 로레인은 얼마 전 힘들게 이혼했다. 공교롭게도 빌 역시 이혼 후 새로운 인연을 찾고 있는 중이다. 처음 몇 주간 두 사람은 철저히 업무 얘기만 했다. 하지만 함께 긴밀히 업무를 계속하다 보니 두 사람 사이에 우정이 싹텄고, 빌은 급기야 둘의 관계가 그 이상으로 발전할 수 있겠다는 환상을 갖기 시작했다. 그는 단도직입적으로 데이트를 신청하는 것이 가장 좋은 방법이라고 생각했다. 혹시라도 거절당하면 다른 행정보조원을 채용하거나 아무 일 없었던 듯 행동하면 그만이다. 빌이 로레인에게 저녁을 함께 먹자고 제안하자 로레인이 선뜻 웃으며 좋다고 답했다. 빌은 이것이 뭔가 의미 있는 일의 시작일 수 있다는 생각에 자신의 인생이 긍정적인 방향으로 흘러가는 모습을 상상한다.

a. 빌의 행동은 윤리적인가?

b. 로레인의 행동은 윤리적인가?

75. 쿼드펀드레이징서비스는 내부에 모금 담당 직원이 없는 소규모 자선단체에 서비스를 제공하는 모금대행업체다. 다수의 숙련된 텔레마케터와 정교한 DM(광고용 우편물) 등을 활용해 모금 업무를 처리한다. 서비스 비용이 비싼 편이지만, 쿼드 측은 자기네 고객이 되는 것만으로도 이득이라고 장담한다. 쿼드가 제공하는 숙련된 인력과 우편물 수신자 목록 등을 자선단체가 직접 확보하려고 할 때의 비용을 고려하면 서비스 비용 또한 전혀 비싼 것이 아니라고 주장한다. 해리스타운 환경개선기금의 최고경영자인 브래드는 쿼드의 서비스를 이용하기로 결정한다. 쿼드는 전화 권유와 DM 발송을 통해 약 45만 달러를 모금한 뒤 실제 경비와 적정 수수료를 제하고 남은 5,200달러를 해리스타운 환경개선기금에 전달한다. 환경개선기금의 궁핍한 재정을 감안하면 꽤 오래 쓸 수 있는 돈이다. 브래드는 이런 지저분한 작업을 대신 해 줄 모금대행업체를 찾은 덕분에 자신은 단체

의 실질적인 활동에 집중할 수 있게 됐다며 뿌듯해한다.

    a. 브래드가 쿼드펀드레이징서비스에 모금을 의뢰한 것은 윤리적인가?

76. 케이틀린은 해리스타운대학교의 입학 관리자다. 해리스타운대학교는 세법 501 (c) (3) 에 따라 연방소득세를 면제받는 비영리 사립대학이다. 케이틀린은 업무 특성상 여행을 많이 다닌다. 그래서 그것으로 무엇을 해야 할지 모를 정도로 항공 마일리지가 많이 쌓인다. 케이틀린은 항공 마일리지를 이용해 남편과 세계 곳곳을 여행하며 가족을 만나고 스포츠행사나 콘서트에도 참석했다. 몇 년 전 남편이 케이틀린에게 이 마일리지의 주인은 사실 대학이라고 말했다. 왜냐하면 이 마일리지에 대한 항공료를 대학에서 지불하기 때문이다. 케이틀린은 말도 안 되는 소리라고 일축하긴 했지만 요즘은 메이크어위시 재단이라는 자선단체에 매년 몇 백 마일의 마일리지를 기부한다. 그리고 이 항공 마일리지도 개인 소득으로 포함시켜 신고해야 하는지 여부를 궁금해한다.

    a. 케이틀린이 항공 마일리지를 자선단체에 기부하고 세금공제를 받으면서 항공 마일리지를 소득으로 신고하지 않는 것은 윤리적으로 올바른 태도일까?

    b. 케이틀린이 속한 대학이 항공 마일리지의 가치를 국세청에 보고하지 않는 것은 윤리적인가?

77. 조세핀은 몬트로즈 비영리단체연합회의 홍보 책임자다. 몬트로즈 비영리단체연합회는 몬트로즈 지역 내 비영리단체의 화합을 도모하고 공동 구매 및 보험 혜택을 제공하기 위해 설립된 501 (c) (3) 면세 기관이다. 마침 조세핀의 남편이 주의회 선거에 출마했다. 조세핀은 할 수 있는 한 최선을 다해 남편을 도와주려고 노력한다. 남편이 주의회 의원으로 당선되면, 비

영리단체를 위해 강력한 목소리를 내 줄 든든한 지원군이 생기는 셈이기 때문이다. 오늘은 남편이 집에서 후원금 모금 다과회를 여는 터라 조세핀은 사무실에서 이웃집에 뿌릴 홍보물을 제작해 수백 장을 출력했다. 저녁 8시에 친구들이 사무실로 찾아와 회의실에서 홍보물을 봉투에 넣는 작업을 같이 했다. 조세핀은 피자 네 판을 주문했다.

a. 조세핀의 행동은 윤리적인가?

b. 만약에 조세핀이 비영리 분야에서의 직업적 삶과 정치적 삶을 완전히 분리하고자 했다면 어떤 대안을 선택할 수 있었을까?

78. 벨라는 서머드림 재단의 최고재무책임자다. 서머드림 재단은 도심에 사는 형편이 어려운 아이들을 교외의 전원으로 여름 캠프를 보내 주는 501 ⓒ (3) 면세 비영리단체다. 이 단체는 캠프 부지의 나무를 베어 가구를 생산하는 벌목회사로부터 상당한 수입을 얻는다. 벨라는 면세 대상인 본업과 무관한 사업 소득을 국세청에 신고하고 세금을 납부해야 할지 여부를 놓고 고민 중이다. 벨라는 면세 목적 이외의 소득에 관한 국세청의 법 집행에 허점이 많다는 것을 안다. 게다가 세금 낼 돈을 아이들에게 쓰면 더 많은 아이들을 캠프에 보내 줄 수 있다는 것도 안다. 벨라는 결국 면세 목적 이외의 소득을 신고하지 않기로 결정한다.

a. 벨라의 행동은 윤리적인가?

79. 루이자는 시민투표 프로젝트라는 단체에서 존슨 재단으로부터 받은 보조금으로 운영되는 프로젝트를 책임지고 있다. 루이자는 이 프로젝트가 곧 완료를 앞두고 있는 데다 모든 것이 잘 진행된 것 같아 흐뭇하다. 최종 보고서도 전달됐다. 이제 프로젝트에 대한 평가만 받으면 보조금 잔금을 받을 수 있다. 루이자는 존슨 재단이 보내 온 동료평가자 명단을 검토하다 우연

히 가장 친한 친구인 제인의 이름을 발견한다. 보조금을 받은 기관에서 평가자를 선택할 수 있게 되어 있어 루이자는 제인을 평가자로 선택한다.

a. 루이자의 행동은 윤리적인가?

80. 할리는 해리스타운에 있는 여성보호센터의 신임 이사장이다. 해리스타운 여성보호센터는 1973년에 설립된 501 (c) (4) 비영리단체로 10대 임산부에 대한 의료 지원을 주장한다. 할리는 이사회에서 활동한 지 2년밖에 되지 않아 여성보호센터는 물론 해리스타운 지역 자체도 비교적 낯설다. 하지만 이사진은 할리가 사업에 헌신적이고 모금을 위해 지칠 줄 모르는 노력을 기울이는 모습에 깊은 인상을 받았다. 더욱이 할리가 해리스타운으로 오기 전에 여러 이사회를 이끌었던 경험이 있어서 할리를 이사장으로 선출하는 데 전혀 망설임이 없었다. 여성보호센터 업무에 본격적으로 뛰어든 할리는 이 단체의 법적 지위에 심각한 문제가 있음을 알게 된다. 보아 하니 몇 년째 양식 990에 따른 소득세 신고를 하지 않았다. 국세청은 이미 1980년대에 주요 면세 단체 목록에서 여성보호단체를 제외시켰다는 사실도 알게 됐다. 당시 국세청에서 단체 설립자에게 연락했으나 아무런 답변을 받을 수 없었기 때문이다. 여성보호센터 설립 신고를 한 지 불과 몇 년 만에 설립자가 사망했으니 그럴 수밖에 없었다. 할리는 그동안 이런 문제를 알지 못한 상태에서도 여성보호센터가 꽤 잘 운영되었으니 앞으로도 쭉 '눈에 띄지 않게' 사업을 지속할 수 있을 것이라고 생각한다. 여성보호센터는 기부자들에 대한 정보를 공개해야 할 의무가 없는 501 (c) (4) 단체라 국세청의 감사를 받을 가능성이 적기 때문이다. 그러니 괜히 긁어 부스럼을 만들 이유가 없다고 생각한다.

a. 할리의 행동은 윤리적인가?

81. 비올라, 베티, 프랜은 해럴드슨에 있는 어메이징그레이스 중고숍에서 자원봉사를 한다. 세 사람은 그곳에서 일하는 것을 좋아한다. 비영리단체를 도우면서 수다도 떨고 쇼핑 쿠폰도 주고받을 수 있어서다. 함께 일하는 사람들도 정말 친절하다. 하지만 무엇보다 좋은 점은 기증받은 물품을 가장 먼저 검사하는 일을 바로 이 세 사람이 한다는 것이다. 중고숍에 들어온 옷과 생활용품 등을 유심히 살펴보고 너무 낡아 수선이나 수리가 불가능한 것들은 쓰레기통에 버리고 나머지를 적절히 분류한다. 프랜은 물품을 분류할 때 옆에 빈 상자 하나를 두고 시작한다. 혹시라도 갖고 싶은 물건이 있으면 따로 챙기려는 것이다. 작업이 끝나면 프랜은 박스를 계산대로 가져가 각각의 물품에 대해 정당한 가격을 지불하고 상자를 차에 싣는다. 그런 다음 다시 가게로 돌아와 봉사활동을 계속한다.

　a. 프랜의 행동은 윤리적인가?

82. 미국재난구호기금은 자연 재해로 고통 받는 미국 도시의 구호활동을 지원하기 위해 모금을 하는 501 (c) (3) 비영리단체다. 허리케인 샌디가 강타한 뒤 미국재난구호기금은 지역신문과 인터넷을 통해 허리케인으로 파괴된 처참한 마을 사진들과 함께 기부를 권유하는 대대적인 광고 홍보를 진행했다. 기부 페이지에는 거의 읽을 수 없는 작은 글씨로 다음과 같은 주의문구가 적혀 있었다. "여러분의 기부금은 미국재난구호기금의 일반 행정 비용을 지원하고 앞으로 샌디와 같은 자연재해가 일어날 경우에 구호사업을 펼치는 데 사용될 것입니다."

　a. 미국재난구호기금의 모금 권유 방식은 윤리적인가?

83. 조지는 일곱 명의 아이들의 목숨을 앗아 간 학교건물 화재로 세 아이를 잃은 가장이다. 그는 화재 참사로 희생된 학생들의 형제자매에게 교육비를

지원하기 위해 모금을 하는 자선단체를 설립했다. 조지에게는 숨진 세 아이 외에 세 자녀가 더 있다. 그는 모금액으로 첫째 딸이 대학을 무사히 마칠 수 있기를 기대한다.

a. 조지가 자기 딸의 학비를 지원하기 위해 자선단체를 설립한 것은 윤리적인가?

b. 조지의 이런 행동은 법적으로 문제가 없을까?

84. 브리짓은 501 ⓒ ⑶ 면세 비영리단체인 펜실베이니아 심장병교육기금의 최고경영자이자 회장이다. 브리짓은 새로운 시리얼을 생산하는 업체로부터 파트너 제휴를 제안하는 이메일을 받았다. 이메일에 첨부된 인쇄물을 보니 그 시리얼이 달걀과 베이컨, 우유로 구성되는 일반적인 아침식단을 대체할 수 있는 건강한 제품이라고 되어 있다. 시리얼이 설탕과 소금, 콜레스테롤 함량이 높긴 하지만, 달걀과 베이컨, 우유를 먹을 때보다 칼로리가 훨씬 낮은 것은 분명한 사실이다. 시리얼 회사는 펜실베이니아 심장병교육기금의 인증 표시를 포장용기에 사용하는 대가로 매년 1만 달러를 기부하겠다고 제안했다. 1만 달러면 심장병교육기금의 사업을 장기간 추진하고 많은 생명을 구할 수 있는 금액이다. 브리짓은 시리얼이 비록 심장 건강을 좋게 하는 최고의 배합은 아니지만, 달걀과 베이컨, 우유로 구성된 아침식단보다는 확실히 낫다고 생각해 시리얼 회사의 제안을 수용하기로 결정한다.

a. 브리짓이 시리얼 제조업체의 제안을 수용한 것은 윤리적인가?

85. 네바는 501 ⓒ ⑶ 면세 비영리단체인 해리스타운 카운티 역사유산보존학회의 대표다. 어느 날 이 지역 부동산개발업자 한 명으로부터 아무 조건 없는 4만 달러의 기부금이 학회에 전달됐다. 네바는 그 부동산개발업자와

전에 언쟁을 한 적이 있다. 그 개발업자가 해리스타운 카운티의 유서 깊은 건물을 현대식 아파트로 바꾸는, 비양심적이고 무책임한(네바가 느끼기에) 일을 벌였기 때문이다. 그에게 기부금을 권유한 적이 없었던 터라 네바는 부동산개발업자의 의도가 의심스러웠다. 하지만 4만 달러면 전략계획 추진에 꼭 필요한데도 불구하고 자금이 없어 채용하지 못하고 있는 모금 담당 정규 직원을 채용할 수 있다. 게다가 직원의 급여로 수표가 발행되면 돈의 출처와 무관하게 현금으로 바뀌어 사용되기는 마찬가지다. 네바는 곧장 그 개발업자에게 과거의 언쟁에 대해 사과하는 내용과 함께 기부확인서를 작성해서 보냈다.

a. 네바가 부동산개발업자의 기부금을 수용한 것은 윤리적인가?

86. 산토스는 501(c)(3) 면세 비영리단체인 와일드시티 재단의 개발 담당자다. 그는 최근 이웃 도시의 한 재단으로부터 이직 권유를 받았는데, 하필이면 요즘 와일드시티 재단의 기부자들에게 기부를 권유하고 있는 재단이다. 산토스는 지금보다 높은 연봉과 직책을 제안한 그 재단으로 이직하기로 결정했다. 사무실 책상을 정리하던 중 산토스는 고객 정보가 담긴 엑셀 파일을 다운로드해야겠다고 생각한다. 기억에 의존해서 고객 정보를 다시 구축하려면 몇 개월이 걸릴 텐데, 이렇게 하면 쓸데없이 시간을 낭비하지 않아도 된다. 산토스는 다른 동료의 고객 정보에도 접근할 수 있다. 나중에 분명 유용하게 쓰일 정보지만, 그것까지 빼내는 것은 윤리적으로 옳지 않다고 생각한다.

a. 산토스의 행동은 윤리적인가?

87. 마크는 해리스타운 야생동물호보기금의 대표다. 501(c)(3) 비영리단체인 해리스타운 야생동물보호기금은 해리스타운 지역의 자연서식지 보호

를 위해 노력한다. 20명의 직원들에 대한 업무 평가가 2~3주 앞으로 다가
왔다. 마크는 별로 즐겁지 않은 일이라고 말하지만, 이사회가 정한 그의
필수 업무 중 하나다. 마크 자신에 대한 실적 평가도 예정되어 있다. 마크
가 평가받는 여러 가지 기준에는 모금 실적도 포함된다. 이번 주에 마크는
직원 한 명 한 명과 약 10분씩 비공식 면담을 하면서 야생동물보호기금의
연간 캠페인에 연간 기부로 참여할 것을 권유할 생각이다. 그는 이 시점에
권유하는 것이 타당하다고 생각한다. 예년처럼 조직 활동이 왕성하지 않
은 겨울에 하는 것보다 더 좋은 성과로 이어질 가능성이 높기 때문이다.
　a. 마크의 행동은 윤리적인가?

88. 각기 다른 비영리단체에서 일하는 브래드와 제임스가 함께 점심을 먹고
있다. 두 사람은 각자 자기 단체의 기부연금〔기부자가 현금이나 부동산 등
을 자선단체에 기부하면 자선단체가 기부금을 운용하면서 기부자 본인이나 기
부자가 지정한 사람이 사망할 때까지 일정액을 연금 형태로 지급하고, 나머지
기부금은 공익 목적으로 활용하는 것 ― 옮긴이〕에 대해 이야기하는 중이다.
지역사회의 부유한 기부자를 설득하려고 애쓰는 이야기도 하고 있다. 브
래드는 이미 토닉에 탄 보드카를 석 잔째 마시고 있어 말하는 데 다소 거침
이 없다. 급기야 특정 고객의 이름을 언급했다. 제임스도 아는 사람이다.
제임스는 브래드가 속한 단체보다 더 좋은 조건을 제시해서 설득해 봐야
겠다고 생각한다. 제임스는 사무실에 돌아가자마자 그 기부자에게 전화
해 브래드에 대해서는 아무 얘기도 하지 않고, 전통적인 기부연금 프로그
램보다 더 많은 세제 혜택을 누릴 수 있는 기부 방법이 있다고 설명한다.
　a. 브래드의 행동은 윤리적인가?
　b. 제임스의 행동은 윤리적인가?

89. 비니는 총기수호재단의 홍보 책임자다. 총기수호재단은 총기 사용에 대한 교육과 훈련을 제공하고 제한적 지지 운동을 펼치는 501 ⓒ (3) 면세 단체다. 비니는 각 주의 민병 유지 권리를 보장하는 수정헌법 제 2조에 관한 주의회 및 연방의회 의원들의 투표 기록을 상세히 정리한 '유권자 교육'이라는 전단지를 제작했다. 게다가 0점에서 4점까지 총의 개수로 각 의원들의 등급을 매겼는데, 전미 소총협회를 지지하는 의원에겐 4점 (총 4개) 만점을 줬다. 전미 소총협회는 총기수호재단의 이사 전원이 참여하는 단체다. 비니가 조직한 한 팀의 자원봉사자들이 쇼핑몰과 총기박람회에서 전단지를 나눠 주고 있으며, 선거 일주일 전에 특정 선거구에 집중적으로 전단지를 배포할 계획이다.

　a. 비니의 행동은 윤리적인가?

90. 타라는 해리스타운 지역 커뮤니티 칼리지의 기금 개발 담당 부총장보다. 타라는 프리드먼 아트 페스티벌의 이사로도 활동하고 있으며 올해는 축제를 위한 모금활동을 총괄하기로 약속했다. 비니는 대학 사무실에 있는 재산 정보 및 솔루션 프로그램 웰스엔진의 검색 툴을 활용해 축제를 위한 모금에 참여할 가능성이 있는 사람들을 찾아본다.

　a. 타라의 행동은 윤리적인가?

91. 앨리슨은 501 ⓒ (3) 면세 기관인 해리스타운 시티 박물관의 큐레이터다. 미술 애호가인 앨리슨은 시티 박물관이 공간이 부족해 수백 점의 흥미로운 예술작품들을 지하실에 보관만 하고 전시하지 못하는 것이 불만이다. 최근에 새 아파트로 이사한 그는 지하실에 보관된 예술작품 중 몇 점을 빌려 집안 벽에 걸어 두기로 결심한다. 먼저 어떤 작품을 빌릴지 간단히 문서로 정리해 서명한 다음, 박물관이 소장한 미술 작품을 다른 기관에 대

여할 때 기록을 남기는 파일에 끼워 둔다. 같은 내용을 컴퓨터에도 저장해 전자 기록으로도 남긴다. 앨리슨은 작품에 싫증이 나거나 박물관을 그만둘 일이 생기면 곧장 되돌려 놓을 생각이다.

a. 앨리슨의 행동은 윤리적인가?

92. 알렉스는 어린이와 가족의 미래 재단을 운영한다. 이 재단은 워싱턴에 있는 501 (c) (3) 비영리 싱크탱크로 공공정책을 뒷받침할 교육 자료를 제공하고 세미나도 진행한다. 이 재단은 한 명의 사업가로부터 수백만 달러의 기부금을 받고 있다. 당연히 그 사업가는 재단의 공공정책들을 지지하고, 그 공공정책에는 그 사업가에게 유리한 정책들이 포함되어 있다. 알렉스는 자신의 재단이 교육기관이라고 여기기 때문에 재단이 중요하게 생각하는 정책들을 위해 직접적으로 로비를 하지는 않는다. 대신에 교육 워크숍을 열고 교육 자료를 개발해 회원인 주의회 의원들에게 정책의 배경을 설명한다. 알렉스의 재단은 꽤 효율적으로 움직인다. 정책 제안서와 더불어 그 정책을 실행하는 데 필요한 법률안 초안까지 함께 만들어 배포함으로써 재단의 회원으로 활동 중인 의원들이 불과 며칠 만에 정책을 소개(심지어 입법까지) 할 수 있게 만든다. 알렉스는 조직의 모든 활동이 가능하면 겉으로 드러나지 않고 대중의 시선 밖에 있기를 원한다. 그래서 재단 측이나 직원들이 주정부나 연방정부에 로비활동 내용을 보고하지 못하게 막는다. 비평가들은 이 재단이 로비를 할 뿐만 아니라 로비가 이 단체의 유일한 목적이라고 비난해 왔다. 하지만 알렉스는 로비활동을 시인하면 재단의 501 (c) (3) 면세 지위가 위태로워진다는 것을 안다.

a. 알렉스의 행동은 윤리적인가?

93. 아놀드는 전미 경제학교수연구자협회의 대표다. 이 단체는 미국 고등교

육기관에서 미국 경제시스템을 연구·교육하는 학자들을 대변하는 전문가 협회로 회원 대부분이 교육기관이나 정부에 소속되어 있다. 아놀드는 얼마 전 연례 콘퍼런스를 총괄하는 직원이 콘퍼런스에 필요한 전시 비용을 횡령하고 법인카드를 사적인 용도로 사용해 온 사실을 알게 됐다. 믿었던 직원의 횡령 금액이 거의 5만 달러에 이른다. 아놀드는 이 소식에 매우 충격을 받고 그 직원을 해고했다. 퇴직금과 추천서는 제공할 수 없다고 거부했다. 자신의 관리 감독 아래서 이런 일이 벌어졌다는 사실에 난처해진 아놀드는 아무에게도 횡령 사건에 대해 말하지 않기로 결심한다. 경찰과 이사회, 다른 직원들은 물론이고 아내에게도 말하지 않을 작정이다. 그러다 보면 점차 잊힐 테고, 아놀드 자신도 신용이 필요한 자리에 직원을 채용할 때 좀 더 철저히 알아보고 신중한 선택을 할 수 있을 것이다.

a. 아놀드의 행동은 윤리적인가?

94. '방광암 퇴치를 위한 5킬로미터 달리기 대회'는 대성공이었다. 이 대회의 총책임자 베티는 그동안 기울인 자신의 노력에 대단한 자부심을 느꼈다. 이번 대회로 해리스타운 방광암연구재단을 위한 기금 1만 2천 달러를 모금했다. 뿐만 아니라 앞으로 더 많은 모금을 하는 데 유리한 여건이 조성됐다. 참가자들이 재단의 목적과 함께 재단에서 자금을 지원하는 연구들에 대해 베티가 설명하는 것을 들었고, 행사 사진도 엄청나게 많이 찍었다. 게다가 명예회장인 유명 TV 앵커 필리파나 윌더가 6시 뉴스에서 자신도 달리기 대회에 참가했다는 것 이상의 많은 이야기를 할 예정이다. 달리기 대회 참가자와 그들을 응원하러 온 사람들에게는 지역 슈퍼마켓에서 기증받은 과일과 베이글, 막대사탕, 그래놀라 바 등이 담긴 바구니를 선물했다. 대회가 끝나고 정리 작업은 당초 염려했던 것만큼 일이 많지 않았다. 베티는 다른 사람의 도움 없이 남은 음식물을 자신의 차에 실을 수 있

었다. 바나나는 오래가지 못할 테지만, 베이글은 냉동 보관이 가능했다. 사탕과 그래놀라 바도 앞으로 몇 년 동안 아이들의 점심 도시락에 넣어 줄 수 있을 정도로 많이 남았다.

a. 기증받은 음식물을 행사 후 집으로 가져간 베티의 행동은 윤리적인가?

b. 베티가 선택할 수 있는 다른 대안은 무엇이 있을까?

95. 제럴딘은 집에 컴퓨터가 없다. 세상이 바뀌어 이메일과 인터넷 접속은 이제 필수가 됐다는 것을 그도 안다. 제럴딘은 지메일 계정이 있지만 거의 사용하지 않는다. 대신에 직장 이메일주소를 사용한다. 제럴딘은 윌슨대학교 풋볼경기장에 있는 윌슨스포츠 명예의전당에 다닌다. 윌슨스포츠 명예의전당은 501 (c) (3) 면세 비영리단체다. 제럴딘은 집에 컴퓨터가 없고, 따로 인터넷 계정도 없다 보니 개인 이메일 확인 및 여행 예약, 영화 리뷰 읽기, 크리스마스 선물 쇼핑 같은 것들도 전부 사무실에서 한다. 업무에 차질을 주지 않기 위해 보통은 사무실 책상 앞에 앉아서 점심을 먹는다. 하지만 페이스북 계정을 만든 뒤로 인터넷을 하는 시간이 전보다 늘었고, 업무에 집중하기가 힘들다는 것을 제럴딘 스스로 느끼고 있다. 더욱이 캔디크러시 게임까지 알게 된 뒤로는 컴퓨터에 중독되기 시작한 것이 아닌가 싶을 정도다. 그래서 개인용 컴퓨터를 구입할 수 있게 임금을 올려 달라고 얘기해 볼까 생각 중이다.

a. 제럴딘의 태도는 윤리적인가?

96. 버사는 펜실베이니아 프라이버시워치라는 501 (c) (4) 면세 비영리단체의 대표다. 이 단체는 펜실베이니아주의 프라이버시 관련 법률을 강화하기 위해 노력한다. 직원은 60대 여성인 버사 외에 로비활동가, 변호사, 보조 스태프 등 모두 20명이다. 버사는 최근 새로 가입한 페이스북의 매력

에 푹 빠졌다. 결혼을 하지 않아 식구가 없는 버사는 사무실에서 일하는 시간을 제외하면 컴퓨터로 고교 동창생들의 근황을 살피는 것이 낙이다. 구글에 아는 사람들의 이름을 검색해 뭔가 흥미로운 정보를 찾기도 한다. 버사는 방금 자신이 관리 감독하는 15명의 직원들에게 페이스북 친구요청 메시지를 보냈다. 불과 몇 분 만에 세 명이 친구요청을 수락하자 흐뭇하면서도 내심 그 직원들이 근무시간에 페이스북에 접속 중이라는 사실에 의아해한다.

a. 버사의 행동은 윤리적인가?

b. 만약에 같은 시간에 다른 직원이 먼저 버사에게 페이스북 친구요청을 했다면 얘기가 달라질까?

c. 누가 먼저 요청을 하느냐와 상관없이 직장 상사와 부하 직원이 페이스북 친구를 맺는 것은 윤리적인가?

97. 그로버는 501 ⓒ (3) 면세 비영리기관인 그린스타운 병원의 간호사다. 간호부장인 레마의 호출에 달려간 그는 돌연 해고 통보를 받는다. 그로버가 페이스북에 올린 게시물이 문제였다. 자신이 담당하는 환자에 대해 미친 것이 확실하다는 등 저속한 표현을 사용해 비난했기 때문이다. 그로버는 그 게시물을 친구공개로 해 놓았기 때문에 레마를 비롯한 동료 간호사들만 볼 수 있다고 항변한다. 레마는 해당 게시물이 병원의 공식 게시물이 아니고, 〈의료정보보호법〉 위반에 해당되는지 여부도 따져 봐야 하지만, 그런 것들과 상관없이 그로버가 특정 환자를 비방한 것은 환자를 돌봐야 하는 간호사로서 전문가답지 못한 부적절한 행동이었다고 반박한다.

a. 그로버가 개인의 소셜네트워크서비스 페이지에 자신이 담당하는 환자에 대한 게시물을 올린 것은 윤리적으로 문제가 있는 것일까?

b. 레마가 그로버를 해고한 것은 윤리적인가?

98. 마틸다는 501 ⓒ ⑶ 면세 비영리기관인 해리스타운 요양병원의 간호사다. 이 병원은 저렴한 비용에 양질의 관리를 받을 수 있는 곳으로 입소문이 나 대기자가 꽤 많다. 마틸다의 어머니도 대기자 명단에 이름을 올렸는데 몇 년 사이 순위가 조금씩 올라가고 있다. 그런데 얼마 전 마틸다의 어머니가 갑작스럽게 넘어져 골반뼈가 부러지는 큰 부상을 당했다. 마틸다는 해리스타운 요양병원만큼 시설이 우수하지 않은 다른 병원에 어머니를 맡기고 싶지 않았다. 그렇다고 어머니를 집에서 직접 간호하려 몇 달 혹은 몇 년을 휴직할 수도 없는 처지다. 마틸다는 결국 병원장인 제노를 찾아가 병실이 나는 대로 자신의 어머니를 먼저 입원시켜 달라고 간곡히 부탁한다. 제노는 변칙적이지만 특별히 마틸다의 요청을 받아 주겠다고 약속한다.

   a. 마틸다가 이런 요청을 한 것은 비윤리적인가?

   b. 제노가 마틸다의 요청을 받아 준 것은 비윤리적인가?

   c. 이런 부탁을 한 사람이 병원 직원이 아니라 거액을 기부한 사람이라면 판단이 달라질까?

99. 아그네스는 해빙어드림 재단의 대표다. 해빙어드림 재단은 장애아동의 '소원'을 들어주는 501 ⓒ ⑶ 면세 비영리단체다. 미혼 여성인 아그네스는 고액 기부자인 윈튼과 자주 만나왔다. 아그네스가 알아본 결과, 윈튼은 아내를 잃고 혼자 지내고 있으며 연간 수십만 달러는 족히 기부할 수 있는 능력을 가졌다. 아그네스는 윈튼으로부터 5만 달러 상당의 기부를 받는 데 성공한다. 하지만 기부금이 더 늘어나면 재단의 목표를 실현하기가 더 수월해진다는 것을 알기에 더 많은 기부를 받고 싶어 한다. 그런데 어느 날 윈튼이 문득 아그네스에게 연락해 수줍게 데이트를 신청한다. 아그네스는 기분 좋게 윈튼의 데이트 신청을 받아들인다.

   a. 아그네스의 행동은 윤리적인가?

100. 린지는 해리스타운 카운티의 지역 의료 · 인적봉사단체의 고객접수 담당자다. 해리스타운 카운티 지역 고령자들에게 사회적 · 의료서비스를 제공하는 501ⓒ ⑶ 비영리단체인 이곳에서 린지는 신규 고객이 방문하면 신상 정보와 병력을 기록하고, 그들이 받을 수 있는 서비스와 보조금 혜택을 찾아보는 일을 한다. 이곳을 찾는 고객은 굉장히 다양하다. 출신 국가와 종교, 나이, 성별, 인종, 성적 지향 등이 모두 제각각이다. 린지는 책상과 의자, 고객용 의자 두 개가 놓인 전형적인 칸막이 공간에서 일한다. 고객이 의자에 앉으면 여러 가지 질문을 던지고 고객이 답하는 내용을 컴퓨터에 입력하는 것이 주요 업무다. 린지는 신앙심이 강해서 사무실에 십자가와 성모마리아상을 두고, 벽에 예수의 사진 여러 장과 구세주의 영광을 기리는 포스터들도 붙여 놓았다. 린지는 자신이 직업을 통해 신의 뜻을 실천하고 있다고 생각한다. 하지만 일부 고객은 이런 혜택을 받을 자격이 없으며 그들의 죄를 대신해 십자가에서 죽음을 당한 예수를 믿지 않는 이들은 지옥에 갈 것이라고 믿는다.

a. 린지의 태도는 윤리적인가?

101. 모개나는 국민의 투표 프로젝트라는 단체의 행정 직원이다. 국민의 투표 프로젝트는 대중의 투표 참여를 독려하여 진보진영 후보자들의 득표율을 올리려고 노력하는 진보단체들의 연합이다. 모개나는 요즘 이 단체 대표인 멜빈이 공지한 새 복장 규정 때문에 몹시 짜증이 나왔다. 새 규정에 따르면 코와 눈썹은 물론이고 다른 형태의 피어싱도 하면 안 된다. 공교롭게도 모개나는 그동안 많은 돈을 들여 여러 군데에 피어싱을 했으며 그것에 상당한 자부심을 느낀다. 하지만 멜빈은 복장 규정을 위반할 경우 징계 조치가 따를 것이며 이 규정을 존중하지 않는 직원은 해고를 당할 수도 있다고 경고했다. 멜빈은 이 같은 규정에 대해 직원들과 사전에 논

의한 적이 없다. 이사회의 검토를 받은 것도 아니다. 모개나는 컴퓨터 앞에 앉아 새로운 복장 규정에 문제가 있다고 지적하는 이메일을 작성한다. 멜빈이 이 규정을 폐지하지 않을 경우 그를 해고해야 한다는 주장을 담아 이사 전원에게 보낸다.

a. 모개나의 행동은 윤리적인가?

b. 멜빈의 행동은 윤리적인가?

102. 라일리는 비영리 구인구직서비스 단체의 취업 전문가다. 그는 고객 중 한 명인 록산느가 자신과 몇 번 상담한 뒤에 고액 연봉을 받는 일자리를 구했다는 소식을 듣고 기분이 좋았다. 오늘 점심을 먹고 돌아오니 라일리의 책상 위에 록산느가 보낸 선물상자가 놓여 있었다. 그 안에는 값비싼 초콜릿 한 상자와 라일리 앞으로 발행된 50달러짜리 수표가 들어 있었다. 라일리는 수표를 주머니에 넣고, 초콜릿은 탕비실에 두었다. 록산느가 취업하는 데 일조한 동료들과 나눠 먹으려는 것이다. 그런 다음 록산느에게 선물에 대한 감사 인사와 함께 새 직장에서 성공하길 기원한다는 내용의 메시지를 보낸다.

a. 라일리의 행동은 윤리적인가?

103. 비올라는 '내 인생의 황금기'라는 은퇴자를 위한 생활지원시설의 대표다. 세법 501 (c) (3) 에 따라 연방소득세를 면제받고 특정 종교단체의 보조금으로 운영되는 이곳은 현대적이고 고급스러운 환경에서 생활할 수 있다고 알려져 입소를 기다리는 대기자들이 아주 많다. 노부부인 피터와 페이스는 비올라를 만나 시설에 들어가려면 2년은 족히 기다려야 한다는 말을 듣고 낙담한다. 그런 두 사람에게 비올라는 만약에 3만 달러를 기부하면 대기 기간을 1년 단축하는 혜택을 누릴 수 있다고 알려 준다. 다만

다른 사람들도 기부 의사를 계속해서 밝히고 있기 때문에 그때 가서 무조건 입소할 수 있다는 보장은 못한다고 말한다.

a. 은퇴자를 위한 시설에 이처럼 대기 회피 규정이 있는 것은 윤리적인가?

104. 그레고리는 스포츠단체에 영향을 주는 법률 및 규정 도입을 감시하는 지역 연합회의 대표다. 그는 〈ESPN 더 매거진〉, 〈스포츠 일러스트레이티드〉, 〈베이스볼 다이제스트〉 같은 여러 스포츠잡지를 정기구독하고 있으며 연합회에서 일하기 전부터 개인적으로 정기구독해 온 잡지들도 많다. 그레고리는 연합회 대표가 되자 개인적으로 부담해 오던 잡지 구독료를 연합회에 청구하기 시작했다. 모두 그가 하는 업무와 관련이 있는 잡지들이기 때문이다. 뿐만 아니라 법인카드를 이용해 3개 지역일간지와 전국지인 〈월스트리트 저널〉 정기구독도 갱신했다. 신문은 아침일찍 출근하기 전에 훑어보려고 사무실이 아닌 집으로 배달시켰다.

a. 그레고리의 행동은 윤리적인가?

105. 셜리는 '총기사고 근절을 위한 연합'이라는 501(c)(4) 비영리 압력단체의 대표다. 501(c)(4) 단체라 공개적으로 정치적 지지를 표할 수 있지만 기부자들이 세금공제 혜택을 받지 못한다는 데 아쉬움을 느낀 셜리는 이 사회의 승인을 받아 총기사고 근절을 위한 연합 재단을 설립하기로 결정한다. 이 재단이 501(c)(3) 지위를 확보함으로써 기부자들에게 세금공제 혜택을 제공하려는 것이 유일한 목적이다. 기부자들이 재단에 기부한 돈은 고스란히 501(c)(4) 단체로 전달되도록 할 것이다.

a. 셜리의 행동은 윤리적인가?

106. 랜스는 501(c)(3) 면세 비영리단체인 해리스타운 자전거클럽의 책임자

다. 랜스는 클럽에서 주최한 프로페셔널 챔피언십 우승자가 도핑테스트 결과 금지 약물인 EPO 양성 반응을 보이자 크게 실망한다. 그는 해당 선수를 만나 클럽에 기부하는 형태로 상금을 반납하고 앞으로 클럽에서 주최하는 그 어떤 행사에도 참여하지 않겠다고 약속하면 잘못을 시인하지 않아도 된다고 제안한다. 그리고 이 합의 내용은 절대 비밀이며 외부에 공개해서는 안 된다고 못을 박는다. 기자가 랜스에게 전화해 챔피언십 우승자가 금지 약물에 양성 반응을 보였다는 것이 사실이냐고 묻자, 랜스는 아무렇지 않게 '전부 꾸며낸 이야기'라고 답한다.

    a. 묘사된 내용 중 비윤리적인 행동은 무엇일까?

    b. 묘사된 내용 중 불법적인 행동은 무엇일까?

107. 바바라는 501 (c) (3) 면세 비영리단체인 해리스타운 유나이티드웨이의 신임 대표다. 해리스타운 유나이티드웨이는 보통 새 대표가 결정되면, 연봉 협상을 할 때 다른 직원들과 지역사회 구성원들에게 모범을 보이기 위해 '리더십 기부' 명목으로 2만 달러를 단체에 기부해야 한다는 사실을 알리고 그만큼을 기부할 수 있을 정도로 연봉을 결정한다.

    a. 해리스타운 유나이티드웨이가 신임 대표에게 이런 식으로 기부를 '요구'하는 것은 윤리적인가?

108. 남성건강 프로젝트는 전립선암과 고환암처럼 주로 남성이 걸리는 질병은 물론이고 심장병, 고혈압, 비만처럼 누구에게나 폭넓게 나타나는 질환과 건강 상태에 대해 교육하고 지원하는 501 (c) (3) 면세 비영리단체다. 이 단체는 수년에 걸쳐 5만 명 가까운 기부자의 주소와 거의 10만 개에 달하는 이메일주소를 수집했다. 어느 날 모금대행업체 관계자가 남성건강 프로젝트의 대표인 매니를 찾아와 기부자 명단을 구입하고 싶다고

제안한다. 5천 달러를 주겠다는 말에 매니는 썩 괜찮은 금액이라고 생각한다. 이메일로 목록만 전달하면 끝이니 비용이 추가로 들 것도 없다.

a. 매니가 모금대행업체에 기부자 정보를 파는 것은 윤리적인가?

109. 진과 해리 부부는 부유한 지역사회 구성원으로서 수년간 해리스타운 발전기금을 후원해 왔다. 그리고 아주 오래전부터 수십만 달러 기부를 약속했다. 올 초에 해리는 가족을 대표해 25만 달러를 기부하겠다고 약속했다. 하지만 안타깝게도 그의 서점 사업이 크게 실패하면서 부도가 나 강제 매각됐다. 진과 해리의 넉넉한 기부에 크게 의존해 온 해리스타운 발전기금의 이사회는 두 사람을 상대로 기부 약속을 이행하라는 소송을 제기하기로 결정한다. 해리스타운 발전기금이 두 사람의 기부 약속을 믿고 이미 비용을 지출했으며, 기부 약속을 제대로 지키지 않은 사람은 마땅한 대가를 치러야 하기 때문에 소송이 불가피하다는 의견을 따른 것이다.

a. 해리스타운 발전기금 이사회가 기부자를 상대로 소송을 제기하기로 결정한 것은 윤리적인가?

110. 후안은 피드더빅블루마블 재단의 국제 업무 책임자다. 미국에 본부를 둔 이 단체는 501 (c) (3) 면세 비영리단체다. 세계 30개 국가에서 자연재해와 내전, 정치적 불안 등으로 인해 황폐해진 지역의 기아 문제를 개선하는 활동을 하며, 되도록 정치적 논쟁에 휘말리지 않으려고 노력한다. 후안은 아프리카 말리 지역 대표인 아흐메드로부터 현지의 한 족장이 인근 마을로 향하는 음식물 수송 차량을 막고 1만 2천 달러 상당의 돈을 줘야만 통과시켜 주겠다고 고집한다고 보고했다. 후안은 이것이 그 지역의 관행임을 안다. 현실주의자인 그는 족장이 요구하는 돈을 지불하기로 결

정하고, 스위스 은행 계좌로 돈을 보낸다.

a. 후안의 행동은 윤리적인가?

111. 1월을 맞아 해리스타운 어린이 축구클럽이 꽃씨와 과자 판매를 하고 있다. 501 (c) (3) 면세 비영리단체인 이 축구클럽은 가을 시즌에 대비해 이렇게 매년 1월이면 연례행사로 바자회를 연다. 바자회에 참가하는 어린이는 각자 200달러를 모금해야 한다. 유니폼과 축구공, 그 밖에 다른 장비 구입 및 축구장 대여, 보험 가입 등에 필요한 자금을 마련하기 위해서다. 모금 바자회 참여가 의무사항은 아니다. 하지만 바자회에 참여하지 않은 어린이, 좀 더 정확히 말하면 그 어린이의 부모는 축구클럽 참가비로 200달러를 지불해야 한다. 바자회에 참여해 꽃씨와 과자를 팔면, 판매 금액 5달러당 1달러씩 참가비에서 공제받을 수 있다. 대부분의 아이들이 모금 바자회에 참여한다.

a. 이 축구클럽의 모금 정책은 윤리적인가?

b. 이 축구클럽의 모금 정책은 합법적인가?

112. 해리스타운의 한 비영리 동물보호 단체는 인근 존슨시티에 있는 양계장에서 잔혹한 방식으로 닭을 사육하고 도계한다는 제보를 받았다. 직원 한 명이 양계장에 위장 취업하여 실태를 영상으로 촬영하고 불법 행위를 입증할 만한 자료들도 찾아보겠다고 나서자, 이사회는 직원의 제안을 수락한다. 그 직원은 양계장 경험이 거의 없는 사람인 척 취업하는 데 성공한다. 사실 그는 주립대학교에서 생물학 박사학위를 받았다. 그의 작전은 대성공을 거두어 그가 촬영한 사진과 입수한 자료들을 바탕으로 지역일간지에서 기사를 내기로 한다.

a. 양계장의 불법적이고 비윤리적인 행태를 폭로하기 위해 직원을 양계

장에 잠입시킨 전략은 윤리적인가?

113. 나단은 진보 교육 프로젝트라는 501 (c) (3) 면세 비영리단체의 지역 책임
자다. 진보 교육 프로젝트는 유권자 교육을 제공하는 것이 목표다. 목표
실현을 위해 대학생 또래의 활동가들을 모집해 집집마다 방문해 유권자
들이 환경에 관심을 가져야 하는 이유를 설명하고 단체를 위한 후원금 기
부를 권유하게 한다. 일반적으로 이 활동가들에게 각자 모금한 금액의
절반을 지급한다. 모금액의 4분의 1은 나단처럼 활동가들을 관리 감독하
는 사람 몫이다. 그리고 나머지 금액으로 각 주에 있는 지부를 지원한다.
나단도 과거엔 활동가였다. 파트타임 활동가로서의 성공적인 임무 수행
을 바탕으로 정규직 관리자가 된 것이다. 활동가들도 나단의 이야기를
잘 알고 있다. 그들이 기대하는 것은 언젠가 자신들도 나단처럼 관리자
가 되어 활동가들이 모금해 온 기금의 4분의 1을 챙기고, 간접적으로나
마 다음 세대를 위해 환경을 보호하는 것이다.

a. 이 단체의 모금 방식은 윤리적인가?

114. 전미 생물교육자협회는 미국 내 고등학교와 대학에서 생물을 가르치는
교육자 3만 5천 명의 이익을 대변하는 501 (c) (3) 면세 비영리단체다. 얼
마 전 회원 한 명이, 협회가 3,500만 달러 가까운 기금을 공격용 무기 제
조업체의 사모펀드에 투자했다는 내용의 게시물을 올렸다. 2012년 12
월 코네티컷주 뉴타운에서 초등학생 20명의 목숨을 앗은 총기난사 사건
당시 사용된 대형 총기도 이 업체에서 생산된 것이라고 했다. 협회장은
그 무기 제조업체 경영에 협회가 직접 참여하는 것이 절대 아니며, 가장
높은 투자 수익률을 안정적으로 확보하기 위한 투자 전략일 뿐이라고 해
명했다. 하지만 이사장은 반대 입장을 밝히고, 담배 회사와 총기 제조업

체, 그리고 환경오염이나 부당 노동 행위에 연루된 업체 등 사회적 책임을 다하지 않는 기업에 대한 모든 투자를 회수해야 한다고 주장했다. 하지만 이사회는 표결을 통해 이사장의 발언을 무시한 채 투자를 계속하기로 결정한다.

   a. 이 단체의 투자 정책은 윤리적인가?

115. 501 (c) (3) 면세 비영리단체인 파이퍼빌 지역병원은 정부 보조금 삭감 및 인근 의료기관과의 경쟁에 대처하기 위해 늘 기업가 정신으로 수입원을 발굴해 왔다. 얼마 전 같은 지역 내 민간 세탁서비스 업체가 영구적으로 문을 닫게 되어 불가피하게 정규직원 22명을 해고한다고 발표했다. 그런데 그 이유가 공교롭게도 파이퍼빌 병원이 더 낮은 가격에 세탁서비스를 제공하는 바람에 사업이 어려워졌다는 것이다. 이 업체는 파이퍼빌 병원이 민간 자본을 끌어들일 수 있는 데다 연방정부와 주, 지역정부로부터 세금을 면제받고, 자원봉사자도 활용할 수 있으니 경쟁이 안 된다고 주장했다. 파이퍼빌 병원은 이와 비슷한 다른 사업도 검토 중이다. 그 또한 면세 대상인 본업과 무관하게 최첨단 노틸러스 장비를 갖춘 헬스클럽을 만드는 것이다. 그래서 병원 캠퍼스와 두 블록 떨어진 곳에 최근에 문 연 민간 헬스클럽과 경쟁할 생각이다. 파이퍼빌 병원은 면세 대상인 본업과 무관한 사업에 대해 정기적으로 신고(양식 990에 따라) 하고 수천 달러의 세금을 납부한다.

   a. 병원이 이처럼 본래 목적과 무관한 사업으로 영리기업과 경쟁하는 것은 윤리적인가?

116. 사샤는 지역 커뮤니티 칼리지에서 경제학을 가르친다. 사샤가 집필한 경제학 교재는 유명 대학 여러 곳에서 널리 사용되고 있다. 사샤는 이번에

경제학 입문 강의계획안을 만들면서 자신이 쓴 책을 강의 교재로 정했다.

　a. 사샤가 학생들에게 자신이 쓴 책을 교재로 사용하도록 하는 것은 윤리적인가?

117. 조앤은 해리스타운 노숙자쉼터의 대표다. 쉼터 이사로 활동하는 지니가 불쑥 사무실에 찾아와 조앤에게 발급된 법인카드에 관한 모든 기록을 보여 달라고 요구한다. 조앤은 카드 기록이 모든 이사에게 공개하기에 적절치 않은 정보라며 지니의 요구를 거부한다.

　a. 법인카드 사용내역을 보여 달라는 요구를 거절한 조앤의 태도는 윤리적인가?

　b. 법인카드 사용내역을 보여 달라고 요구한 지니의 태도는 윤리적인가?

118. 알마는 '역사도시 릴리빌 보존 기금'의 대표다. 501 ⓒ (3) 면세 비영리단체인 이곳은 릴리빌 다운타운 지역이 1950년대 때 모습과 유사하게 유지되는 것을 지원한다. 그래서 패스트푸드 레스토랑은 물론이고 성인용품점을 포함한 다른 상점들이 들어오는 것을 반대한다. 이런 가게들 때문에 다운타운, 특히 메인스트리트 고유의 특색이 퇴색될까봐 우려하는 것이다. 그런데 얼마 전에 이 단체의 회계감사인이 돌연 사망하는 바람에 이사회가 회계감사를 해 줄 새로운 인물을 찾고 있다. 가능하면 비용을 많이 안 받을 사람을 찾는 중이다. 마침 알마의 삼촌 빌이 공인회계사로 일하다 은퇴했다. 알마는 이사회에 빌에게 부탁하면 무료로 회계감사를 해 줄 수 있을 것이라고 말한다. 이사회는 알마의 제안을 흔쾌히 받아들인다.

　a. 알마가 이러한 제안을 하는 것은 윤리적인가?

　b. 이사회가 알마의 제안을 수락한 것은 윤리적인가?

　c. 빌이 이 단체의 회계감사를 맡는다면 이는 윤리적인가?

119. 올리버는 후크먼 학교의 기금 개발 책임자다. 501 ⓒ ⑶ 면세 비영리기관인 후크먼 학교는 청각장애가 있는 학생들에게 유치원부터 8학년까지의 교육과정을 제공한다. 학교가 새로운 곳으로 이전할 예정이라 올리버는 몇 년 동안 쌓인 잉여 물품들을 처분하기 위해 온라인 경매를 기획 중이다. 그는 낙찰가를 높이기 위해 홍보자료에 "이번 경매에서 이뤄지는 모든 물품 구매는 기부로 간주되어 구매액만큼 세금공제를 받을 수 있습니다. 구입하신 상품은 기부금에 대한 감사 선물로 생각하시면 됩니다"라고 안내했다. 올리버는 기부확인서를 받을 수 있느냐고 문의하는 사람들에게 기부확인서를 제공할 것이라고 답했다. 구매 금액이 기부확인서를 발급해야 하는 기준에 못 미치는데도 불구하고 일단 그렇게 말했다.

    a. 올리버의 행동은 윤리적인가?

120. 포샤는 501 ⓒ ⑶ 면세 단체인 웨스트마운틴하이츠 요양원의 미술음악 치료 책임자다. 포샤는 현재 온라인으로 석사학위 과정을 밟고 있는데, 근무시간에 수업을 듣는 일이 자꾸만 늘어나고 있다. 가족들을 돌봐야 하는 데다 지역 슈퍼마켓에서 부업까지 하는 처지라 근무시간이 아니면 수업을 들을 수가 없다. 이따금 요양원 대표에게 들킬까봐 급하게 숨겨야 했던 적도 있다. 업무 시간에 학교 과제를 하다 들키면 징계를 받을 수도 있다. 하지만 포샤는 수업에서 배우는 내용이 간혹 업무와 연결될 때도 있고 일을 더 잘하도록 도와준다며 합리화한다.

    a. 포샤의 행동은 윤리적인가?

온라인 참고자료

제 1 장

- 미국 산타클라라대학교 마쿨라 응용윤리센터Markkula Center for Applied Ethics
  http://www.scu.edu/ethics/
- 카터 맥나마라 박사의 비즈니스 윤리 가이드
  http://managementhelp.org/businessethics/ethics-guide.htm
- 인터넷 철학 백과사전에서 설명하는 윤리학
  http://www.iep.utm.edu/ethics/
- 철학의 기초The Basics of Philosophy 사이트 내 윤리학 페이지
  http://www.philosophybasics.com/branch_ethics.html
- 영국 BBC 방송 윤리학 가이드
  http://www.bbc.co.uk/ethics/introduction/intro_1.shtml

제 2 장

- 윤리자료센터Ethics Resource Center
  http://www.ethics.org
- 비영리단체와 재단, 기업의 기부 프로그램이 연합해 만든 '인디펜던트 섹터Independent Sector'에서 설명하는 '책무성'
  http://www.independentsector.org/accountability
- '인디펜던트 섹터'에서 제공하는 윤리적 행동을 위한 원칙들
  http://www.independentsector.org/principles
- 카터 맥나마라 박사의 비즈니스 윤리: 직장 내 윤리와 사회적 책임
  http://www.managementhelp.org/ethics/ethics.htm
- 자선단체 감시기구 '와이즈 기빙 얼라이언스Wise Giving Alliance'
  http://give.org/
- 비영리단체의 탁월성 기준 연구소Standards for Excellence Institute
  http://www.standardsforexcellenceinstitute.org/dnn/

- 조셉슨 윤리연구소Josephson Institute of Ethics

  http://josephsoninstitute. org/

제 3 장

- 미국 모금전문가협회

  http://www. afpnet. org/
- 성과기반 경영에 대한 소개

  http://www. socialworker. com/nonprofit/management/improving-quality-
  chapter-5/
- 몬태나 비영리단체협회에서 제공하는 우수 비영리단체의 원칙과 실무: 책무성과
  투명성 원칙

  https://www. mtnonprofit. org/resource-center/principles-and-practices-
  for-nonprofit-excellence/principle-accountability-transparency/
- 유나이티드웨이의 책무성 기준

  http://independentsector. org/resource/accountability/
- 미국 비영리단체협의회 내부고발자 보호 정책 참고 사례

  http://www. councilofnonprofits. org/tools-resources/whistleblower-
  protections-nonprofits
- 미국 비영리단체협의회 투명성 기준

  https://www. councilofnonprofits. org/tools-resources/financial-transparency
- 비영리단체가 대시보드를 관리해야 하는 이유

  https://www.councilofnonprofits.org/tools-resources/dashboards-nonprofits

제 4 장

- 비영리단체가 이사회를 구성할 때 거짓말을 하는 이유

  https://fundraisingcoach. com/2015/01/27/stop-lying-nonprofit-board-
  recruitment/
- 비영리단체가 기부자들에게 하지 말아야 할 5가지 거짓말

  http://www. socialvelocity. net/2011/10/financing-not-fundraising-5-lies-
  to-stop-telling-donors/

제 5 장

- 그레이터 신시내티Greater Cincinnati Foundation 기부 수령 정책
  http://www.gcfdn.org/Giving/Giving-with-GCF/Fund-Policies
- 미국 모금전문가협회 윤리 기준
  http://www.imaginecanada.ca/sites/default/files/www/en/ethicalcode/ec_handbook_2011_en.pdf
- 전자상거래 시 소비자 보호에 관한 캐나다의 실무 규정
  http://www.cmcweb.ca/epic/site/cmc-cmc.nsf/vwapj/EcommPrinciples-2003_e.pdf/$FILE/EcommPrinciples2003_e.pdf

제 7 장

- 카터 맥나마라 박사의 무료 경영 정보 사이트 내 재무 관리 페이지
  http://managementhelp.org/nonprofitfinances/index.htm
- 비영리단체를 위한 격월 온라인 잡지 〈블루 아보카도Blue Avocado〉의 비영리단체 재무 비리 관련 기사
  https://blueavocado.org/editors-picks/nonprofit-embezzlement-more-common-and-more-preventable-than-you-think/
- 미국 비영리단체협의회 재무 투명성
  https://www.councilofnonprofits.org/tools-resources/financial-transparency
- 미국 애리조나주 지역일간지 〈애리조나 리퍼블릭The Arizona Republic〉에 실린 '비영리단체의 다섯 가지 주요 윤리적 이슈'
  http://yourbusiness.azcentral.com/top-five-ethical-issues-nonprofit-organization-5979.html

제 8 장

- 미국보조금신청인협회
  http://agwa.us
- 보조금전문가협회
  http://www.grantprofessionals.org
- 푸젯사운드 보조금신청인협회Puget Sound Grantwriters Association
  http://www.grantwriters.org/ethics-and-commissions

- 보조금을 신청할 때 지켜야 할 윤리
  http://grantwhisperer. com/grant-proposal/grantwriting-and-ethics/
- 보조금 신청인에 대한 윤리적 보상
  blog. ecivis. com/bid/110602/Grant-Writing-The-Ethics-of-Compensation
  %3fhs_amp=true

제 9 장

- 카터 맥나마라 박사의 인사규정에 관한 조언
  http://managementhelp. org/personnelpolicies/index. htm
- 미국 산타클라라대학교 마쿨라 응용윤리센터의 인적 자원 관리 부문
  http://www. scu. edu/ethics/focus-areas/business-ethics/resources/ethical-
  challenges-in-human-resources/

제 10 장

- 세계 최대 윤리강령 데이터베이스를 자랑하는 일리노이공과대학교Illinois Institute
  of Technology의 윤리강령 검색 사이트
  http://ethicscodescollection. org/
- 미국 공익단체 연합회 '인디펜던트 섹터'의 윤리강령
  https://www. independentsector. org/resource/is-code-of-ethics/
- 미시간 비영리단체연합회Michigan Nonprofit Association 윤리강령
  http://www. c4npr. org/clientuploads/Board%20Governance%20Resources/
  NCNA%20Sample. Board%20Code%20of%20Ethics. Michigan%20Non-
  profit%20Association. pdf
- 미국 비영리단체협의회 윤리강령
  https://www. councilofnonprofits. org/tools-resources/code-of-ethics-
  nonprofits
- 비영리단체 이사들을 위한 윤리강령 샘플(아델피대학교)
  http://www. adelphi. edu/wp-content/blogs. dir/91/files/2012/09/codeof-
  ethics. pdf?t=1347913001-77806
- 앤드류 올슨Andrew Olson의 윤리강령 작성 요령
  http://ethics. iit. edu/ecodes/authoring-code

제 11 장

- 미국보조금신청인협회
  http://www. agwa. us/
- 미국 모금전문가협회
  http://www. afpnet. org
- BBB 와이즈 기빙 얼라이언스
  http://give. org/
- 카터 맥나마라 박사의 비즈니스 윤리학: 직장 내 윤리와 사회적 책임
  http://www. managementhelp. org/ethics/ethics. htm
- 보조금전문가협회 윤리강령
  http://www. grantprofessionals. org/ethics
- 인디펜던트 섹터 홈페이지에서 설명하는 책무성
  http://www. independentsector. org/accountability
- 인디펜던트 섹터의 각종 원칙 자료실
  http://www. independentsector. org/principles
- 탁월성 기준 연구소
  https://standardsforexcellence. org/
- 조셉슨 윤리연구소
  http://josephsoninstitute. org/

참고문헌

AAMFT(2015). Code of ethics. Retrieved from: http://www.aamft.org/iMIS-15/AAMFT

AFP(2001). Position paper: Percentage-based compensation. Retrieved from: http://www.afpnet.org/Ethics/EthicsArticleDetail.cfm?ItemNumber=734

_____(2017). AFP fact sheet. Retrieved from: http://www.afpnet.org/About/content.cfm?ItemNumber=1069

_____(n.d.). History of the Association of Fundraising Professionals. Retrieved from: http://www.afpnet.org/About/content.cfm?ItemNumber=727

AGWA(2015). American Grant Writers' Association. Retrieved from: http://www.agwa.us/

Anderson, L. (1998. 3. 18.). Save The Children reacts to probe, plans reforms. *Chicago Tribune*. Retrieved from: http://articles.chicagotribune.com/1998-03-18/news/9803220001_1_special-report-child-sponsorship-children-federation

Associated Press(2005. 10. 11.). American University trustees oust president amid scandal. Retrieved from: http://usatoday30.usatoday.com/news/education/2005-10-11-au-president_x.htm

_____(2011. 2. 11.). Hershey charity scandal: Robert Reese, Ex-Hershey official, claims wrongdoing. *The San Diago Union-Tribune*. Retrieved from: https://www.sandiegouniontribune.com/sdut-ex-hershey-official-claims-charity-wrongdoing-2011feb10-story.html

Attkisson, S. (2010. 2. 18.). Feed the Children scandal: Follow the money. Retrieved from: http://sharylattkisson.com/feed-the-children-scandal-follow-the-money/

AVA(2006. 2. 23.). Association for Volunteer Administration announcement notice. Retrieved from: https://www.energizeinc.com/sites/default/files/AVA_Announcement_notices.pdf

BBB(2010). Start with Trust. Retrieved from: http://www.bbb.org/

Behnke, S. (2004). Multiple relationships and APA's new ethics code: Values and applications. *Ethics Rounds*, *35*(1), p. 66. Retrieved from: http://www.apa.org/monitor/jan04/ethics.aspx

Belton, E. (2005. 12. 21.). Nonprofit truth or consequences: The organizational importance of honesty. *Nonprofit Quarterly*. Retrieved from: http://nonprofitquarterly.org/2005/12/21/nonprofit-organizational-importance-of-honesty

Blodget, H. (2006. 11. 13.). Grant away: Why venture philanthropy is important, even if it sounds ridiculous. *Slate*. Retrieved from: http://www.slate.com/articles/life/philanthropy/2006/11/grant_away.html

Bowman, W. (2012. 10. 26.). Nonprofit accountability and ethics: Rotting from the head down. *Nonprofit Quarterly*. Retrieved from: https://www.nonprofitquarterly.org/2012/10/26/nonprofit-accountability-and-ethics-rotting-from-the-head-down/

Bruce, W. M. (1998a). Codes of conduct. In J. Shafritz(ed.) *The International Encyclopedia of Public Policy and Administration*. Boulder, CO: WestView Press.

_____(1998b). Codes of ethics. In J. Shafritz(ed.) *The International Encyclopedia of Public Policy and Administration*. Boulder, CO: WestView Press.

Buchanan, J. M., & Tullock, G. (1965). *The Calculus of Consent: Logical Foundations of Constitutional Democracy*(국민합의의 분석). Ann Arbor, MI: University of Michigan Press.

Carlson, B. (2011. 3. 4.). Transparency can keep a nonprofit out of trouble. *The Chronicle of Philanthropy*. Retrieved from: http://www.philanthropy.com/article/Transparency-Can-Keep-a/227803

Carver, J. (1990). *Boards That Make a Difference*. San Francisco, CA: Jossey-Bass.

CBS *News*(2011. 4. 19.). Questions over Greg Mortenson's stories. Retrieved from: http://www.cbsnews.com/news/questions-over-greg-mortensons-stories-19-04-2011/

Charities Review Council(2014). Accountability standards. Retrieved from:

http://www.smartgivers.org/wp-content/uploads/2016/12/Accountability-Standards-2014.pdf

Charity Navigator (n. d.). How do we rate charities' accountability and transparency? Retrieved from: https://www.charitynavigator.org/index.cfm?bay=content.view&cpid=1093

CharityWatch (n. d.). CharityWatch hall of shame. Retrieved from: https://www.charitywatch.org/charitywatch-articles/charitywatch-hall-of-shame/63

Chan, E. (2010. 8. 23.). Finding the right transparency. *Nonprofitlawblog.com.* Retrieved from: http://www.nonprofitlawblog.com/finding-the-right-transparency

Chan, E., & Takagi, G. (2011. 4. 25.). 'Three cups of tea' scandal offers lessons for charities and trustees. Retrieved from: https://www.philanthropy.com/article/Three-Cups-of-Tea-Scandal/158531

Colby, A., & Kohlberg, L. (1987). *The Measurement of Moral Judgment*, Vol. 1. New York, NY: Cambridge University Press.

Cooper, T. L. (1994). The emergence of administrative ethics. In T. Cooper (ed.). *Handbook of Administrative Ethics*. New York, NY: Marcel Dekker.

Covey, S. (1997). *The Seven Habits of Highly Effective People* (성공하는 사람들의 7가지 습관). Provo, UT: Franklin Covey Co.

Cowley, S. (2016. 9. 27.). Wells Fargo employees claim retaliation. *The New York Times.*

Crary, D. (2007. 11. 27.). Scandal forces U.S. Red Cross to ask its new leader to resign. *Star Tribune.* Retrieved from: http://www.startribune.com/nation/11922081.html

Dhammika, B. S. (n. d.) *Guide to Buddhism A to Z.* Retrieved from: http://www.buddhisma2z.com/content.php?id=154

Dogele, A. (2011. 4. 27.). Book Review: *The Big Barrel of Wine* (by Rabbi Yosef Goldstein). Retrieved from: http://www.thejewisheye.com/zg_barwine.html

Drennan, W. (2012). Where generosity and pride abide: Charitable naming rights. *University of Cincinnati Law Review, 80* (1). Retrieved from: https://scholarship.law.uc.edu/cgi/viewcontent.cgi?referer=https://www.bing.com/&httpsredir=1&article=1082&context=uclr

Drucker, P. F. (1990). *Managing the Non-Profit Organization: Practices & Principles* (비영리단체의 경영). New York, NY: HarperCollins.

Eaton, K. (2011. 1. 26.). Is there an altruism gene? *Greater Good Magazine.* Retrieved from: http://greatergood. berkeley. edu/article/item/is_there_an_altruism_gene/

Ebrahim, A. (2010). The many faces of nonprofit accountability (Draft Working Paper). Boston, MA: Harvard Business School.

Egan, M. (2016. 9. 21.). I called the Wells Fargo ethics line and was fired. *CNN Money.* Retrieved from: http://money. cnn. com/2016/09/21/investing/wells-fargo-fired-workers-retaliation-fake-accounts/

Eisenberg, P. (2011. 9. 14.). Hershey School scandal underscores need for watchful governance (PA). *The Chronicle of Philanthropy.* Retrieved from: https://philanthropy. com/article/A-Case-for-Nonprofit/157881

Ethics Resource Center (2007). *National Nonprofit Ethics Survey: An Inside View of Nonprofit Sector Ethics.* Arlington, VA: Author.

_____ (2014). Retrieved from: https://www. ibe. org. uk/userassets/surveys/nbes2013. pdf

Evans, H. (2008. 10. 8). Hale House shuts doors to orphans. Retrieved from: http://www. nydailynews. com/new-york/hale-house-shuts-doors-orphans-article-1. 303533

Federal Bureau of Investigation (n. d.). Foundation for New Era Philanthropy. Retrieved from: http://www. fbi. gov/philadelphia/about-us/history/famous-cases/famous-cases-foundation-for-new-era-philanthropy

Finnis, J. (2011). Aquinas' moral, political, and legal philosophy. In Edward N. Zalta (ed.). *The Stanford Encyclopedia of Philosophy* (Fall 2011 Ed.). Retrieved from http://plato. stanford. edu/archives/fall2011/entries/aquinas-moral-political/.

Fitzpatrick, D., & Griffin, D. (2012. 5. 8.). IRS forms show charity's money isn't going to disabled vets. *CNN Special Investigations Unit.* Retrieved from: http://www. cnn. com/2012/05/07/us/veterans-charity-fraud/index. html

Fox, C. J. (1994). The use of philosophy in administrative ethics. In T. Cooper (ed.). *Handbook of Administrative Ethics.* New York, NY: Marcel

Dekker.

Gallup(2016. 6.). Confidence in institutions. Retrieved from: http://www. gallup. com/poll/1597/Confidence-Institutions. aspx

Gell-Mann, M. (1994). *The Quark and the Jaguar.* New York, NY: Freeman and Co.

Gerstner, C. R., & Day, D. V. (1997). Meta-analytic review of leader-member exchange theory: Correlates and construct issues. *Journal of Applied Psychology, 82*(6), p. 827~844.

GPA(n. d.). About. Retrieved from: http://www. grantprofessionals. org/about

Independent Sector(2015). *Principles for Good Governance and Ethical Practice* (2015 Ed.). Washington, D. C.: Author.

Grobman, G. (1999). *Improving Quality and Performance in Your Non-Profit Organization.* Harrisburg, PA: White Hat Communications.

_____(2002). An analysis of codes of ethics of nonprofit, tax-exempt, membership organizations: Does principal constituency make a difference? 펜실베이니아 주립대학교(The Pennsylvania State University) 박사학위 논문.

_____(2015a). *Introduction to the Nonprofit Sector*(4th Ed.). Harrisburg, PA: White Hat Communications.

_____(2015b). *The Nonprofit Handbook*(7th Ed.). Harrisburg, PA: White Hat Communications.

Guttman, D. (2006). *Ethics in Social Work: A Context of Caring.* New York, NY: Haworth.

Hall, G. C. N. (2017. 2. 7.). The platinum rule. *Psychology Today.* Retrieved from: https://www. psychologytoday. com/blog/life-in-the-intersection/201702/the-platinum-rule

Hall, H. (2009. 12. 3.). Recession prompts watchdog agency to loosen fund-raising standards. *The Chronicle of Philanthropy.* Retrieved from: http://philanthropy. com/article/Recession-Prompts-Watchdog/63201/

Harmon, M. M., & Mayer, R. T. (1986). *Organization Theory for Public Administration.* Burke, VA: Chatalaine Press.

Hart, D. K. (1994). Administration and the ethics of virtue. In T. Cooper(ed.). *Handbook of Administrative Ethics*(2nd Ed.), p. 107~123. New York, NY:

Marcel Dekker.

Hirschman, A. O. (1970). *Exit, Voice, and Loyalty: Responses to Decline in Firms, Organizations, and States* (떠날 것인가 남을 것인가: 기업 조직 및 국가 의 퇴보에 대한 반응). Cambridge, MA: Harvard University Press.

Hundley, K., & Taggart, K. (2013). Above the law: America's worst charities. *CNN*. Retrieved from: http://www.cnn.com/2013/06/13/us/worst-charities/index.html

Independent Sector (2015). *Principles for Good Governance and Ethical Practice* (2015 Ed.). Washington, D.C.: Author.

IRS (1996). Taxpayer Bill of Rights II. Retrieved from: http://www.irs.gov/pub/irs-utl/doc7394.pdf

_____ (2015a). Charities and nonprofits. Retrieved from: http://www.irs.gov/Charities-&-Non-Profits

_____ (2015b). 2014 Instructions for Form 990 return of organization exempt from income tax. Retrieved from: http://www.irs.gov/pub/irs-pdf/i990.pdf

_____ (2016). Instructions for Form 1023. Retrieved from: https://www.irs.gov/pub/irs-pdf/i1023.pdf

Johnson, C. (2005). *Meeting the Ethical Challenges of Leadership.* Thousand Oaks, CA: Sage.

Josephson Institute (2002). The Six Pillars of Character. Retrieved from: http://josephson-institute.org/med-introtoc

Kanter, B. (2014. 8. 28.). Has the ice bucket challenge spawned charity jacking? Retrieved from: http://www.bethkanter.org/icebucket-challenge3/

Kaufman, G., & Grobman, G. (2015). Nonprofit organization ethics. In G, Grobman. *The Nonprofit Handbook* (7th Ed.). Harrisburg, PA: White Hat Communications.

Kessler, G. (2015. 9. 22.). Ben Carson's claim that 'taqiyya' encourages Muslims 'to lie to achieve your goals'. *The Washington Post*. Retrieved from: https://www.washingtonpost.com/news/fact-checker/wp/2015/09/22/ben-carsons-claim-that-taqiyya-encourages-muslims-to-lie-to-achieve-your-goals/

Kingkade, T. (2014. 11. 18.). Why it really matters when college officials say terrible things about rape. *Huffington Post.* Retrieved from: http://www. huffingtonpost. com/2014/11/18/college-officials-rape-things-they-say_n_ 6173254. html

Kohlberg, L. (1981). *The Philosophy of Moral Development* (도덕발달의 철학). San Francisco, CA: Harper & Row. In J. Svara (2007). *Ethics Primer for Public Administrators in Government and Nonprofit Organizations.* Sudbury, MA: Jones and Bartlett Publishers.

Leip, L. (2000. 4.). Developing ethical decision-making frameworks: A means for 20/20 vision in the 21st century. Presentation made at the annual meeting of the American Society for Public Administration in San Diego, CA.

Levenson, J., Rose, D., Cesari, J., & Berlin, C. (2013. 12. 12.). Why give? Religious roots of charity. Retrieved from: http://hds. harvard. edu/news/ 2013/12/13/why-give-religious-roots-charity#

Lipman, H. (2006. 2. 23.). Embattled chief of Getty Trust resigns amid state inquiry. *The Chronicle of Philanthropy.* Retrieved from: http://www. philanthropy. com/article/Embattled-Chief-of-Getty-Trust/171661

Marcus, Z. (2010). Wine or water. Blog post of 2016. 11. 26. Retrieved from: https://matt111. wordpress. com/2016/11/28/wine-or-water/

Mazur, T. (2015). Lying. *Markkula Center for Applied Ethics.* Retrieved from: https://www. scu. edu/ethics/ethics-resources/ethical-decision-making/ lying/

McNamara, C. (2000). Complete guide to ethics management. Retrieved from: http://www. managementhelp. org/ethics/ethxgde. htm

Montana Nonprofit Association (n. d.). Principle: Accountability and transparency. Retrieved from: http://www. mtnonprofit. org/PPNE_Accountability/

Multi-State Filer Project. (2017. 6.). The unified registration statement. Retrieved from: http://www. multistatefiling. org/

NASW (1996). Code of ethics. Retrieved from: https://www. socialworkers. org/About/Ethics/Code-of-Ethics/Code-of-Ethics-English

_____ (2008). Code of ethics. Retrieved from: http://socialworkers. org/ pubs/code/default. asp

_____ (2015). *Standards and Indicators of Cultural Competence in Social Work*

Practice. Washington, D. C. : Author.

National Council of Nonprofits (2010). Sample whistleblower protection policy. Retrieved from : https://www. councilofnonprofits. org/sites/default/files/ Sample%20WhistlcblowerPolicy%202. 2010. pdf

NCIB (2000). NCIB's standards in philanthropy. Retrieved from : http://www. give. org/for-charities/How-We-Accredit-Charities/

Nonprofit Leadership Alliance (n. d.). Alliance competencies. Retrieved from : https://www. nonprofitleadershipalliance. org/credential/competency-based/c ompetencies/

NSFRE (1991). NSFRE code of ethical principles and standards of professional practice. Retrieved from : http://www. afpnet. org/Ethics/content. cfm?Item-Number=3093&navItemNumber=536

O'Brien, B. (2016). The fourth Buddhist precept. Retrieved from : https:// www. thoughtco. com/the-fourth-buddhist-precept-450102

Pastin, M. (1986). *The Hard Problems of Management* : *Gaining the Ethics Edge*. San Francisco, CA : Jossey-Bass.

Pessali, H. F. , & Fernandez, R. G. (1999). Institutional economics at the micro level? What transaction costs theory could learn from original institutional-ism (in the spirit of building bridges). *Journal of Economic Issues*, 2, p. 265.

Plant, J. (1994). Codes of ethics. In T. Cooper (ed.). *Handbook of Admin-istrative Ethics*, p. 221~242. New York, NY : Marcel Dekker.

Pops, G. (1994). A teleological approach to administrative ethics. In T. Cooper (ed.). *Handbook of Administrative Ethics* (2nd Ed.). New York, NY : Marcel Dekker.

Reamer, F. (2006). *Social Work Values and Ethics* (사회복지실천의 가치와 윤리) (3rd Ed.). New York, NY : Columbia University Press.

Riegel, J. (2013). Confucius. In Edward N. Zalta (ed.). *The Stanford Encyc-lopedia of Philosophy* (Summer 2013 Ed.). Retrieved from : http://plato. stanford. edu/archives/sum2013/entries/confucius/

Ross, K. (2017). Some moral dilemmas. Retrieved from : http://friesian. com/ valley/dilemmas. htm

Rae, S. (2012). Truth, honesty and deception in the workplace : Overview.

Theology of Work Project. Retrieved from: http://www. theologyofwork. org/ key-topics/truth-deception

Raub, L. (2014. 12. 1.). Bill Cosby resigns from Temple University board of trustees. *The New York Times.* Retrieved from: http://www. latimes. com/ entertainment/tv/showtracker/last-bill-cosby-resigns-temple-university-trustees-20141201-story. html

Reuter, M., Frenzel, C., Walter, N., Markett, S., & Montag, C. (2011). Investigating the genetic basis of altruism: The role of the COMT Val158Met polymorphism. *Social Cognitive and Affective Neuroscience, 6*(5), p. 662~668. Retrieved from: https://academic. oup. com/scan/article/6/5/662/1657142/ Investigating-the-genetic-basis-of-altruism

Sandoval, T. (2017. 6. 13.). Donations grew 1.4% to $390 billion in 2016, says 'Giving USA'. *The Chronicle of Philanthropy.* Retrieved from: http:// www. philanthropy. com/article/Donations-Grew-14-to-390/240319

Shulman, D. (2008). More lies than meets the eyes: Organizational realities and deceptions in nonprofit organizations. *International Journal of Not-for-Profit Law, 10*(2), p. 5~14.

Slick, M. (n. d.). When was the Bible written and who wrote it? Retrieved from: http://carm. org/when-was-bible-written-and-who-wrote-it

Smith, A. (2007). *The Wealth of Nations*(국부론) (Electronic Classics Series Publication Ed.). Metalibri. Retrieved from: http://www. ibiblio. org/ml/ libri/s/SmithA_WealthNations_p. pdf

Smith, P. (2013. 7. 29.). Attorney General announces Milton Hershey Trust and Milton Hershey School reforms. Retrieved from: http://fox43. com/ 2013/05/08/ag-kane-announces-reform-agreement-with-milton-hershey-trust-and-milton-hershey-school/

Stanford Encyclopedia of Philosophy(2014. 9. 23.). Doctrine of double effect. Retrieved from: https://plato. stanford. edu/entries/double-effect/

Stephens, J., & Flaherty, M. (2013. 10. 26.). Inside the hidden world of thefts, scams and phantom purchases at the nation's nonprofits. *The Washington Post.* Retrieved from: http://www. washington-post. com/investigations/inside-the-hidden-world-of-thefts-scams-and-phantom-purchases-at-the-nationsnonprofits/2013/10/26/825a82ca-0c26-11e3-9941-6711ed662e71_story. html

Strom, S. (2006. 4. 14.). United Way says ex-leader took assets. *The New York Times.* Retrieved from: http:/www. nytimes. com/2006/04/14/nyregion/14 united. html

_____(2008. 7. 9.). Funds misappropriated at 2 nonprofit groups. *The New York Times.* Retrieved from: http://www. nytimes. com/2008/07/09/us/09em-bezzle. html?pagewanted=all&_r=0

Tacopino, J. (2016. 3. 11.). Wounded Warrior Project execs ousted over spend-ing scandal. *New York Post.* Retrieved from: http://nypost. com/2016/03/11/wounded-warrior-project-execs-ousted-over-spending-scandal/

Texas Business Organizations Code (2006). Chapter 22. Retrieved from: http://www. statutes. legis. state. tx. us/Docs/BO/htm/BO. 22. htm

The Chronicle of Philanthropy (2015. 10. 5.). Poll rates public confidence in charities, their programs, and spending. Retrieved from: https://www. philanthropy. com/interactives/confidence

U. S. Code (2017). 5 U. S. Code § 3110 - Employment of relatives; restrictions. Retrieved from: https://www. law. cornell. edu/uscode/text/5/3110#

Van Hook, P. J. (1998). Ethics in non-profit organizations. In *The International Encyclopedia of Public Policy and Administration.* Boulder, CO: Westview.

Wattles, J. (1996). *The Golden Rule.* New York, NY: Oxford University Press.

Wise Giving Alliance (n. d.). How we accredit charities. Retrieved from: http://www. give. org/for-charities/How-We-Accredit-Charities/?id=236646

Wheatley, M. J. (1994). *Leadership and the New Science: Learning about Organ-ization from an Orderly Universe.* San Francisco, CA: Berrett-Koehler Publishers.

Woodall, M. (2017. 2. 9.). Fired employee files whistle-blower suit against Aspira, says federal probe underway. *Philly.com.* Retrieved from: http://www. philly. com/philly/education/Fired-employee-files-whistle-blower-suit-against-Aspira-says-federal-probe-underway-. html

Yahoo.com (n. d.). What is the great law of the Iroquois? Retrieved from: https://answers. yahoo. com/question/index?qid=20120119021052AAIKhJq